普通高等院校"十三五"规划教材
21世纪会计技能教学系列教材

GAOJI CAIWU KUAIJI SHIWU CAOZUO JIAOCHENG

高级财务会计实务操作教程

袁小雨　熊　敏
张　燕　陈国平　著

立信会计出版社
LIXIN ACCOUNTING PUBLISHING HOUSE

图书在版编目(CIP)数据

高级财务会计实务操作教程/袁小雨等著. —上海：立信会计出版社,2018.6
普通高等院校"十三五"规划教材 21世纪会计技能教学系列教材
ISBN 978-7-5429-5876-1

Ⅰ.①高… Ⅱ.①袁… Ⅲ.①财务会计—高等学校—教材 Ⅳ.①F234.4

中国版本图书馆CIP数据核字(2018)第152986号

策划编辑　　陈　旻
责任编辑　　陈　旻

高级财务会计实务操作教程

出版发行	立信会计出版社	
地　　址	上海市中山西路2230号	邮政编码 200235
电　　话	(021)64411389	传　真 (021)64411325
网　　址	www.lixinaph.com	电子邮箱 lxaph@sh163.net
网上书店	www.shlx.net	电　话 (021)64411071
经　　销	各地新华书店	
印　　刷	上海肖华印务有限公司	
开　　本	787毫米×1092毫米	1/16
印　　张	13	插　页 1
字　　数	291千字	
版　　次	2018年6月第1版	
印　　次	2018年6月第1次	
印　　数	1—3100	
书　　号	ISBN 978-7-5429-5876-1/F	
定　　价	38.00元	

如有印订差错,请与本社联系调换

前　　言

　　会计手工实务操作是会计专业技能教学的基本内容,也是会计电算化实务操作的基础。目前,我国会计学专业的专业核心课程还基本停留在以会计要素为主导、手工理论为主体内容的课程体系上,一般设置"基础会计""中级财务会计""高级财务会计"等课程,这种以手工理论为主体的课程体系存在着明显的缺陷:一是忽视了各种不同经济业务在实际工作中的原始形态——各种原始凭证,导致学生踏上工作岗位后,拿到原始凭证后还无法解读出经济业务内容;二是不能完全满足会计电算化实务操作的需要,待学生踏上工作岗位后他们所学必然满足不了实际工作的需要。为此,我们认为应在现有基础上,增加以会计循环为基础、经济业务为导向的会计手工实务操作课程体系,具体可设置四门课程,即"基础会计实务操作""中级财务会计实务操作""高级财务会计实务操作"和"会计手工综合模拟实验"。

　　《高级财务会计实务操作教程》是会计手工实务操作系列教材之一,其经济业务范围与《高级财务会计》的相一致,并与《基础会计实务操作教程》《中级财务会计实务操作教程》相衔接。整个内容具有以下几个特点:一是以会计循环为基础、经济业务为导向,详细讲解了每一笔经济业务,特别是特殊经济业务的具体操作流程和操作技巧。二是内容完全符合实际,涉及的会计工作环境、会计操作流程较完整、真实。

　　本教材由江苏理工学院商学院袁小雨、熊敏、张燕和陈国平同志撰写完成,在撰写过程中得到了费金华、胡群英等老师的大力支持,在此表示衷心的感谢!由于著者水平有限,书中难免有疏漏之处,恳请广大读者和专家批评指正。

著　者

目　录

第一章　特殊经济业务涉及的原始凭证 ································ 1
　　一、外币业务的主要原始凭证 ···································· 1
　　二、或有事项业务的主要原始凭证 ································ 5
　　三、非货币性资产交换业务的主要原始凭证 ························ 7
　　四、债务重组业务的主要原始凭证 ································ 9
　　五、所得税业务的主要原始凭证 ·································· 13
　　六、会计政策、会计估计变更和差错更正业务的主要原始凭证 ········ 15
　　七、资产负债表日后事项业务的主要原始凭证 ······················ 16

第二章　特殊经济业务记账凭证的编制 ································ 19
　　一、集团公司基本资料 ·· 19
　　二、母、子公司12月份经济业务解读及记账凭证的编制 ············· 38

第三章　特殊经济业务涉及的账簿设置 ································ 163
　　一、外币业务的账簿设置 ·· 163
　　二、或有事项业务的账簿设置 ···································· 165
　　三、非货币性资产交换业务的账簿设置 ···························· 166
　　四、债务重组业务的账簿设置 ···································· 167
　　五、所得税业务的账簿设置 ······································ 168
　　六、会计政策、会计估计变更和差错更正业务的账簿设置 ············ 169
　　七、资产负债表日后事项业务的账簿设置 ·························· 169

第四章　财务报表的编制 ·· 170
　　一、个别财务报表的编制 ·· 170
　　二、合并财务报表的编制 ·· 180

第一章 特殊经济业务涉及的原始凭证

一、外币业务的主要原始凭证

(一) 主要业务内容

外币业务包括外币兑换业务、外币购销业务、外币借款业务、收到投资者以外币投入的资本业务、外币结算业务、期末汇兑损益业务等。其中,外币兑换业务包括向银行买入外币业务和向银行卖出外币业务,外币购销业务包括以外币计价的购买业务和以外币计价的销售业务,外币借款业务包括向银行借入外币、支付外币借款利息、计提外币借款利息费用和归还外币借款本金业务,外币结算业务包括偿还外币债务业务和收回外币债权业务。

(二) 主要原始凭证

1. 外币兑换业务的原始凭证

中国建设银行结售汇水单(甲种)客户留存联,如表1-1所示。

表1-1　　　　　　中国建设银行　结售汇水单(甲种)

币别：　　　　　　　　　　　　　　　　　　　　流水号：

客户全称			业务编号	
收款账(卡)号			交易日期	
付款账(卡)号			交割日期	
摘　要	外汇金额	汇率	人民币金额	
备注				
			银行签章	

主管：　　　授权：　　　复核：　　　经办：

第三联　客户留存

2. 外币购销业务的原始凭证

(1) 以外币计价的购买业务的原始凭证:海关进口关税专用缴款书(见表1-2)、海关进口增值税专用缴款书(见表1-3)、中华人民共和国海关进口货物报关单(见表1-4)、收料单记账联或商品入库单会计联或新增固定资产登记表、银行结算凭证等。

表1-2 GS01　　　　　　**海关　进口关税　专用缴款书**

收入系统　海关系统　　　　　填发日期　年　月　日　　　　　号码

收款单位	收入机构				缴款单位	名　称	
	科　目		预算级次			账　号	
	收款国库					开户银行	

税号	货物名称	数量	单位	完税价格(¥)	税率(%)	税款金额(¥)

金额人民币(大写)				合计(¥)	
申请单位编号		报关单编号		填制单位	收款国库(银行)
合同(批文)号		运输工具号			
缴款期限		提/装货单号			
备注				制单人 复核人	

从填发缴款书之日起限15日内缴纳(期末遇节假日顺延),逾期按日征收税款额5‰的滞纳金。

表1-3 GS01　　　　　　**海关　进口增值税　专用缴款书**

收入系统　税务系统　　　　　填发日期　年　月　日　　　　　号码

收款单位	收入机构				缴款单位	名　称	
	科　目		预算级次			账　号	
	收款国库					开户银行	

税号	货物名称	数量	单位	完税价格(¥)	税率(%)	税款金额(¥)

金额人民币(大写)				合计(¥)	
申请单位编号		报关单编号		填制单位	收款国库(银行)
合同(批文)号		运输工具号			
缴款期限		提/装货单号			
备注				制单人 复核人	

从填发缴款书之日起限15日内缴纳（期末遇节假日顺延），逾期按日征收税款额5‰的滞纳金。

表1-4　　　　　　　中华人民共和国海关　进口　货物报关单

预录入编号　　　　　　　　　海关编号

进口口岸	备案号	进口日期	申报日期
经营单位	运输方式	运输工具名称	提运单号
收货单位	贸易方式	征免性质	征税比例
许可证号	启运国(地区)	装货港	境内目的地
批准文号	成交方式　运费	保费	杂费
合同协议号	件数　包装种类	毛重(千克)	净重(千克)
集装箱号	随附单证		
标记唛码及备注			

项号	商品编号	商品名称、规格型号	数量及单位	原产国(地区)	单价	总价	币制	征免

税费征收情况		
录入员　　录入单位	兹声明以上申报无讹并承担法律责任	海关审单批注及放行日期(签章)
报关员：		审单　　　审价
单位地址		征税　　　统计
	申报单位(签章)	查验　　　放行
邮编　　　电话	填制日期	签发关员

签发日期：

（2）以外币计价的销售业务的原始凭证：增值税普通发票记账联、银行结算凭证和销售单等。

3. 外币借款业务的原始凭证

（1）向银行借入外币业务的原始凭证：借款收据入账通知联。

（2）支付外币借款利息业务的原始凭证：主要是摘要栏注明还息的贷款还款凭证、增值税普通发票发票联等。

（3）计提外币借款利息费用业务的原始凭证：银行借款利息计算单。

（4）归还外币借款本金业务的原始凭证：摘要栏注明还本的贷款还款凭证。

4. 收到投资者以外币投入的资本业务的原始凭证

收到投资者以外币投入的资本业务的原始凭证主要是接受投资企业增加资本的股东（大）会决议、中国建设银行标准回单的贷方回单联（见表1-5）等。

表 1-5　　　　　　　　中国建设银行　标准回单　　　　No.

币别：　　　　　　　　　　　　　　　年　月　日　　　　流水号

付款人	全称		收款人	全称		贷方回单
	账号			账号		
	开户行			开户行		
金额	（大写）			（小写）		
凭证种类			凭证号码			
结算方式			用途			
摘要：						
主管：　授权：　复核：						
打印时间：　　　交易柜员：　　　　　交易机构：						

5. 外币结算业务的原始凭证

（1）偿还外币债务业务的原始凭证。偿还外币债务业务包括偿还外币应付款项和外币借款等业务，其中，偿还外币债务业务的原始凭证是中国建设银行单位外汇支付凭证交客户联，如表 1-6 所示。

表 1-6　　　　　　　　中国建设银行　单位外汇支付凭证

年　月　日

付款单位		账号											第一联 交客户
		开户行											
收款单位		账号											
		开户行											
币种及金额(大写)			金　额(小写)										
			百	十	亿	千	百	十	万	千	百	十	元	角	分
用途			建设银行盖章										
复核　　　　　记账　　　　　审核													

（2）收回外币债权业务的原始凭证：中国建设银行标准回单的贷方回单联。

6. 期末汇兑损益业务的原始凭证

期末汇兑损益业务的原始凭证：期末汇兑损益计算表，如表 1-7 所示。

表 1-7

汇兑损益计算表
年　　月　　日　　　　　　　　　　　　　　　　　　　　　　　　　　单位:元

外币账户	外币账面余额	记账本位币账面余额	按期末汇率计算的记账本位币余额	汇兑差额（损失或收益）

编制：　　　　　　　　　　　　　　　　　　　　　　　　　　　审核：

二、或有事项业务的主要原始凭证

(一) 主要业务内容

或有事项业务包括未决诉讼或未决仲裁业务、债务担保业务、产品质量保证业务、亏损合同业务和重组义务等业务。各类或有事项业务均包括确认预计负债的业务和冲减预计负债的业务。

(二) 主要原始凭证

1. 未决诉讼或未决仲裁业务的原始凭证

(1) 未决诉讼或未决仲裁确认预计负债业务的原始凭证：经理办公会议纪要，如表1-8所示。

表 1-8

经理办公会议纪要

　　本公司因×××原因被×××公司起诉,被要求赔偿×××元。目前,此案正在审理中。本公司聘请的律师认为很可能败诉,估计需赔偿×××元。经研究同意本公司预计赔偿损失×××元。

　　参加人员：　×××　×××　×××　×××　×××

　　　　　　　　　　　　　　　　　　　　　　　　　　　　　　　　年　月　日

(2) 未决诉讼或未决仲裁结案业务的原始凭证：经理办公会议纪要,如表1-9所示。

表 1-9

经理办公会议纪要

　　根据×××中级人民法院×××判决书,本公司应赔偿×××公司×××元,本公司无异议,不再上诉。本公司应赔偿的×××元冲减已预计赔偿损失×××元,差额×××元计入当期损益。

　　参加人员：　×××　×××　×××　×××　×××

　　　　　　　　　　　　　　　　　　　　　　　　　　　　　　　　年　月　日

2. 债务担保业务的原始凭证

(1) 债务担保业务确认预计负债业务的原始凭证:经理办公会议纪要,如表 1-10 所示。

表 1-10

经理办公会议纪要
本公司为×××公司×××元、期限×××的银行贷款提供×%的担保,×××公司贷款愈期未还,银行已起诉×××公司和本公司。目前,此案正在审理中。本公司聘请的律师认为需承担连带责任,估计本公司应承担本息计×××元。经研究同意本公司预计担保损失×××元。 　　参加人员: ×××　×××　×××　×××　××× 　　　　　　　　　　　　　　　　　　　　　　　　　　　　　　年　　月　　日

(2) 债务担保业务结案的原始凭证:经理办公会议纪要。

3. 产品质量保证业务的原始凭证

(1) 计提产品质量保证业务的原始凭证:一般情况下,企业以当期实现的销售收入为依据计提预计产品质量保证损失时,原始凭证为预计产品质量保证损失计算表,如表 1-11 所示。

表 1-11　　　　　　　　　预计产品质量保证损失计算表

年　　月　　日　　　　　　　　　　　　单位:元

本期销售收入	计提比例	金额

编制:　　　　　　　　　　　　　　　　　　　审核:

(2) 发生产品质量保证费用业务的原始凭证:差旅费报销单、领料单(材料发出汇总表)等。

4. 亏损合同业务的原始凭证

(1) 计提亏损合同预计负债业务的原始凭证:经理办公会议纪要,如表 1-12 所示。

表 1-12

经理办公会议纪要
本公司于×年×月×日与×××公司签订了不可撤销的×××产品销售合同,如公司违约,将支付违约金×××元。目前,产品尚未生产,因×××原因,预计生产成本将超过合同价×××元。经研究同意本公司预计亏损合同损失×××元。 　　参加人员: ×××　×××　×××　×××　××× 　　　　　　　　　　　　　　　　　　　　　　　　　　　　　　年　　月　　日

(2) 确认亏损合同实际损失业务的原始凭证。

第一,履行合同确认损失的原始凭证:亏损合同损失计算单,如表 1-13 所示。

表1-13　　　　　　　　　亏损合同损失计算单

年　月　日　　　　　　　　　　　　　　　　单位:元

产品	实际成本	合同收入	已预计损失	应补计金额	应冲减金额

编制:　　　　　　　　　　　　　　　　　　　　　　　　　审核:

第二,不履行合同确认损失的原始凭证:支付违约金的收款收据联及银行结算凭证等。

5. 重组义务业务的原始凭证

(1) 重组义务确认预计负债业务的原始凭证:经理办公会议纪要,如表1-14所示。

表1-14

经理办公会议纪要
本公司决定关闭×××产品事业部,有关决定已经向社会公告,受影响的公司职工、客户及供应商均已收到通知,该重组事项预计将发生直接支出×××元。经研究同意本公司预计重组支出×××元。 　　参加人员:　×××　×××　×××　×××　　　　　　　　　　　　　　　　年　月　日

(2) 发生重组支出业务的原始凭证:各类有关重组支出付款结算凭证等。

三、非货币性资产交换业务的主要原始凭证

(一) 主要业务内容

非货币性资产交换业务分为单项非货币性资产交换业务和涉及多项非货币性资产交换业务。无论是单项非货币性资产交换业务,还是涉及多项非货币性资产交换业务,都可能涉及补价。

(二) 主要原始凭证

1. 不涉及补价的单项非货币性资产交换业务的原始凭证

1) 换出方的原始凭证

(1) 换出资产为存货的原始凭证。换出方视同销售,其原始凭证主要是增值税专用发票或增值税普通发票的记账联、销售产品成本结转表或材料发出汇总表、销售单等。

(2) 换出资产为固定资产的原始凭证。换出方视同处置固定资产,原始凭证主要是固定资产处置申请表、增值税专用发票或增值税普通发票的记账联、固定资产处置结果表等。

(3) 换出资产为无形资产的原始凭证。换出方视同处置无形资产,原始凭证主要是无形资产处置申请表、增值税专用发票或增值税普通发票记账联等。

(4) 换出资产为长期股权投资的原始凭证。换出方视同处置长期股权投资,原始凭证主要是同意出售股权的经理办公会议纪要或董事会决议或股东(大)会决议、股权转让协议、

被投资企业股东(大)会决议等。

2) 换入方的原始凭证

(1) 换入资产为存货的原始凭证:主要是增值税专用发票的抵扣联和发票联、收料单记账联或商品入库单会计联等。

(2) 换入资产为固定资产的原始凭证:主要是增值税专用发票的抵扣联和发票联、新增固定资产登记表等。

(3) 换入资产为无形资产的原始凭证:主要是增值税专用发票的抵扣联和发票联、新增无形资产登记表等。

(4) 换入资产为长期股权投资的原始凭证。换入方采用成本法核算的受让股权取得长期股权投资业务的原始凭证:受让方同意受让股权的经理办公会议纪要(见表1-15)或董事会决议或股东(大)会决议、股权转让协议、被投资企业股东(大)会决议、验资报告等。

表1-15

经理办公会议纪要
本公司拟用×××元的×××资产换取×××公司持有的×××公司的××%股权,准备长期持有,并能对被投资企业实施控制。
参加人员: ××× ××× ××× ××× ×××
年　月　日

换入方采用权益法核算的受让股权取得长期股权投资业务的原始凭证:受让方同意受让股权的经理办公会议纪要(见表1-16)或董事会决议或股东(大)会决议、股权转让协议、被投资企业股东(大)会决议、验资报告、评估报告等。

表1-16

经理办公会议纪要
本公司拟用×××元的×××资产换取×××公司持有的×××公司的××%股权,准备长期持有,并能对被投资企业实施共同控制(或重大影响)。
参加人员: ××× ××× ××× ××× ×××
年　月　日

2. 涉及补价的单项非货币性资产交换业务的原始凭证

涉及补价的单项非货币性资产交换业务的原始凭证,除了不涉及补价的单项非货币性资产交换业务所需的原始凭证外,还有相应的收付款的结算凭证。其中:收到补价方涉及银行存款收取的结算凭证,支付补价方涉及银行存款支付的结算凭证。

3. 涉及多项非货币性资产交换业务的原始凭证

由于涉及多项非货币性资产交换业务的特点,其主要原始凭证除了单项非货币性资产交换业务所需的原始凭证,还涉及换入资产成本分配表,如表 1-17 所示。

表 1-17　　　　　　　　　　换入资产成本分配表　　　　　　　　　单位:元

换入资产项目	换入资产公允(账面)价值	分配率	换入资产总成本	分配金额
合计				

编制:　　　　　　　　　　　　　　　　　　　　　　　　　　　　　　审核:

四、债务重组业务的主要原始凭证

(一) 主要业务内容

债务重组业务按债务重组方式可以分为以现金清偿债务业务、以非现金资产清偿债务业务、将债务转为资本业务、修改其他债务条件业务等。其中,以非现金资产清偿债务业务按非现金资产类别分为以库存材料、商品产品等存货抵偿债务业务、以固定资产清偿债务业务、以长期股权投资等金融资产抵偿债务业务等,修改其他债务条件业务包括不附或有条件的债务重组业务和附或有条件的债务重组业务。

(二) 主要原始凭证

在不同的债务重组方式下,无论是债权人还是债务人,其原始凭证都包括债务重组协议(见表 1-20、表 1-21、表 1-22、表 1-25 和表 1-26);债权人的原始凭证包括债务重组损失计算表(见表 1-18)等,债务人的原始凭证包括债务重组利得计算表(见表 1-19)等。

表 1-18　　　　　　　　　　债务重组损失计算表
　　　　　　　　　　　　　　　年　　月　　日

项　目	金　额(元)
重组债权账面价值	
减:收到的现金	
减:受让非现金资产公允价值(加不单独支付的增值税)	
减:股份的公允价值	
减:重组后债权账面价值	
减:已计提坏账准备	
债务重组损失	

编制:　　　　　　　　　　　　　　　　　　　　　　　　　　　　　　审核:

表 1-19   **债务重组利得计算表**

　　　　　　　年　　月　　日

项　　目	金　额(元)
重组债务账面价值	
减:支付的现金	
减:转让非现金资产公允价值(加不单独支付的增值税)	
减:股份的公允价值	
减:重组后债务账面价值	
减:预计负债	
债务重组利得	

编制:　　　　　　　　　　　　　　　　　　　　　　　　审核:

1. 以现金清偿债务业务的原始凭证

表 1-20

债务重组协议

甲方:
　　地址:　　　　　　　　法定代表人:　　　　　　　　电话:
乙方:
　　地址:　　　　　　　　法定代表人:　　　　　　　　电话:
　　截至本协议签署日,乙方因×××欠甲方本息合计×××元。乙方发生财务困难,今协议各方有意就其之间债权债务关系进行债务重组,达成如下协议:
　　1. 甲方减免乙方×××元债务,余额×××元用货币资金立即清偿。
　　2. 余额×××元清偿后,乙方与甲方之间债务消灭,不再具有债权债务关系。

　　重组甲方:签章　　　　　　　　　　　　　　　　　重组乙方:签章
　　授权代表:　　　　　　　　　　　　　　　　　　　授权代表:
　　　年　月　日　　　　　　　　　　　　　　　　　　　年　月　日

---

(1) 债权人的原始凭证:主要是债务重组协议、银行收款凭证和债务重组损失计算表。

(2) 债务人的原始凭证:主要是债务重组协议、银行存款付款的原始凭证和债务重组利得计算表。

2. 以非现金资产清偿债务业务的原始凭证

表 1-21

债务重组协议

甲方:
　　地址:　　　　　　　　法定代表人:　　　　　　　　电话:
乙方:
　　地址:　　　　　　　　法定代表人:　　　　　　　　电话:
　　截至本协议签署日,乙方因×××欠甲方本息合计×××元。乙方发生财务困难,今协议各方有意就其之间债权债务关系进行债务重组,达成如下协议:
　　1. 甲方同意乙方以其价值×××元的×××资产抵偿债务,×××资产应于×年×月×日运达甲方。
　　2. ×××资产运达甲方后,乙方与甲方之间债务消灭,不再具有债权债务关系。

　　重组甲方:签章　　　　　　　　　　　　　　　　　重组乙方:签章
　　授权代表:　　　　　　　　　　　　　　　　　　　授权代表:
　　　年　月　日　　　　　　　　　　　　　　　　　　　年　月　日

1) 债权人的原始凭证

（1）收到债务人以存货清偿债务业务的原始凭证。债权人的原始凭证主要是债务重组协议、增值税专用发票的抵扣联和发票联、收料单记账联或商品入库单会计联、债务重组损失计算表等。

（2）收到债务人以固定资产清偿债务业务的原始凭证。债权人的原始凭证主要是债务重组协议、增值税专用发票的抵扣联和发票联、新增固定资产登记表、债务重组损失计算表等。

（3）收到债务人以持有的长期股权投资清偿债务业务的原始凭证。债权人采用成本法核算的受让股权取得长期股权投资业务的原始凭证：债务重组协议、受让方同意受让股权的经理办公会议纪要或董事会决议或股东（大）会决议、股权转让协议、被投资企业股东（大）会决议、验资报告、债务重组损失计算表等。

债权人采用权益法核算的受让股权取得长期股权投资业务的原始凭证：债务重组协议、受让方同意受让股权的经理办公会议纪要或董事会决议或股东（大）会决议、股权转让协议、被投资企业股东（大）会决议、验资报告、评估报告、债务重组损失计算表等。

2) 债务人的原始凭证

（1）以存货清偿债务业务的原始凭证。债务人视同销售，其原始凭证主要是债务重组协议、增值税专用发票记账联、销售产品成本结转表（材料发出汇总表）、债务重组损失计算表等。

（2）以固定资产清偿债务业务的原始凭证。债务人视同处置固定资产，原始凭证主要是债务重组协议、固定资产处置申请表、增值税专用发票或增值税普通发票的记账联、固定资产处置结果表、债务重组损失计算表等。

（3）以持有的长期股权投资清偿债务业务的原始凭证。债务人视同处置长期股权投资，原始凭证主要是债务重组协议、同意出售股权的经理办公会议纪要或董事会决议或股东（大）会决议、股权转让协议、被投资企业股东（大）会决议、债务重组损失计算表等。

3. 将债务转为资本业务的原始凭证

表1-22

债务重组协议

甲方：
　　地址：　　　　　　　法定代表人：　　　　　　　电话：
乙方：
　　地址：　　　　　　　法定代表人：　　　　　　　电话：
　　截至本协议签署日，乙方因×××欠甲方本息合计×××元。乙方发生财务困难，今协议各方有意就其之间债权债务关系进行债务重组，达成如下协议：
　　1. 甲方将债权转为对乙方的股权，乙方将债务转为甲方对其的投入资本，债权转股权及债务转资本的公允价值为×××元，相关手续于×年×月×日办理完毕。
　　2. 乙方债务转资本后注册资本为×××元，甲方以债权转股权的投入资本占乙方注册资本×%。
　　3. 乙方注册资本变更登记后，乙方与甲方之间债务消灭，不再具有债权债务关系。

重组甲方：签章　　　　　　　　　　　　　重组乙方：签章
授权代表：　　　　　　　　　　　　　　　授权代表：
　年　月　日　　　　　　　　　　　　　　　年　月　日

（1）债权人的原始凭证：债务重组协议、同意将债权转为股权的经理办公会议纪要（见表1-23）或董事会决议或股东（大）会决议和债务重组损失计算表等。

表 1-23

经理办公会议纪要
经与×××公司协商一致，本公司同意将应收的×××公司债权×××元转为对×××公司的股权，×××公司同意将应付本公司债务的×××元转为本公司对其的投入资本，债权转股权及债务转资本的公允价值为×××元。×××公司债务转资本后注册资本为×××元，本公司以债权转股权的投入资本占其注册资本的×%。
参加人员： ×××　×××　×××　×××　×××　　　　　　　　　　　　　　　年　月　日

（2）债务人的原始凭证：债务重组协议、同意将债务转为资本的经理办公会议纪要（见表1-24）或董事会决议或股东（大）会决议和债务重组利得计算表等。

表 1-24

经理办公会议纪要
经与×××公司协商一致，本公司同意将应付×××公司债务的×××元转为本公司的资本，×××公司同意将应收的债权×××元转为对本公司的股权，债务转资本及债权转股权的公允价值为×××元。本公司债务转资本后注册资本为×××元，×××公司以债权转股权的投入资本占本公司注册资本的×%。
参加人员： ×××　×××　×××　×××　×××　　　　　　　　　　　　　　　年　月　日

4. 修改其他债务条件业务的原始凭证

1）不附或有条件的债务重组业务的原始凭证

表 1-25

债务重组协议
甲方：　　地址：　　　　　　　法定代表人：　　　　　　　电话： 乙方：　　地址：　　　　　　　法定代表人：　　　　　　　电话： 　　截至本协议签署日，乙方因×××欠甲方本息合计×××元。乙方发生财务困难，今协议各方有意就其之间债权债务关系进行债务重组，达成如下协议：甲方减免乙方×××元债务，并将债务到期日延长至×年×月×日。 重组甲方：签章　　　　　　　　　　　　　　　　　　　重组乙方：签章 授权代表　　　　　　　　　　　　　　　　　　　　　　授权代表 　　年　月　日　　　　　　　　　　　　　　　　　　　　年　月　日

（1）债权人的原始凭证：债务重组协议、债务重组损失计算表等。

（2）债务人的原始凭证：债务重组协议、债务重组利得计算表等。

2）附或有条件的债务重组业务的原始凭证

表 1-26

债务重组协议
甲方： 　　地址：　　　　　　　　　法定代表人：　　　　　　　　　电话： 乙方： 　　地址：　　　　　　　　　法定代表人：　　　　　　　　　电话： 　　截至本协议签署日，乙方因×××欠甲方本息合计×××元。乙方发生财务困难，今协议各方有意就其之间债权债务关系进行债务重组，达成如下协议： 　　1. 甲方减免乙方×××元债务，并将债务到期日延长至×年×月×日。 　　2. 截至×年×月×日，乙方如经营状况好转，现金流量充裕，应再偿还甲方×××元。 　　重组甲方：签章　　　　　　　　　　　　　　　　　　　　　重组乙方：签章 　　授权代表：　　　　　　　　　　　　　　　　　　　　　　　授权代表： 　　　年　月　日　　　　　　　　　　　　　　　　　　　　　　　年　月　日

（1）债权人的原始凭证：债务重组协议、债务重组损失计算表等。

（2）债务人的原始凭证：债务重组协议、债务重组利得计算表等。

五、所得税业务的主要原始凭证

（一）主要业务内容

企业所得税业务包括当期所得税费用的确认、递延所得税的确认和转回。

（二）主要原始凭证

1. 当期所得税费用确认业务的原始凭证

当期所得税费用确认业务的原始凭证主要是预交所得税计算表，如表 1-27 所示。

表 1-27　　　　　　　　　预交所得税计算表
　　　　　　　　　　　　　　年　　月　　日

项　目	金　额（元）
营业收入	
营业成本	
利润总额	
加：特定业务计算的应纳税所得额	
减：不征税收入和税基减免应纳税所得额	
固定资产加速折旧（扣除）调减额	
弥补以前年度亏损	
实际利润额	
税率（25%）	

(续表)

项 目	金 额(元)
应纳所得税额	
减:减免所得税额	
实际已预缴所得税额	
特定业务预缴(征)所得税额	
应补(退)所得税额	
减:以前年度多缴在本期抵缴所得税额	
本月(季)实际应补(退)所得税额	

编制：　　　　　　　　　　　　　　　　　　　　　　　审核：

2. 递延所得税确认、转回业务的原始凭证

递延所得税确认、转回业务的原始凭证主要是递延所得税资产、负债计算表，如表1-28所示。

表1-28　　　　　　　　　　递延所得税资产、负债计算表

年　月　日　　　　　　　　　　　　　　　　　　　　　单位:元

项 目	年 月 日 应有余额	年 月 日 账面余额	应确认金额	应转回金额

编制：　　　　　　　　　　　　　　　　　　　　　　　审核：

六、会计政策、会计估计变更和差错更正业务的主要原始凭证

(一) 主要业务内容

会计政策、会计估计变更和差错更正业务包括会计政策变更业务、会计估计变更业务和会计差错业务。会计政策变更业务包括职工薪酬、长期股权投资、财务报表列报等应根据法律、行政法规或者国家统一的会计制度等要求变更的业务,以及由于经济环境、客观情况的改变,会计政策变更能够提供更可靠、更相关的会计信息的业务。

(二) 主要原始凭证

1. 会计政策变更业务的主要原始凭证

会计政策变更业务的主要原始凭证是董事会决议,以财政部 2016 年 12 月发布了《关于印发〈增值税会计处理规定〉的通知》(财会〔2016〕22 号)要求企业进行会计政策变更为例,如表 1-29 所示。

表 1-29

董 事 会 决 议

根据财政部 2016 年 12 月发布的《关于印发〈增值税会计处理规定〉的通知》(财会〔2016〕22 号),将利润表中"营业税金及附加"项目名称调整为"税金及附加"。同时,2016 年 5 月 1 日起企业经营活动发生的房产税、城镇土地使用税、车船税、印花税从"管理费用"科目重分类至"税金及附加"科目,2016 年 5 月 1 日之前发生的税费不予调整,且比较数据不予调整。

根据上述规定,本公司将利润表中的"营业税金及附加"项目调整为"税金及附加"项目。同时,将自 2016 年 5 月 1 日起企业经营活动发生的房产税、城镇土地使用税、车船税、印花税从"管理费用"科目重分类至"税金及附加"科目。本次会计政策变更对公司 2016 年财务报表累计影响为:"税金及附加"科目增加×××元,"管理费用"科目减少×××元。

本次会计政策变更是根据财会〔2016〕22 号规定进行损益科目间的调整,不影响损益、净资产,不涉及往年度的追溯调整。

参加人员: ××× ××× ××× ×××　　　　　　　　　　　　　　　　年　月　日

2. 会计估计变更业务的原始凭证

固定资产预计折旧年限和净残值的调整,无形资产预计摊销年限的调整等会计估计变更业务主要原始凭证是经理办公会议纪要。以固定资产预计折旧年限的调整为例,如表 1-30 所示。

表 1-30

经理办公会议纪要

本公司的×××固定资产由于新技术发展原因,需要对原估计的使用寿命作出修正,修正后该固定资产的尚可使用年限为×××年,并按修正后的使用年限计提折旧。

参加人员: ××× ××× ××× ××× ×××　　　　　　　　　　　　　　年　月　日

3. 会计差错更正业务的原始凭证

会计差错更正包括重要的前期差错及不重要的前期差错,重要的前期差错更正的原始凭证为董事会决议,不重要的前期差错更正的原始凭证为特殊事项处理说明,如表1-31和表1-32所示。

表1-31

董 事 会 决 议

本公司在自查中发现×年×月×日×号记账凭证会计处理错误,属于重要前期差错。根据《企业会计准则》的规定,本公司对上述以前年度会计差错进行追溯调整,调增××年度××项目××元,调减××年度××项目××元。

参加人员: ××× ××× ××× ×××

年   月   日

表1-32　　　　　　　　　　　**特殊事项处理说明**

日期:　　年　　月　　日

说明事项	本公司发现××年××月××日的××号记账凭证会计处理错误,不属于前期重要差错,现按要求予以更正。

批准:　　　　　　审核:　　　　　　说明人:

七、资产负债表日后事项业务的主要原始凭证

(一) 主要业务内容

资产负债表日后事项包括资产负债表日后调整事项和资产负债表日后非调整事项。资产负债表日后调整事项涉及的业务具体包括:①资产负债表日后诉讼案件结案,人民法院判决证实了企业在资产负债表日已经存在现时义务,需要调整原先确认的与该诉讼案件有关的预计负债,或确认一项新负债。②资产负债表日后取得确凿证据,表明某项资产在资产负债表日后发生了减值或者需要调整该项资产原先确认的减值金额。③资产负债表日后进一步确定了资产负债表日前购入资产的成本或售出资产的金额。④资产负债表日后发现了财务报表舞弊或差错。⑤所得税汇算清缴业务。

资产负债表日后非调整事项涉及的业务通常包括:①资产负债表日后发生重大诉讼、仲裁、承诺。②资产负债表日后资产价格、税收政策、外汇汇率发生重大变化。③资产负债表日后因自然灾害导致资产发生重大损失。④资产负债表日后发行股票和债券以及其他巨额举债等。

(二) 主要原始凭证

资产负债表日后事项各类业务均包括的原始凭证是以前年度损益调整结转表和法定盈

余公积计提及利润分配明细项目结转表,如表 1-33 和表 1-34 所示。

表 1-33   **以前年度损益调整结转表**

年   月   日

项 目	金 额(元)
以前年度利润总额	
以前年度所得税费用	
以前年度净利润	

编制: 审核:

表 1-34   **法定盈余公积计提及利润分配明细项目结转表**

年   月   日

项 目	金 额(元)
提取盈余公积	

编制: 审核:

资产负债表日后事项各类业务还涉及的其他原始凭证如下:

(1) 资产负债表日后诉讼案件结案业务还涉及的原始凭证:判决书复印件或经理办公会议纪要,如表 1-35 所示。

表 1-35

经理办公会议纪要

    根据×××中级人民法院×××判决书,本公司应赔偿×××公司×××元,本公司无异议,不再上诉。本公司应赔偿的×××元冲减已预计赔偿损失×××元,差额×××元计入以前年度损益。

    参加人员: ×××   ×××   ×××   ×××   ×××

年   月   日

(2) 资产负债表日后取得确凿证据,表明某项资产在资产负债表日后发生了减值或者需要调整该项资产原先确认的减值金额还涉及的原始凭证:经理办公会议纪要,如表 1-36 所示。

表 1-36

经理办公会议纪要

    本公司×××资产由于××原因,账面价值和可变现净值(或现值)产生差异,为更真实地反映本公司截至××年××月××日的财务状况、资产价值及经营成果,根据《企业会计准则》和本公司相关会计政策的规定,基于审慎的原则,本公司在资产负债表日后期间,再次对该项资产进行了减值测试,并补提×××元资产减值损失。

    参加人员: ×××   ×××   ×××   ×××   ×××

年   月   日

(3) 资产负债表日后销售退回还涉及的原始凭证:红字增值税专用发票记账联、产品入库单会计联、银行结算凭证等。

（4）所得税汇算清缴业务还涉及的原始凭证：年度企业所得税汇算清缴计算表，如表1-37所示。

表1-37　　　　　　　××年度企业所得税汇算清缴计算表

年　月　日　　　　　　　　　　　　　　单位：元

项　目	金　额	备　注
会计利润总额		
加：纳税调整增加额		
其中：		
减：纳税调整减少额		
其中：		
应纳税所得额		
适用税率		
应纳所得税额		
减：累计实际已预缴的所得税额		
汇缴应补缴所得税额		

编制：　　　　　　　　　　　　　　　　　　　　　审核：

第二章 特殊经济业务记账凭证的编制

本章以特殊经济业务为主要内容,在详细解读各类原始凭证所反映的经济业务内容的基础上,介绍相应记账凭证的编制方法。为了真实、完整地反映会计实务工作中记账凭证的编制过程,下面将以母公司常州龙城股份有限公司和子公司常州宏达有限公司组成的企业集团为例展开介绍。

一、集团公司基本资料

(一) 公司概况

1. 母公司概况

(1) 名称:常州龙城股份有限公司。
(2) 性质:股份有限公司。
(3) 地址及电话:江苏省常州市新北区长江北路88号,电话:0519-85493868。
(4) 社会信用码:91320400197164789Q。
(5) 开户银行及账号:
企业人民币基本户:中国建设建行常州市新北区支行,银行账号:2300098322;
企业美元结算账户:中国建设建行常州市新北区支行,银行账号:21399870113;
证券交易结算资金账户:977622222。
(6) 企业法定代表人(董事长):周进京。
(7) 总经理:侯越宇。
(8) 财务部经理:沈丹;会计:张泽文;出纳:刘洁琼。

2. 子公司概况

(1) 名称:常州宏达有限公司。
(2) 性质:有限公司。
(3) 地址及电话:江苏省常州市新北区太湖东路66号,电话:0519-85498660。
(4) 社会信用码:91320400197164700R。
(5) 开户银行及账号:
企业基本户:中国建设建行常州市新北区支行,银行账号:2300098788。
(6) 企业法定代表人:刘明。

(7) 总经理:杨家豪。

(8) 财务部经理:王溯阳;会计:沈科;出纳:潘星宇。

(二) 主要会计政策

(1) 公司为增值税一般纳税人,不属于可以享受固定资产加速折旧企业所得税政策的行业,会计处理执行《企业会计准则》体系和截至 2018 年 5 月 31 日的税法,采用科目汇总表账务处理程序进行账务处理。

(2) 应收款项(应收账款及其他应收款)的坏账准备按年计提,对单项金额重大的应收款项(包括应收账款和其他应收款,公司单项金额定为 500 万元、其他应收款 100 万元)进行单独减值测试,按该应收款项预计未来现金流量现值低于其账面价值的差额计提坏账准备;单项金额重大的应收款项未发生减值的应收款项并入剔除单项金额重大应收款项后的应收款项,按期末余额的账龄分析计提。应收款项各账龄段坏账准备计提的比例,如表 2-1 所示。

表 2-1　　　　　　应收款项各账龄段坏账准备计提比例表

账龄	计提比例	账龄	计提比例
1 年以内	5%	3~4 年	30%
1~2 年	10%	4~5 年	60%
2~3 年	20%	5 年以上	100%

(3) 存货:

第一,存货按实际成本核算,出库单位成本按月末一次加权平均法计算,其中:原材料及库存商品出库单位成本均保留 2 位小数,尾差计入结存原材料及库存商品成本。

第二,产品成本计算采用品种法,设置直接材料、直接人工、制造费用三个成本项目。其中①原材料在生产开始时一次性投入。②五险一金的承担和计提比例如下:企业承担部分为养老保险金 20%,医疗保险金 8%,失业保险金 1.5%,工伤保险金 0.8%,生育保险金 0.5%,住房公积金 10%;个人承担部分为养老保险金 8%,医疗保险金 2% 及大病救助金每人每月 5 元,失业保险金 0.5%,住房公积金 10%,均通过"其他应付款"科目核算。

第三,涉及多种产品生产的,制造费用按生产工时比例在各种产品之间分配,分配率保留 4 位小数,尾差计入最后一个对象。生产费用在完工产品与在产品之间的分配采用约当产量法,分配率保留 2 位小数,尾差计入月末在产品成本。

(4) 交易性金融资产、可供出售金融资产以公允价值计量,按月确认公允价值变动。

(5) 固定资产不包括研发用固定资产,折旧采用年限平均法,净残值率 4%,折旧年限分别为:房屋建筑物 20 年,生产设备 10 年,运输工具 4 年,电子设备 3 年,家具 5 年,折旧率保留 4 位小数(采用小数点的形式),月折旧额保留 2 位小数。

(6) 无形资产的摊销采用直线法,土地使用权的摊销期限为 50 年,其他无形资产摊销期限为 10 年。

(7) 公司员工薪酬考核办法规定:员工薪酬每月按岗位工资预发,全年一次性奖金经考核评定后在次年春节发放。

(8) 企业适用的增值税税率为16%,企业取得的增值税专用发票已于当天在增值税发票选择确认平台办妥勾选确认;会计处理时,各期确认的应交税费——应交增值税(进项税额)应当与当期增值税纳税申报表保持口径一致;取得的海关专用缴款书已于当天在增值税发票选择确认平台办妥交叉比对并取得回执;城市维护建设税税率7%;教育费附加征收率3%,地方教育费附加征收率2%。

(9) 公司每月月末按照实际天数计算提取贷款利息,银行于每月20日收取发放贷款的利息。

(10) 企业所得税的确认、计量和报告采用资产负债表债务法,递延所得税按年确认,适用税率为25%,月度按照实际利润额计算预缴企业所得税,年终汇算清缴。截至2017年12月31日,公司以前各年度应纳税所得额大于零。

(11) 产品质量保证费用按月计提,按销售收入的0.3%计提。

(三) 相关说明

1. 母公司相关说明

(1) 常州龙城股份有限公司由江苏瑞华股份有限公司、苏美股份有限公司、江苏新鸿股份有限公司共同出资组建;为常州宏达有限公司的母公司,持有其70%的股权。公司下设办公室、财务部、采购部、销售部及生产车间。公司对外报送财务报告相关负责人如下:单位负责人为周进京;主管会计工作负责人为侯越宇;会计机构负责人为沈丹。公司主要自行生产甲、乙两种产品,生产甲产品耗用A材料,生产乙产品耗用B材料。

(2) 公司2018年1~11月各月会计利润总额均大于零,不存在不征税收入、免税收入等税基类减免应纳税所得额、减免所得税额,且截至2018年11月30日无欠缴及多缴所得税情况。

(3) 公司2018年1~11月累计计提产品质量保证费用52 911.35元;1~11月累计发生三包期内的售后服务费用为33 260.00元。

(4) 公司2018年1~11月业务招待费累计发生169 683.00元。

(5) 2018年3月1日,公司为新建车间02号厂房从建设银行基本户借入专门借款250万元,期限2年,年利率5.76%,借款合同号为10037;并于当日支付工程款150万元,另于7月1日支付工程款100万元。

(6) 公司外销商品出口退税率为15%。

(7) 与外币业务相关的美元对人民币即期汇率为:2018年11月30日6.603 4,12月1日6.606 7,12月3日6.621 8,12月5日6.615 2,12月12日6.608 8,12月18日6.570 4,12月20日6.603 4,12月25日6.576 8,12月31日6.506 3。

2. 子公司相关说明

(1) 常州宏达有限公司由常州龙城股份有限公司、常州龙瑞有限公司、常州尚品股份有限公司共同出资组建;为常州龙城股份有限公司持股70%的控股子公司。公司下设办公室、财务部、采购部、销售部及生产车间。公司对外报送财务报告相关负责人如下:单位负责人为刘明;主管会计工作负责人为杨家豪;会计机构负责人为王溯阳。公司主要自行生产A产品,生产A产品耗用X01材料。

(2) 公司2018年1~11月各月会计利润总额均小于零,不存在不征税收入、免税收入等税基类减免应纳税所得额、减免所得税额,且截至2017年12月31日无欠缴及多缴所得税情况。

(3) 公司2018年1~11月累计向母公司销售A产品价税合计2 366 400.00元。

(四) 2018年12月份期初资料

1. 母公司2018年12月份期初资料

(1) 2018年11月30日资产负债表,如表2-2所示。

表2-2　　　　　　　　　　　资　产　负　债　表　　　　　　　　　会企01表

编制单位:常州龙城股份有限公司　　　　2018年11月30日　　　　　　　　单位:元

资产	期末余额	年初余额	负债及所有者权益（或股东权益）	期末余额	年初余额
流动资产:			流动负债:		
货币资金	3 337 307.55	2 263 965.42	短期借款		
以公允价值计量且其变动计入当期损益的金融资产			以公允价值计量且其变动计入当期损益的金融负债		
衍生金融资产			衍生金融负债		
应收票据	595 000.00	2 156 000.00	应付票据		
应收账款	897 000.00	570 000.00	应付账款	745 800.00	2 440 200.00
预付款项			预收款项	200 000.00	340 000.00
应收利息			应付职工薪酬	226 969.60	226 969.60
应收股利			应交税费	214 574.55	214 589.55
其他应收款			应付利息	4 000.00	
存货	1 170 148.20	1 190 705.32	应付股利		
持有待售资产			其他应付款		
一年内到期的非流动资产			持有待售负债		
其他流动资产			一年内到期的非流动负债		
流动资产合计	5 999 455.75	6 180 670.74	其他流动负债		
非流动资产:			流动负债合计	1 391 344.15	3 221 759.15
可供出售的金融资产			非流动负债:		
持有至到期投资			长期借款	2 500 000.00	
长期应收款			应付债券		
长期股权投资	3 500 000.00	3 500 000.00	其中:优先股		
投资性房地产			永续债		

第二章 特殊经济业务记账凭证的编制

(续表)

资　产	期末余额	年初余额	负债及所有者权益(或股东权益)	期末余额	年初余额
固定资产	9 182 903.80	9 446 656.30	长期应付款		
在建工程	2 590 480.00		专项应付款		
工程物资			预计负债	35 000.00	15 348.65
固定资产清理			递延收益		
生产性生物资产			递延所得税负债		
油气资产			其他非流动负债		
无形资产			非流动负债合计	2 535 000.00	15 348.65
开发支出			负债合计	3 926 344.15	3 237 107.80
商誉			所有者权益(或股东权益):		
长期待摊费用			实收资本(或股本)	12 000 000.00	12 000 000.00
递延所得税资产	11 337.16	11 337.16	其他权益工具		
其他非流动资产			其中:优先股		
非流动资产合计	15 284 720.96	12 957 993.46	永续债		
			资本公积	280 000.00	280 000.00
			减:库存股		
			其他综合收益		
			盈余公积	868 367.00	868 367.00
			未分配利润	4 209 465.56	2 753 189.40
			所有者权益(或股东权益)合计	17 357 832.56	15 901 556.40
资产总计	21 284 176.71	19 138 664.20	负债及所有者权益(或股东权益)总计	21 284 176.71	19 138 664.20

公司法定代表人:周进京　　　主管会计工作负责人:侯越宇　　　会计机构负责人:沈丹

(2) 2018年1～11月利润表,如表2-3所示。

表 2-3　　　　　　　　　　　　　　利　润　表　　　　　　　　　　　　　会企02表

编制单位:锦州龙城股份有限公司　　　2018年1～11月　　　　　　　　　　单位:元

项目	本期金额	上年同期金额
一、营业收入	17 637 118.00	略
减:营业成本	11 464 126.70	
税金及附加	136 272.00	
销售费用	1 459 628.00	
管理费用	2 608 841.75	
财务费用	26 548.00	
资产减值损失		
加:公允价值变动收益(损失以"一"号填列)		
投资收益(损失以"一"号填列)		

(续表)

项目	本期金额	上年同期金额
其中:对联营企业和合营企业的投资收益		
资产处置收益(损失以"－"号填列)		
其他收益		
二、营业利润(亏损以"－"号填列)	1 941 701.55	
加:营业外收入		
减:营业外支出		
其中:非流动资产处置损失		
三、利润总额(亏损总额以"－"号填列)	1 941 701.55	
减:所得税费用	485 425.39	
四、净利润(净亏损以"－"号填列)	1 456 276.16	
（一）持续经营净利润(净亏损以"－"号填列)	1 456 276.16	
（二）终止经营净利润(净亏损以"－"号填列)		
五、其他综合收益税后净额		
（一）以后不能重分类进损益的其他综合收益		
1. 重新计量设定收益计划净负债或净资产的变动		
2. 权益法下在被投资单位不能重分类进损益的其他综合收益中享有的份额		
……		
（二）以后将重分类进损益的其他综合收益		
1. 权益法下在被投资单位以后将重分类进损益的其他综合收益中享有的份额		
2. 可供出售金融资产公允价值变动损益		
3. 持有至到期投资重分类为可供出售金融资产损益		
4. 现金流量套期损益的有效部分		
5. 外币财务报表折算差额		
……		
六、综合收益总额	1 456 276.16	
七、每股收益:		
（一）基本每股收益		
（二）稀释每股收益		

公司法定代表人:周进京　　　　主管会计工作负责人:侯越宇　　　　会计机构负责人:沈丹

（3）2018年1～11月现金流量表,如表2-4所示。

表2-4　　　　　　　　　　　　现金流量表　　　　　　　　　　　会企03表

编制单位:常州龙城股份有限公司　　　　2018年1～11月　　　　　　单位:元

项目	本期数	上年同期数
一、经营活动产生的现金流量:		略
销售商品、提供劳务收到的现金	21 553 056.88	
收到的税费返还		
收到的其他与经营活动有关的现金	127 089.80	

(续表)

项 目	本期数	上年同期数
现金流入小计	21 680 146.68	
购买商品、接受劳务支付的现金	12 411 535.82	
支付给职工以及为职工支付的现金	2 861 986.60	
支付的各项税费	2 133 385.79	
支付的其他与经营活动有关的现金	2 991 416.34	
现金流出小计	20 398 324.55	
经营活动产生的现金流量净额	1 281 822.13	
二、投资活动产生的现金流量：		
收回投资所收到的现金		
取得投资收益所收到的现金		
处置固定资产、无形资产和其他长期资产所收回的现金净额		
处置子公司及其他营业单位收到的现金净额		
收到的其他与投资活动有关的现金		
现金流入小计		
购建固定资产、无形资产和其他长期资产所支付的现金	2 590 480.00	
投资所支付的现金		
取得子公司及其他营业单位支付的现金净额		
支付的其他与投资活动有关的现金		
现金流出小计	2 590 480.00	
投资活动产生的现金流量净额	−2 590 480.00	
三、筹资活动产生的现金流量：		
吸收投资所收到的现金		
借款所收到的现金	2 500 000.00	
收到的其他与筹资活动有关的现金		
现金流入小计	2 500 000.00	
偿还债务所支付的现金		
分配股利、利润或偿付利息所支付的现金	118 000.00	
支付的其他与筹资活动有关的现金		
现金流出小计	118 000.00	
筹资活动产生的现金流量净额	2 382 000.00	
四、汇率变动对现金的影响		
五、现金及现金等价物净增加额	1 073 342.13	
加:期初现金及现金等价物余额	2 263 965.42	
六、期末现金及现金等价物余额	3 337 307.55	

公司法定代表人:周进京　　　主管会计工作负责人:侯越宇　　　会计机构负责人:沈丹

(4) 2018年1～11月所有者权益变动表,如表2-5所示。

表 2-5

所有者权益变动表

2018 年 1～11 月

编制单位：××股份有限公司

会企 04 表
单位：元

项 目	本期数								上年同期数							
	实收资本（或股本）	资本公积	减:库存股	其他综合收益	盈余公积	未分配利润	所有者权益合计		实收资本（或股本）	资本公积	减:库存股	其他综合收益	盈余公积	未分配利润	所有者权益合计	
一、上年期末余额	12 000 000.00	280 000.00			868 367.00	2 753 189.40	15 901 556.40		略	略	略	略	略	略	略	
加：会计政策变更																
前期差错更正																
其他																
二、本年期初余额	12 000 000.00	280 000.00			868 367.00	2 753 189.40	15 901 556.40									
三、本期增减变动金额（减少以"－"号填列）																
（一）综合收益总额						1 456 276.16	1 456 276.16									
（二）所有者投入和减少资本																
1. 所有者投入资本																
2. 股份支付计入所有者权益的金额																

3. 其他								
(三) 利润分配								
1. 提取盈余公积								
2. 对所有者(或股东)的分配								
3. 其他								
(四) 所有者权益内部结转								
1. 资本公积转增资本(或股本)								
2. 盈余公积转增资本(或股本)								
3. 盈余公积弥补亏损								
4. 其他								
四、本期期末余额	12 000 000.00	280 000.00				868 367.00	4 209 465.56	17 357 832.56

公司法定代表人：周进京　　主管会计工作负责人：侯越宇　　会计机构负责人：沈丹

(5) 2018年11月30日会计科目余额表,如表2-6所示。

表2-6　　　　　　　　　　　　**2018年11月30日会计科目余额表**

金额单位:元

总账科目	明细账科目	借方余额	贷方余额	数量	单位	备注
库存现金		1 987.45				
银行存款	人民币户——中国建设银行常州市新北区支行(2300098322)	2 802 303.10				
	美元户——中国建设银行常州市新北区支行(21399870113)	33 017.00				5 000美元
其他货币资金	存出投资款——977622222	500 000.00				
应收票据	苏州永泰股份有限公司	315 000.00				库存商品销售商
	苏州吴中股份有限公司	280 000.00				库存商品销售商
应收账款	南京江北有限公司	117 000.00				库存商品销售商,账龄8个月
	江苏恒远股份有限公司	340 000.00				库存商品销售商,账龄6个月
	常州晨阳有限公司	220 000.00				库存商品销售商,账龄6个月
	溧阳南山有限公司	250 000.00				库存商品销售商,账龄10个月
坏账准备	应收账款坏账准备		30 000.00			
原材料	A	219 100.00		1 800	千克	
	B	286 000.00		2 600	千克	
生产成本	甲			100	件	
	基本成产成本——甲——直接材料	18 900.00				
	基本成产成本——甲——直接人工	2 125.00				
	基本成产成本——甲——制造费用	1 138.00				
	乙			50	件	
	基本成产成本——乙——直接材料	10 525.00				
	基本成产成本——乙——直接人工	1 225.00				
	基本成产成本——乙——制造费用	635.20				
库存商品	甲	392 000.00		1 600	件	
	乙	238 500.00		900	件	

(续表)

总账科目	明细账科目	借方余额	贷方余额	数量	单位	备注
固定资产	房屋及建筑物——办公楼	5 800 000.00				
	房屋及建筑物——车间 01 厂房	4 500 000.00				
	生产设备——F	80 000.00				
	生产设备——G	600 000.00				
	生产设备——H	500 000.00				
	生产设备——I	250 000.00				
	运输工具——现代轿车	400 000.00				
	电子设备——车间空调 S1	36 000.00				
	电子设备——车间电脑 HP	11 000.00				
	电子设备——管理部门空调 S2	30 000.00				
	电子设备——管理部门电脑 APPLE	48 000.00				
	家具	300 000.00				
累计折旧			3 372 096.20			
在建工程	车间 02 厂房	2 590 480.00				
长期股权投资	常州宏达有限公司	3 500 000.00				
递延所得税资产	坏账准备	7 500.00				
	预计负债——产品质量保证	3 837.16				
应付账款	常州宏达有限公司		146 800.00			原材料供应商
	昆山华龙有限公司		138 500.00			原材料供应商
	常熟龙溪有限公司		200 000.00			原材料供应商
	无锡太湖股份有限公司		260 500.00			原材料供应商
预收账款	镇江江中有限公司		200 000.00			原材料供应商
应付职工薪酬	工资		161 200.00			
	设定提存计划——养老保险		32 240.00			
	社会保险费——医疗保险		12 896.00			
	设定提存计划——失业保险		2 418.00			
	社会保险费——工伤保险		1 289.60			
	社会保险费——生育保险		806.00			
	住房公积金		16 120.00			
应付利息	长期借款——中国建设银行常州市新北区支行		4 000.00			
应交税费	未交增值税		115 100.00			
	应交城市维护建设税		8 057.00			

(续表)

总账科目	明细账科目	借方余额	贷方余额	数量	单位	备注
	应交教育费附加		3 453.00			
	应交地方教育费附加		2 302.00			
	应交企业所得税		85 039.00			
	应交个人所得税		623.55			
长期借款	中国建设银行常州市新北区支行		2 500 000.00			
预计负债	产品质量保证		35 000.00			
股本	江苏瑞华有限公司		4 800 000.00			
	苏美股份有限公司		3 600 000.00			
	江苏新鸿股份有限公司		3 600 000.00			
资本公积	股本溢价		280 000.00			
盈余公积	法定盈余公积		868 367.00			
本年利润			1 456 276.16			
利润分配	未分配利润		2 753 189.40			
合 计		24 686 272.91	24 686 272.91			

2. 子公司2018年12月份期初资料

(1) 2018年11月30日资产负债表,如表2-7所示。

表2-7　　　　　　　　　　　　　**资产负债表**　　　　　　　　　　　会企01表

编制单位：常州宏达有限公司　　　　　　2018年11月30日　　　　　　　　单位：元

流动资产	期末余额	年初余额	负债及所有者权益（或股东权益）	期末余额	年初余额
流动资产:			流动负债:		
货币资金	1 952 630.67	1 935 226.61	短期借款		
以公允价值计量且其变动计入当期损益的金融资产			以公允价值计量且其变动计入当期损益的金融负债		
衍生金融资产			衍生金融负债		
应收票据	1 500 000.00	1 656 500.00	应付票据		
应收账款	455 440.00	375 440.00	应付账款	78 880.00	78 880.00
预付款项			预收款项		
应收利息			应付职工薪酬	233 446.40	233 446.40
应收股利			应交税费	−3 955.59	98 442.05
其他应收款			应付利息		
存货	111 030.00	134 580.00	应付股利		
持有待售资产			其他应付款		

(续表)

资　产	期末余额	年初余额	负债及所有者权益（或股东权益）	期末余额	年初余额
一年内到期的非流动资产			持有待售负债		
其他流动资产			一年内到期的非流动负债		
流动资产合计	4 019 100.67	4 101 746.61	其他流动负债		
非流动资产：			流动负债合计	308 370.81	410 768.45
可供出售的金融资产			非流动负债：		
持有至到期投资			长期借款		
长期应收款			应付债券		
长期股权投资			其中：优先股		
投资性房地产			永续债		
固定资产	2 615 785.40	2 895 963.10	长期应付款		
在建工程			专项应付款		
工程物资			预计负债	13 600.00	9 240.00
固定资产清理			递延收益		
生产性生物资产			递延所得税负债		
油气资产			其他非流动负债		
无形资产			非流动负债合计	13 600.00	9 240.00
开发支出			负债合计	321 970.81	420 008.45
商誉			所有者权益（或股东权益）：		
长期待摊费用			实收资本（或股本）	5 000 000.00	5 000 000.00
递延所得税资产	7 250.00	7 250.00	其他权益工具		
其他非流动资产			其中：优先股		
非流动资产合计	2 623 035.40	2 903 213.10	永续债		
			资本公积		
			减：库存股		
			其他综合收益		
			盈余公积	300 642.67	300 642.67
			未分配利润	1 019 522.59	1 284 308.59
			所有者权益（或股东权益）合计	6 320 165.26	6 584 951.26
资产总计	6 642 136.07	7 004 959.71	负债及所有者权益（或股东权益）总计	6 642 136.07	7 004 959.71

公司法定代表人：刘明　　　　主管会计工作负责人：杨家豪　　　　会计机构负责人：王溯阳

(2) 2018 年 1~11 月利润表,如表 2-8 所示。

表 2-8 利 润 表 会企 02 表

编制单位:常州宏达有限公司　　　2018 年 1~11 月　　　单位:元

项　目	本期金额	上年同期金额
一、营业收入	2 520 000.00	略
减:营业成本	1 370 250.00	
税金及附加	22 832.00	
销售费用	157 139.60	
管理费用	1 188 932.40	
财务费用	45 632.00	
资产减值损失		
加:公允价值变动收益(损失以"－"号填列)		
投资收益(损失以"－"号填列)		
其中:对联营企业和合营企业的投资收益		
资产处置收益(损失以"－"号填列)		
其他收益		
二、营业利润(亏损以"－"号填列)		
加:营业外收入		
减:营业外支出		
其中:非流动资产处置损失		
三、利润总额(亏损总额以"－"号填列)	－264 786.00	
减:所得税费用		
四、净利润(净亏损以"－"号填列)	－264 786.00	
(一)持续经营净利润(净亏损以"－"号填列)	－264 786.00	
(二)终止经营净利润(净亏损以"－"号填列)		
五、其他综合收益税后净额		
(一)以后不能重分类进损益的其他综合收益		
1. 重新计量设定收益计划净负债或净资产的变动		
2. 权益法下在被投资单位不能重分类进损益的其他综合收益中享有的份额		
……		

(续表)

项 目	本期金额	上年同期金额
(二) 以后将重分类进损益的其他综合收益		
1. 权益法下在被投资单位以后将重分类进损益的其他综合收益中享有的份额		
2. 可供出售金融资产公允价值变动损益		
3. 持有至到期投资重分类为可供出售金融资产损益		
4. 现金流量套期损益的有效部分		
5. 外币财务报表折算差额		
……		
六、综合收益总额	−264 786.00	
七、每股收益:		
(一) 基本每股收益		
(二) 稀释每股收益		

单位负责人:刘明　　　　主管会计工作负责人:杨家豪　　　　会计机构负责人:王溯阳

(3) 2018年1~11月现金流量表,如表2-9所示。

表2-9　　　　　　　　　　　　　**现 金 流 量 表**　　　　　　　　　会企03表

编制单位:常州宏达有限公司　　　　2018年1~11月　　　　　　　　　单位:元

项 目	本期数	上年同期数
一、经营活动产生的现金流量:		略
销售商品、提供劳务收到的现金	3 239 518.63	
收到的税费返还		
收到的其他与经营活动有关的现金	1 416 409.80	
现金流入小计	4 655 928.43	
购买商品、接受劳务支付的现金	1 465 172.10	
支付给职工以及为职工支付的现金	3 368 895.20	
支付的各项税费	17 790.08	
支付的其他与经营活动有关的现金	6 193.39	
现金流出小计	4 858 050.77	
经营活动产生的现金流量净额	−202 122.34	
二、投资活动产生的现金流量:		
收回投资所收到的现金		

(续表)

项　目	本期数	上年同期数
取得投资收益所收到的现金		
处置固定资产、无形资产和其他长期资产所收回的现金净额		
处置子公司及其他营业单位收到的现金净额		
收到的其他与投资活动有关的现金		
现金流入小计		
购建固定资产、无形资产和其他长期资产所支付的现金		
投资所支付的现金		
取得子公司及其他营业单位支付的现金净额		
支付的其他与投资活动有关的现金		
现金流出小计		
投资活动产生的现金流量净额		
三、筹资活动产生的现金流量：		
吸收投资所收到的现金		
借款所收到的现金		
收到的其他与筹资活动有关的现金		
现金流入小计		
偿还债务所支付的现金		
分配股利、利润或偿付利息所支付的现金		
支付的其他与筹资活动有关的现金		
现金流出小计		
筹资活动产生的现金流量净额		
四、汇率变动对现金的影响		
五、现金及现金等价物净增加额	−202 122.34	
加：期初现金及现金等价物余额	1 935 226.61	
六、期末现金及现金等价物余额	1 733 104.27	

公司法定代表人：刘明　　　　主管会计工作负责人：杨家豪　　　　会计机构负责人：王溯阳

(4) 2018年1~11月所有者权益变动表，如表2-10所示。

表 2-10

所有者权益变动表

编制单位：常州爱涤有限公司　　2018 年 1～11 月　　会企 04 表　单位：元

项目	本期数							上年同期数						
	实收资本（或股本）	资本公积	减：库存股	其他综合收益	盈余公积	未分配利润	所有者权益合计	实收资本（或股本）	资本公积	减：库存股	其他综合收益	盈余公积	未分配利润	所有者权益合计
一、上年期末余额	5 000 000.00				300 642.67	1 284 308.59	6 584 951.26	略	略	略	略	略	略	略
加：会计政策变更														
前期差错更正														
其他														
二、本年期初余额	5 000 000.00				300 642.67	1 284 308.59	6 584 951.26							
三、本期增减变动金额（减少以"－"号填列）						−264 786.00	−264 786.00							
（一）综合收益总额														
（二）所有者投入和减少资本														
1. 所有者投入资本														
2. 股份支付计入所有者权益的金额														

(续表)

项目	本期数							上年同期数						
	实收资本(或股本)	资本公积	减:库存股	其他综合收益	盈余公积	未分配利润	所有者权益合计	实收资本(或股本)	资本公积	减:库存股	其他综合收益	盈余公积	未分配利润	所有者权益合计
3. 其他														
(三) 利润分配														
1. 提取盈余公积														
2. 对所有者(或股东)的分配														
3. 其他														
(四) 所有者权益内部结转														
1. 资本公积转增资本(或股本)														
2. 盈余公积转增资本(或股本)														
3. 盈余公积弥补亏损														
4. 其他														
四、本期期末余额	5 000 000.00				300 642.67	1 019 522.59	6 320 165.26							

公司法定代表人:刘明　　　主管会计工作负责人:杨家豪　　　会计机构负责人:王溯阳

(5) 2018 年 11 月 30 日会计科目余额表,如表 2-11 所示。

表 2-11　　　　　　　　　**2018 年 11 月 30 日会计科目余额表**　　　　　　　金额单位:元

总账科目	明细账科目	借方余额	贷方余额	数量	单位	备注
库存现金		5 310.00				
银行存款	中国建设银行常州市新北区支行-2300098788	1 947 320.67				
应收票据	无锡梅林有限公司	1 500 000.00				库存商品销售商
应收账款	常州华宇有限公司	145 700.00				库存商品销售商,账龄 8 个月
	苏州瀚海股份有限公司	182 700.00				库存商品销售商,账龄 6 个月
	常州龙城股份有限公司	146 800.00				库存商品销售商,账龄 5 个月
坏账准备	应收账款坏账准备		19 760.00			
原材料	X01	30 870.00		1 000	千克	
库存商品	A	80 160.00		1 200	千克	
固定资产	房屋及建筑物——办公楼	1 500 000.00				
	房屋及建筑物——厂房	1 000 000.00				
	生产设备——W	30 000.00				
	生产设备——V	600 000.00				
	生产设备——M	150 000.00				
	生产设备——N	250 000.00				
	运输工具——丰田轿车	200 000.00				
	电子设备——空调 S	36 000.00				
	电子设备——电脑 HP	55 000.00				
	电子设备——空调 H	30 000.00				
累计折旧			1 235 214.60			
递延所得税资产	坏账准备	4 940.00				
	预计负债——产品质量保证	2 310.00				
应付账款	金坛永林有限公司		67 180.00			原材料供应商
	常州恒泰林有限公司		11 700.00			原材料供应商
应付职工薪酬	工资		165 800.00			
	设定提存计划——养老保险		33 160.00			
	社会保险费——医疗保险		13 264.00			
	设定提存计划——失业保险		2 487.00			
	社会保险费——工伤保险		1 326.40			
	社会保险费——生育保险		829.00			

(续表)

总账科目	明细账科目	借方余额	贷方余额	数量	单位	备注
	住房公积金		16 580.00			
应交税费	应交增值税——进项税额	39 890.00				
	应交增值税——销项税额		35 330.00			
	应交个人所得税		604.41			
预计负债	产品质量保证		13 600.00			
实收资本	常州龙城股份有限公司		3 500 000.00			
	常州龙瑞有限公司		750 000.00			
	常州尚品股份有限公司		750 000.00			
盈余公积	法定盈余公积		300 642.67			
本年利润		264 786.00				
利润分配	未分配利润		1 284 308.59			
合计		8 201 786.67	8 201 786.67			

二、母、子公司 12 月份经济业务解读及记账凭证的编制

（一）母公司 12 月份经济业务解读及记账凭证的编制

【业务 2-1】（共 5 张原始凭证，于 2018 年 12 月 1 日取得）

表 2-1-1　　　　　中华人民共和国海关　进口　货物报关单

预录入编号 332181200　　　　　　　　　　　　　　　海关编号 2233201313321 82301

进口口岸 常州海关 2233	备案号	进口日期 2018-11-22	申报日期 2018-11-26
经营单位 3204945135 常州龙城股份有限公司	运输方式 航空运输	运输工具名称	提运单 75612076554　20181110
收货单位 3204945135 常州龙城股份有限公司	贸易方式 一般贸易　0110	征免性质 一般征税(101)	征税比例 0
许可证号	启运国(地区) 美国	装货港 美国(302)	境内目的地 常州其他(32049)
批准文号	成交方式 FOB	运费 保费	杂费
合同协议号 WP0-002191	件数 1件	包装种类 木箱	毛重(千克) 1 000	净重(千克) 828
集装箱号 98	随附单证		
标记唛码及备注 供应商:ALL POWER LABS INC(美国)			

第二章 特殊经济业务记账凭证的编制

(续表)

项号 1.	商品编号 84669922	商品名称、规格型号 设备K B11222	数量及单位 828.00千克	原产国(地区) 美国(302)	单价 25 000.00	总价	币制 美元	征免 照章征税

税费征收情况			
录入员 录入单位	兹声明以上申报无讹并承担法律责任	海关审单批注及放行日期(签章)	
报关员：		审单 审价	
单位地址31021998 报关员 张虹 3109980094	申报单位(签章) 报关专用章 (常州) 常州敏通物流有限公司	征税 查验	放行 验讫章 (18)
邮编 电话	填制日期	签发关员：郑海洁	

签发日期：2018-12-01

表2-1-2 GS01　　常州 海关 进口关税 专用缴款书

(1012) 48

收入系统 海关系统　　填发日期 2018年12月01日　　号码 No2332013332083906-A02

收款单位	收入机构	中央金库			缴款单位	名　称	常州龙城股份有限公司
	科　目	进口关税	预算级次	中央		账　号	2300098322
	收款国库	建行常州市分行营业部				开户银行	建行常州新北区支行

税号	货物名称	数量	单位	完税价格(¥)	税率(%)	税款金额(¥)
84669922	机器设备K	1台	台	165 167.50	15.000 0	24 775.13

金额人民币(大写)贰万肆仟柒佰柒拾伍元壹角叁分			合计(¥)	¥24 775.13
申请单位编号	3109764101	报关单编号	22332013133218 2301	收款国库(银行)
合同(批文)号	WP0-002433	运输工具号		填制单 制单人 单证专用章 复核人(28)
缴款期限	2018年12月11日前	提/装货单号	02067670324	
备注	一般贸易 照章征税 2018年12月01日 国标代码 913204007633279092US		24 775.13	

从填发缴款书之日起限15日内缴纳(期末遇节假日顺延)，逾期按日征收税款额5‰的滞纳金。

表 2-1-3　GS01　　常州 海关 进口增值税 **专用缴款书**

(1012) 64

收入系统　税务系统　　填发日期 2018 年 12 月 01 日　　号码 No2332013332083906-B11

收款单位	收入机构	中央金库				缴款单位	名　称	常州龙城股份有限公司
	科　目	进口增值税	预算级次	中央			账　号	2300098322
	收款国库	建行常州市分行营业部					开户银行	建行常州新北区支行
税号		货物名称	数量	单位	完税价格(¥)		税率(%)	税款金额(¥)
84669922		机器设备 K	1 台	台	189 942.63		16.000 0	30 390.82

金额人民币(大写)叁万零叁佰玖拾捌元捌角贰分				合计(¥)	¥30 390.82
申请单位编号	3109764101	报关单编号	223320131332182301	填制单位	收款国库(银行)
合同(批文)号	WP0-002433	运输工具号		制单人	
缴款期限	2018 年 12 月 11 日前	提/装货单号	02067670324	复核人	
备注	一般贸易　照章征税　2018 年 12 月 01 日 国标代码 913204007633279092US				30 390.82

从填发缴款书之日起限 15 日内缴纳(期末遇节假日顺延),逾期按日征收税款额 5‰的滞纳金。

表 2-1-4　　　　**新增固定资产登记表**

2018 年 12 月 01 日

固定资产名称	种类	单位	数量	购入日期	投入使用日期	使用部门
设备 K	设备	台	1	2018 年 12 月 01 日	2018 年 12 月 01 日	车间

制表人:张泽文　　　　　　　　　　　　　　　　　　　　　　　复核人:沈丹

表 2-1-5

上述原始凭证中:

表 2-1-1 是中华人民共和国海关进口货物报关单,"收货单位"是本公司,"供应商"是美国 APL 公司,"商品名称"是设备 K,"总价"是 25 000.00 美元,这表明本公司向美国 APL 公司购买了设备 K。

表 2-1-2 是海关进口关税专用缴款书,应作为付款人支付款项的记账依据。该原始凭证注明,进口机器设备 K 应缴纳关税,"完税价格"是 165 167.50 元,"税率"是 15%,"税款金额"是 24 775.13 元。进行会计核算时,"完税价格"165 167.50 元与"税款金额"24 775.13 元的合计 189 942.63 元应记入"固定资产——生产设备——K"科目的借方。

表 2-1-3 是海关进口增值税专用缴款书,应作为付款人支付款项的记账依据。该原始凭证注明,进口机器设备 K 应缴纳增值税,"完税价格"是 189 942.63 元,"税率"是 16%,"税款金额"是 30 390.82 元。进行会计核算时,"税款金额"30 390.82 元应记入"应交税费——应交增值税——进项税额"科目的借方。

表 2-1-4 是新增固定资产登记表,此表应作为固定资产增加的记账依据。该原始凭证注明,"资产名称"是设备 K,"种类"是设备,"使用部门"是车间,"购入日期"与"投入使用日期"均为 2018 年 12 月 1 日,这表明本公司进口的设备 K 已在车间投入使用。

表 2-1-5 是中国建设银行转账支票存根,应作为付款方支付款项的记账依据。该原始凭证注明,"收款人"是常州易达报关有限公司,"用途"是进口关税及增值税,"备注"是 2300098322,这表明本公司已通过账号 2300098322 的基本户向常州易达报关有限公司支付了由其代付的进口关税及增值税,进行会计核算时,"金额"55 165.95 元应记入"银行存款——人民币户——中国建设银行常州市新北区支行(2300098322)"科目的贷方。

而该笔业务没有相关设备 K 付款的原始凭证,同时在此之前也没有发生相关的预付款业务,设备 K"完税价格"165 167.50 元应记入"应付账款——美元户(APL 公司)"科目的贷方。

因此,该笔业务应填制记账凭证,如表 2-1-6 所示。

表 2-1-6 **记账凭证(复币)**

总号

日期:2018 年 12 月 1 日　　　第 01 号

摘要	总账科目	明细科目	原币金额		汇率	借方本位币	贷方本位币	记账
			币种	金额		亿千百十万千百十元角分	亿千百十万千百十元角分	√
进口设备K	固定资产	生产设备——K				1 8 9 9 4 2 6 3		
增值税、关税已付	应交税费	应交增值税——进项税额				3 0 3 9 0 8 2		
设备款未付	银行存款	人民币户——中国建设银行常州市新北区支行(2300098322)					5 5 1 6 5 9 5	
	应付账款	APL公司	美元	25 000	6.606 7		1 6 5 1 6 7 5 0	
附件5张						¥ 2 2 0 3 3 4 5	¥ 2 2 0 3 3 4 5	

核准:　　　　复核:　　　　记账:　　　　出纳:　　　　制单:张泽文

【业务 2-2】（共 5 张原始凭证，于 2018 年 12 月 3 日取得）

表 2-2-1   **差旅费报销单**

2018 年 12 月 3 日

姓 名		王平		工作部门			车间		出差事由			三包期内上门维修产品	
日期		地点		车船费			深夜补贴	途中补贴	住勤费			旅馆费	公交费	金额合计
起	讫	起	讫	车次或船名	时间	金额			地区	天数	补贴			
1	3	常州	嘉兴	火车		225			浙江	2	200	500		925.00
												现金付讫		
报销金额(大写)			玖佰贰拾伍元整								￥925.00			
补付金额：						退回金额：								

领导批准：侯越宇   会计主管：沈丹   部门负责人：周纯志   审核：张泽文   报销人：王平

表 2-2-1-1

```
R529120  检票：二层 1 号检票口
常州北  站 G7505 次  嘉 兴 南   站
       ChangzhouBei    →       JiaXingNan
2018 年 12 月 1 日 07:53 开   8 车 16C 号
￥112.5 元      网折     二等座
限乘当日当次车
        3204111989****0515    王平
        ┌─────────────────────────────┐
        │  买票请到 12306  发货请到 95306 │
        │     中国铁路祝您旅途愉快         │
        └─────────────────────────────┘
238192102505R22189513         常州北售
```

表 2-2-1-2

```
R912000  检票：一层 13 号检票口
嘉兴南站 G1228 次  常州北    站
       JiaXingNan    →    ChangzhouBei
2018 年 12 月 3 日 10:30 开   10 车 09B 号
￥112.5 元      网折     二等座
限乘当日当次车
        3204111989****0515    王平
        ┌─────────────────────────────┐
        │  买票请到 12306  发货请到 95306 │
        │     中国铁路祝您旅途愉快         │
        └─────────────────────────────┘
238192102505R27643524         嘉兴南售
```

第二章 特殊经济业务记账凭证的编制

表 2-2-1-3
3404098298

浙江增值税专用发票 No.51268098

发票联 开票日期：2018年12月03日

购买方	名　　称：常州龙城股份有限公司 纳税人识别号：91320400197164789Q 地址、电话：长江北路88号 85493868 开户行及账号：建行常州新北区支行 2300098322	密码区	2<77/50/7912<98+1*0198<<-0621/32101 16983/9826*>091651<092-12810><09121 87/29824/*90-12/*12+08-0911-*408134 54+091/872-0916+8226-/87261+86282-0

货物或应税劳务、服务名称	规格型号	单位	数量	单价	金　额	税率	税　额
*住宿服务*住宿费		天	2	235.85	471.70	6%	28.30
合　计					￥471.70		￥28.30
价税合计（大写）	伍佰元整				（小写）￥500.00		

销售方	名　　称：嘉兴寻梅酒店有限公司 纳税人识别号：91330402307649968T 地址、电话：嘉兴枫桥南路16号 83183315 开户行及账号：中行嘉兴支行 4311345662	备注	寻梅酒店有限公司 91330402307649968T 发票专用章 （1）

收款人：　　　　复核：　　　　开票人：李凡　　　　销货单位（章）

第三联发票联　购买方记账凭证

表 2-2-2
3404098298

浙江增值税专用发票 No.51268098

抵扣联 开票日期：2018年12月03日

购买方	名　　称：常州龙城股份有限公司 纳税人识别号：91320400197164789Q 地址、电话：长江北路88号 85493868 开户行及账号：建行常州新北区支行 2300098322	密码区	2<77/50/7912<98+1*0198<<-0621/32101 16983/9826*>091651<092-12810><09121 87/29824/*90-12/*12+08-0911-*408134 54+091/872-0916+8226-/87261+86282-0

货物或应税劳务、服务名称	规格型号	单位	数量	单价	金　额	税率	税　额
*住宿服务*住宿费		天	2	235.85	471.70	6%	28.30
合　计					￥471.70		￥28.30
价税合计（大写）	伍佰元整				（小写）￥500.00		

销售方	名　　称：嘉兴寻梅酒店有限公司 纳税人识别号：91330402307649968T 地址、电话：嘉兴枫桥南路16号 83183315 开户行及账号：中行嘉兴支行 4311345662	备注	寻梅酒店有限公司 91330402307649968T 发票专用章 （1）

收款人：　　　　复核：　　　　开票人：李凡　　　　销货单位（章）

第二联抵扣联　购买方扣税凭证

上述原始凭证中：

表 2-2-1 是差旅费报销单，此单应作为本公司核算差旅费的记账依据。该原始凭证注明，"姓名"是王平，"工作部门"是车间，"出差事由"是三包期内上门维修产品，"报销金额"是 925.00 元，并加盖了现金付讫章，进行会计核算时，"报销金额"925.00 元应记入"库存现金"科目的贷方；表 2-2-1-1 和表 2-2-1-2 是常州到嘉兴的往返动车票，表明报销单中的车船

费是225.00元；表2-2-1-3是江苏增值税专用发票的第三联发票联，此联应作为购买方的记账依据，该原始凭证注明，"购买方"是本公司，"销售方"是嘉兴寻梅酒店有限公司，"货物或应税劳务、服务名称"是住宿费，表明报销单中的旅馆费金额是500.00元。进行会计核算时，"车船费""补贴"和增值税专用发票上的"金额"合计896.70元应记入"预计负债——产品质量保证"科目的借方，"税额"28.30元应记入"应交税费——应交增值税——进项税额"科目的借方。

表2-2-2是浙江增值税专用发票的第二联抵扣联，此联应作为购买方抵扣进项税额的依据。该抵扣联不能作为记账凭证的附件，专门用于在规定期限内到税务机关办理认证或在平台办理勾选确认，并在认证通过或勾选确认的次月申报期内，向主管税务机关申报抵扣进项税额。

因此，该笔业务应填制记账凭证，如表2-2-3所示。

表2-2-3 记 账 凭 证 附件1张

2018年12月3日 第02号

摘要	会计科目		借方金额								贷方金额								记账
	总账科目	明细科目	百	十	万	千	百	十	元	角	分	百	十	万	千	百	十	元	角	分	
报销差旅费	预计负债	产品质量保证					8	9	6	7	0										
	应交税费	应交增值税——进项税额						2	8	3	0										
	库存现金															9	2	5	0	0	
合 计							¥	9	2	5	0	0				¥	9	2	5	0	0

会计主管： 记账： 复核： 制单：张泽文

【业务2-3】（共2张原始凭证，于2018年12月3日取得）

表2-3-1 销 售 单

购货单位：WILBURCURTIS COMPANY INC（美国） 地址和电话： 单据编号：1882

纳税识别号： 开户行及账号： 制单日期：2018.12.03

编码	产品名称	规格	单位	单价	数量	金额	备注
	甲		件	450.282 4	1 800	810 508.32	单价 USD 68.00
							总价 USD 122 400.00
合计	人民币（大写）捌拾壹万零伍佰零捌元叁角贰分					810 508.32	

销售经理：盛海军 经手人：周丽佳 会计：张泽文 签收人：

表 2-3-2
3204098220

江苏增值税普通发票　　　　　No.05231142

开票日期:2018 年 12 月 03 日

购买方	名　　　称:	WILBURCURTIS COMPANY INC（美国）	密码区	2＜77/50/7912＜98＋1＊0198＜＜－0621/32101 16983/9826＊＞091651＜092－12810＊＜09121 87/29824/＊90－12/＊12＋08－0911－＊408134 54＋091/872－0916＋8226－/87261＋86282－0
	纳税人识别号:			
	地　址、电话:			
	开户行及账号:			

货物或应税劳务、服务名称	规格型号	单位	数量	单价	金　额	税率	税　额
＊塑料制品＊甲		件	1 800	450.282 4	810 508.32	0%	＊＊＊
合　计					￥810 508.32		＊＊＊

价税合计(大写)	捌拾壹万零伍佰零捌元叁角贰分(小写)￥810 508.32

销售方	名　　　称:	常州龙城股份有限公司	备注	贸易方式:一般贸易　币种:美元 外币金额:122 400.00 汇率:6.621 8 报关单号:222920180000086049
	纳税人识别号:	91320400197164789Q		
	地　址、电话:	长江北路88号 85493868		
	开户行及账号:	建行常州新北区支行 2300098322		

收款人:　　　　复核:　　　　开票人:张泽文　　　　销货单位(章)

第一联记账联 销售方记账凭证

上述原始凭证中:

表 2-3-1 是销售单,应作为销售方的记账依据。该原始凭证注明,"购货单位"是美国 WC 公司,"产品名称"是甲,"数量"是 1 800 件,"金额"是 810 508.32 元,这表明本公司实现了甲产品的销售。

表 2-3-2 是江苏增值税普通发票的第一联记账联,此联应作为销售方的记账依据。该原始凭证注明,"销售方"是本公司,"购买方"是美国 WC 公司,"货物或应税劳务、服务名称"

表 2-3-3　　　　　　　　　　　　记账凭证(复币)

总号

日期:2018 年 12 月 03 日　　　　　　　第 03 号

摘　要	总账科目	明细科目	原币金额		汇率	借方本位币											贷方本位币											记账
			币种	金额		亿	千	百	十	万	千	百	十	元	角	分	亿	千	百	十	万	千	百	十	元	角	分	✓
向美国WC公司销售甲	应收账款	WC公司	美元	122 400	6.621 8			8	1	0	5	0	8	3	2													
	主营业务收入	商品销售收入——甲																	8	1	0	5	0	8	3	2		
附件2张							￥	8	1	0	5	0	8	3	2			￥	8	1	0	5	0	8	3	2		

核准:　　　　复核:　　　　记账:　　　　出纳:　　　　制单:张泽文

是甲,"税率"是0,这表明本公司出口了甲产品给美国WC公司。销售产品是本公司的主营业务,因此,进行会计核算时,销售产品的"金额"810 508.32元应记入"主营业务收入——商品销售收入——甲"科目的贷方。而该笔业务没有相关收款的原始凭证,同时在此之前也没有发生相关的预收款业务,"金额"810 508.32元应记入"应收账款——美元户(WC公司)"科目的借方。

因此,该笔业务应填制记账凭证,如表2-3-3所示。

【业务2-4】 (共4张原始凭证,于2018年12月4日取得)

表2-4-1

经理办公会议纪要

企业拟以不高于每股10.00元的价格购入沪江股份有限公司发行在外的20 000股股票,划分为交易性金融资产。

参加人员:侯越宇 沈丹 高杰 盛海军

2018年12月3日

表2-4-2

交 割 单

营业部名:华泰证券有限责任公司
股东姓名:常州龙城股份有限公司
资金账户:977622222
当前币种:人民币

成交日期	证券代码	证券名称	操作	成交数量	成交均价	成交金额	手续费	印花税	其他杂费	发生金额	账户	市场名称
2018.12.4	600605	沪江股份	买入	20 000	10.00	200 000	40.00			200 040.00	A003267	上海A股

表2-4-3

3204076456   **江苏增值税专用发票**   No. 14098209

抵扣联

开票日期:2018年12月04日

购买方	名 称:常州龙城股份有限公司 纳税人识别号:91320400197164789Q 地 址、电 话:长江北路88号 85493868 开户行及账号:建行常州新北区支行 2300098322	密码区	128766<98/198533204+<64<+64−>876*98 </8765<092−12810*<09121<32101−7324556789 87/29824/*90−12/*12+08−0911−*40813402 54+091/872−0916+8226−/87261+86282−033

货物或应税劳务、服务名称	规格型号	单位	数量	单价	金额	税率	税额
*金融服务*直接收费金融服务		笔	1	37.74	37.74	6%	2.26
合 计					¥37.74		¥2.26
价税合计(大写)	肆拾元整					(小写)¥40.00	

销售方	名 称:华泰证券有限责任公司 纳税人识别号:913211028554831235 地 址、电 话:河海东路1号 88876667 开户行及账号:建行新北支行 5135411234	备注	华泰证券有限责任公司 913211028554831235 发票专用章

收款人: 复核: 开票人:姜明   销货单位(章)

表 2-4-4
3204076456

江苏增值税专用发票　　　　　　　　No.14098209

开票日期 2018 年 12 月 04 日

购买方	名　　　　称：常州龙城股份有限公司 纳税人识别号：91320400197164789Q 地　址、电话：长江北路88号 85493868 开户行及账号：建行常州新北区支行 2300098322	密码区	128766<98/198533204+<64<+64—>876*98 </8765<092—12810*<09121<32101—7324556789 87/29824/*90—12/*12+08—0911—*40813402 54+091/872—0916+8226—/87261+86282—033

货物或应税劳务、服务名称	规格型号	单位	数量	单价	金　额	税率	税　额
*金融服务*直接收费金融服务		笔	1	37.74	37.74	6%	2.26
合　计					¥37.74		¥2.26

价税合计（大写）　　肆拾元整　　　　　　　　　　　　　（小写）¥40.00

销售方	名　　　　称：华泰证券有限责任公司 纳税人识别号：913211028554831235 地　址、电话：河海东路1号 88876667 开户行及账号：建行新北支行 5135411234	备注	（发票专用章）

收款人：　　　　　复核：　　　　　开票人：姜明　　　　　销货单位（章）

第三联发票联　购买方记账凭证

上述原始凭证中：

表 2-4-1 是本公司形成的经理办公会议纪要，应作为购买金融商品并对其进行分类的依据。该原始凭证注明，本公司拟以每股不高于 10.00 元的价格买入沪江股份有限公司 20 000 股股票，并划分为交易性金融资产。

表 2-4-2 是买入证券交割单，应作为付款方支付款项的记账依据。该原始凭证注明，"股东姓名"是本公司，"资金账户"是 977622222，"操作"内容是买入，"证券名称"是沪江股份，"成交金额"是 200 000.00 元，含税"手续费"是 40.00 元，"结算金额"是 200 040.00 元，这表明本公司通过账号为 977622222 的证券资金账户支付 200 040.00 元买入了 20 000 股沪江股份有限公司股票。

表 2-4-3 是江苏增值税专用发票的第二联抵扣联，此联应作为购买方抵扣进项税额的依据。该抵扣联不能作为记账凭证的附件，专门用于在规定期限内到税务机关办理认证或在平台办理勾选确认，并在认证通过或勾选确认的次月申报期内，向主管税务机关申报抵扣进项税额。

表 2-4-4 是江苏增值税专用发票的第三联发票联，此联应作为购买方的记账依据。该原始凭证注明，"购买方"是本公司，"销售方"是华泰证券有限责任公司，"货物或应税劳务、服务名称"是直接收费金融服务，"金额"是 37.74 元，"税额"是 2.26 元，"价税合计"是 40.00 元，这表明本公司接受了华泰证券有限责任公司的金融服务。根据表 2-4-1、表 2-4-2 和表 2-4-4 进行会计核算时，"成交金额"200 000.00 元应记入"交易性金融资产——股票——沪江股份（成本）"科目的借方，"金额"37.74 元应记入"投资收益——交易手续费"科目的借

方,"税额"2.26元应记入"应交税费——应交增值税——进项税额"科目的借方,"结算金额"200 040.00元应记入"其他货币资金——存出投资款——977622222"科目的贷方。

因此,该笔业务应填制记账凭证,如表2-4-5所示。

表2-4-5

记 账 凭 证

2018年12月4日

附件3张
第04号

摘要	会计科目		借方金额									贷方金额									记账
	总账科目	明细科目	百	十	万	千	百	十	元	角	分	百	十	万	千	百	十	元	角	分	
买入沪江股份	交易性金融资产	股票——沪江股份(成本)			2	0	0	0	0	0	0										
	投资收益	交易手续费							3	7	4										
	应交税费	应交增值税——进项税额							2	2	6										
	其他货币资金	存出投资款977622222												2	0	0	0	4	0	0	0	
合　　计			¥		2	0	0	0	4	0	0	¥		2	0	0	0	4	0	0	0	

会计主管:　　　　　记账:　　　　　复核:　　　　　制单:张泽文

【业务2-5】 (共4张原始凭证,于2018年12月3日取得)

表2-5-1

经理办公会议纪要

企业拟以不高于每股10.00元的价格购入东方股份有限公司发行在外10 000股股票,划分为可供出售金融资产。

参加人员:侯越宇　沈丹　高杰　盛海军

2018年12月3日

表2-5-2

交　割　单

营业部名:华泰证券有限责任公司
股东姓名:常州龙城股份有限公司
资金账户:977622222
当前币种:人民币

成交日期	证券代码	证券名称	操作	成交数量	成交均价	成交金额	手续费	印花税	其他杂费	发生金额	账户	市场名称
2018.12.4	600550	东方股份	买入	10 000	10.00	100 000	20.00			100 020.00	A003267	上海A股

表 2-5-3

3204076456

江苏增值税专用发票　　No.14098210

开票日期：2018 年 12 月 04 日

购买方	名　　称：常州龙城股份有限公司 纳税人识别号：91320400197164789Q 地　址、电话：长江北路 88 号 85493868 开户行及账号：建行常州新北区支行 2300098322				密码区	128766<98/198533204<64<+64—>876*98</8765 <092—12810*<09121<32101—73245567892331 87/29824/*90—12/*12+08—0911—*4081340208 54+091/872—0916+8226—/87261+86282 —03352			
货物或应税劳务、服务名称	规格型号	单位	数量	单价		金　额		税率	税　额
*金融服务*直接收费金融服务		笔	1	18.87		18.87		6%	1.13
合　　计						￥18.87			￥1.13
价税合计（大写）	贰拾元整							（小写）￥20.00	
销售方	名　　称：华泰证券有限责任公司 纳税人识别号：913211028554831235 地　址、电话：河海东路 1 号 88876667 开户行及账号：建行新北支行 5135411234				备注				

收款人：　　　　复核：　　　　开票人：姜明　　　　销货单位（章）

第二联抵扣联　购买方扣税凭证

表 2-5-4

3204076456

江苏增值税专用发票　　No.14098210

开票日期 2018 年 12 月 04 日

购买方	名　　称：常州龙城股份有限公司 纳税人识别号：91320400197164789Q 地　址、电话：长江北路 88 号 85493868 开户行及账号：建行常州新北区支行 2300098322				密码区	128766<98/198533204<64<+64—>876*98</8765 <092—12810*<09121<32101—732455678923310 87/29824/*90—12/*12+08—0911—*4081340208 54+091/872—0916+8226—/87261+86282 —03352			
货物或应税劳务、服务名称	规格型号	单位	数量	单价		金　额		税率	税　额
*金融服务*直接收费金融服务		笔	1	18.87		18.87		6%	1.13
合　　计						￥18.87			￥1.13
价税合计（大写）	贰拾元整							（小写）￥20.00	
销售方	名　　称：华泰证券有限责任公司 纳税人识别号：913211028554831235 地　址、电话：河海东路 1 号 88876667 开户行及账号：建行新北支行 5135411234				备注				

收款人：　　　　复核：　　　　开票人：姜明　　　　销货单位（章）

第三联发票联　购买方记账凭证

上述原始凭证中：

表 2-5-1 是本公司形成的经理办公会议纪要，应作为购买金融商品并对其进行分类的

依据。该原始凭证注明,本公司拟以每股不高于10.00元的价格买入东方股份有限公司10 000股股票,并划分为可供出售金融资产。

表2-5-2是买入证券交割单,应作为付款方支付款项的记账依据。该原始凭证注明,"股东姓名"是本公司,"资金账户"是977622222,"操作"内容是买入,"证券名称"是东方股份,"成交金额"是100 000.00元,含税"手续费"是20.00元,"结算金额"是100 020.00元,这表明本公司通过账号为977622222的证券资金账户支付100 020.00元买入了10 000股东方股份有限公司股票。

表2-5-3是江苏增值税专用发票的第二联抵扣联,此联应作为购买方抵扣进项税额的依据。该抵扣联不能作为记账凭证的附件,专门用于在规定期限内到税务机关办理认证或在平台办理勾选确认,并在认证通过或勾选确认的次月申报期内,向主管税务机关申报抵扣进项税额。

表2-5-4是江苏增值税专用发票的第三联发票联,此联应作为购买方的记账依据。该原始凭证注明,"购买方"是本公司,"销售方"是华泰证券有限责任公司,"货物或应税劳务、服务名称"是直接收费金融服务,"金额"是18.87元,"税额"是1.13元,"价税合计"是20.00元,这表明本公司接受了华泰证券有限责任公司的金融服务。根据表2-5-1、表2-5-2、表2-5-4进行会计核算时,"成交金额"100 000.00元和"金额"18.87元合计100 018.87元应记入"可供出售金融资产——股票——东方股份(成本)"科目的借方,"税额"1.13元应记入"应交税费——应交增值税——进项税额"科目的借方,"结算金额"100 020.00元应记入"其他货币资金——存出投资款——977622222"科目的贷方。

因此,该笔业务应填制记账凭证,如表2-5-5所示。

表2-5-5　　　　　　　　　　　　记　账　凭　证　　　　　　　　　　　附件3张
2018年12月4日　　　　　　　　　　　　　　　　　　　　　　　　　　　　第05号

摘要	会计科目		借方金额								贷方金额								记账
	总账科目	明细科目	百	十	万	千	百	十	元	角	分	百	十	万	千	百	十	元	角	分	
买入东方股份	可供出售金融资产	股票——东方股份(成本)			1	0	0	0	1	8	8	7									
	应交税费	应交增值税——进项税额							1	1	3										
	其他货币资金	存出投资款——977622222												1	0	0	0	2	0	0	0	
合　　计			¥		1	0	0	0	2	0	0	0	¥	1	0	0	0	2	0	0	0	

会计主管:　　　　　　记账:　　　　　　复核:　　　　　　制单:张泽文

【业务2-6】(共1张原始凭证,于2018年12月5日取得)

表 2-6-1　　　　　　中国建设银行　结售汇水单(甲种)

币别：美元　　　　　　　　　　　　　　　　　　　流水号：76058893Q4128

客户全称	常州龙城股份有限公司		业务编号	3200457832W1130002
收款账(卡)号	21399870113		交易日期	2018年12月05日
付款账(卡)号	2300098322		交割日期	2018年12月05日
摘　要	外汇金额	汇率		
售汇	美元 20 000.00	6.6320		人民币 132 640.00
备注 实时牌价：6.632 0				
主管：	授权：66180988		复核：50362618	经办：82387558

第三联　客户留存

银行签章：中国建设银行股份有限公司 常州新北区支行　2018-12-05　办讫章(01)

上述原始凭证中：

表 2-6-1 是中国建设银行结售汇水单(甲种)第三联客户留存联，此联应作为企业购汇结汇的记账依据。该原始凭证注明，"客户全称"是本公司，"收款账号"是 21399870113，"付款账号"是 2300098322，摘要是"售汇"，这表明本公司从银行购入美元。在进行会计核算时，"外汇金额"美元 20 000.00 按 2018 年 12 月 5 日的即期汇率 6.615 2 折算的金额 132 304.00 元应记入"银行存款——美元户——中国建设银行常州市新北区支行(21399870113)"科目的借方，"外汇金额"美元 20 000.00 按 2018 年 12 月 5 日的银行实时卖出价 6.632 0 折算的金额，即"人民币金额"132 640.00 元应记入"银行存款——人民币户——中国建设银行常州市新北区支行(2300098322)"科目的贷方，借贷方的差额 336.00 元应记入"财务费用——汇兑差额"的借方。

因此，该笔业务应填制记账凭证，如表 2-6-2 所示。

表 2-6-2　　　　　　　　　记账凭证(复币)

日期：2018 年 12 月 4 日　　　　　　　　　　　　总号　　第 6 号

摘要	总账科目	明细科目	原币金额		汇率	借方本位币	贷方本位币	记账
			币种	金额		亿千百十万千百十元角分	亿千百十万千百十元角分	√
购汇	银行存款	美元户——中国建设银行常州市新北区支行(21399870113)	美元	20 000	6.632	1 3 2 3 0 4 0 0		
	财务费用	汇兑差额				3 3 6 0 0		
	银行存款	人民币户——中国建设银行常州市新北区支行(2300098322)					1 3 2 6 4 0 0 0	
附件1张						¥ 1 3 2 6 4 0 0 0	¥ 1 3 2 6 4 0 0 0	

核准：　　　　复核：　　　　记账：　　　　出纳：　　　　制单：张泽文

【业务 2-7】（共 1 张原始凭证，于 2018 年 12 月 5 日取得）

表 2-7-1　　　　　　　　　　　**固定资产处置申请单**

2018 年 12 月 5 日

固定资产名称	设备 G	单位	台	型号	略	数量	1
资产编号	0025	停用时间	2018.12	购建时间	2014 年 9 月	存放地点	车间
已提折旧月数	50 月	原值	60 000.00	累计折旧		24 000.00	
有效使用年限	10 年	月折旧额	480.00	净值		36 000.00	
处置原因：与东兴有限公司资产交换。							
财务部门意见： 同意处置　沈丹 2018 年 12 月 5 日				公司领导意见： 同意处置　侯越宇 2018 年 12 月 5 日			

编制人：马一帆　　　　　　　　　　　　　　　　　　　使用部门负责人：周纯志

上述原始凭证中：

表 2-7-1 是固定资产处置申请单，应作为处置固定资产的记账依据。该原始凭证注明，拟与东兴有限公司资产交换的固定资产是生产车间的设备 G，"原值"是 60 000.00 元，截至上月月末"累计折旧"是 24 000.00 元，这表明本公司将换出设备 G。进行会计核算时，首先应计提 12 月份的折旧，"月折旧额"480.00 元应同时记入"制造费用——折旧费"科目的借方以及"累计折旧"科目的贷方；其次应将截至 2018 年 12 月 5 日设备 G 的账面净值转入固定资产清理，即"原值"60 000.00 元应记入"固定资产——生产设备——G"科目的贷方，截至 2018 年 12 月 5 日的累计折旧账面余额 24 480.00 元应记入"累计折旧"科目的借方，差额 35 520.00 元为设备 G 的账面净值，应记入"固定资产清理——生产设备——G"科目的借方。

因此，该笔业务应填制如表 2-7-2、2-7-3 所示记账凭证：

表 2-7-2　　　　　　　　　　　**记　账　凭　证**　　　　　　　　　附件 1 张

2018 年 12 月 05 日　　　　　　　　　　　　　　　　　　　　　　　第 07 1/2 号

摘要	会计科目		借方金额										贷方金额										记账
	总账科目	明细科目	百	十	万	千	百	十	元	角	分	百	十	万	千	百	十	元	角	分	
计提折旧	制造费用	折旧费					4	8	0	0	0										
	累计折旧															4	8	0	0	0	
合　计						¥	4	8	0	0	0				¥	4	8	0	0	0	

会计主管：　　　　　　记账：　　　　　　复核：　　　　　　制单：张泽文

第二章 特殊经济业务记账凭证的编制

表 2-7-3

记 账 凭 证

2018 年 12 月 5 日

附件同记 07 1/2 张
第 07 2/2 号

摘要	会计科目		借方金额	贷方金额	记账
	总账科目	明细科目	百十万千百十元角分	百十万千百十元角分	
设备G转入固	固定资产清理	生产设备——G	3 5 5 2 0 0 0		
定资产清理	累计折旧		2 4 4 8 0 0 0		
	固定资产	生产设备——G		6 0 0 0 0 0 0	
	合 计		¥ 6 0 0 0 0 0 0	¥ 6 0 0 0 0 0 0	

会计主管：　　　　　记账：　　　　　复核：　　　　　制单：张泽文

【业务 2-8】（共 4 张原始凭证，于 2018 年 12 月 5 日取得）

表 2-8-1

3204098220

江苏增值税专用发票

此联不作报销、扣税凭证使用

No. 05231870
开票日期：2018 年 12 月 05 日

购买方	名　　　称：东兴有限公司 纳税人识别号：91320400045364211Q 地　址、电　话：武进区长虹西路 76 号 86582733 开户行及账号：建行常州武进区支行 3100066459	密码区	2＜77/50/7912＜98＋1＊0198＜＜－0621/32101 16983/9826＊＞091651＜092－12810＊＜09121 87/29824/＊90－12/＊12＋08－0911－＊408134 54＋091/872－0916＋8226－/87261＋86282－0

货物或应税劳务、服务名称	规格型号	单位	数量	单价	金　额	税率	税　额
＊塑料加工设备＊G		台	1	36 000.00	36 000.00	16％	5 760.00
合　计					¥36 000.00		¥5 760.00
价税合计（大写）	肆万壹仟柒佰陆拾元整				（小写）¥41 760.00		

销售方	名　　　称：常州龙城股份有限公司 纳税人识别号：91320400197164789Q 地　址、电　话：长江北路 88 号 85493868 开户行及账号：建行常州新北区支行 2300098322	备注	

第一联 记账联 销售方记账凭证

收款人：　　　　　复核：　　　　　开票人：张泽文　　　　　销货单位（章）

表 2-8-2
3204098220

江苏增值税专用发票

抵扣联

No. 51268312
开票日期：2018 年 12 月 05 日

购买方	名　　　称：常州龙城股份有限公司 纳税人识别号：91320400197164789Q 地　址、电　话：长江北路 88 号 85493868 开户行及账号：建行常州新北区支行 2300098322	密码区	2＜77/50/7912＜98＋1＊0198＜＜－0621/32101 16983/9826＊＞091651＜092－12810＊＜09121 87/29824/＊90－12/ 12＋08－0911－＊408134 54＋091/872－0916＋8226－/87261＋86282－0

货物或应税劳务、服务名称	规格型号	单位	数量	单价	金　额	税率	税　额
*塑料制品*A		千克	300	120.00	36 000.00	16%	5 760.00
合　计					￥36 000.00		￥5 760.00
价税合计（大写）	肆万壹仟柒佰陆拾元整				（小写）￥41 760.00		

销售方	名　　　称：东兴有限公司 纳税人识别号：91320400045364211Q 地　址、电　话：武进区长虹西路 76 号 86582733 开户行及账号：建行常州武进区支行 3100066459	备注	91320400045364211Q 发票专用章 （1）

收款人：　　　　　复核：　　　　　开票人：蒋开明　　　　　销货单位（章）

第二联抵扣联　购买方记账凭证

表 2-8-3
3204098220

江苏增值税专用发票

发票联

No. 51268312
开票日期：2018 年 12 月 05 日

购买方	名　　　称：常州龙城股份有限公司 纳税人识别号：91320400197164789Q 地　址、电　话：长江北路 88 号 85493868 开户行及账号：建行常州新北区支行 2300098322	密码区	2＜77/50/7912＜98＋1＊0198＜＜－0621/32101 16983/9826＊＞091651＜092－12810＊＜09121 87/29824/＊90－12/ 12＋08－0911－＊408134 54＋091/872－0916＋8226－/87261＋86282－0

货物或应税劳务、服务名称	规格型号	单位	数量	单价	金　额	税率	税　额
*塑料制品*A		千克	300	120.00	36 000.00	16%	5 760.00
合　计					￥36 000.00		￥5 760.00
价税合计（大写）	肆万壹仟柒佰陆拾元整（小写）￥41 760.00						

销售方	名　　　称：东兴有限公司 纳税人识别号：91320400045364211Q 地　址、电　话：武进区长虹西路 76 号 86582733 开户行及账号：建行常州武进区支行 3100066459	备注	91320400045364211Q 发票专用章 （1）

收款人：　　　　　复核：　　　　　开票人：蒋开明　　　　　销货单位（章）

第三联发票联　购买方记账凭证

表 2-8-4　　　　　　　　　　　收 料 单

供应单位：东兴有限公司　　　2018 年 12 月 5 日　　　　　　　　　编号：20015

材料编号	名称	单位	规格	数量		实际成本				
				应收	实收	单价	发票价格	运杂费	合计	
	A	千克		300	300					第二联 记账联
备注：										

收料人：骆琦　　　　　　　　　　　　　　　　　　　　　　　　　　　交料人：秦丽

上述原始凭证中：

表 2-8-1 是江苏增值税专用发票的第一联记账联，此联应作为销售方的记账依据。该原始凭证注明，"销售方"是本公司，"购买方"是东兴有限公司，"货物或应税劳务、服务名称"是 G，结合表 2-7-1 表明本公司将设备 G 换给了东兴有限公司，应视同销售。进行会计核算时，"金额"36 000.00 元应记入"固定资产清理——生产设备——G"科目的贷方，"税额"5 760.00 元应记入"应交税费——应交增值税——销项税额"科目的贷方。

表 2-8-2 是江苏增值税专用发票的第二联抵扣联，此联应作为购买方抵扣进项税额的依据。该抵扣联不能作为记账凭证的附件，专门用于在规定期限内到税务机关办理认证或在平台办理勾选确认，并在认证通过或勾选确认的次月申报期内，向主管税务机关申报抵扣进项税额。

表 2-8-3 是江苏增值税专用发票的第三联发票联，此联应作为购买方的记账依据。该原始凭证注明，"购买方"是本公司，"销售方"是东兴有限公司，"货物或应税劳务、服务名称"是 A，结合表 2-7-1 这表明本公司从东兴有限公司换入了 A。

表 2-8-4 是收料单的第二联记账联，此联应作为收到材料的记账依据。该原始凭证注明，日期是 2018 年 12 月 5 日，"供应单位"是东兴有限公司，"名称"是 A，"数量应收"及"数量实收"均为 300 千克，这表明本公司向东兴有限公司换入的原材料 A 已于 2018 年 12 月 5 日全部验收入库。根据表 2-8-3 和表 2-8-4，进行会计核算时，"金额"36 000.00 元应记入"原材料——A"科目的借方，"税额"5 760.00 元应记入"应交税费——应交增值税——进项税额"科目的借方。

因该笔出售设备 G 的业务没有相关收款的原始凭证，购买 A 的业务没有相关付款的原始凭证，同时在此之前也没有发生相关的预收款及预付款业务，表明该笔业务是本公司与东兴有限公司进行的非货币性资产交换业务，且不涉及补价。

因此，该笔业务应填制记账凭证，如表 2-8-5 所示。

表 2-8-5

记 账 凭 证

2018 年 12 月 5 日

附件 3 张
第 08 号

摘要	会计科目		借方金额									贷方金额									记账
	总账科目	明细科目	百	十	万	千	百	十	元	角	分	百	十	万	千	百	十	元	角	分	
以设备G交换A材料	原材料	A			3	6	0	0	0	0	0										
	应交税费	应交增值税——进项税额				5	7	6	0	0	0										
	固定资产清理	生产设备——G												3	6	0	0	0	0	0	
	应交税费	应交增值税——销项税额													5	7	6	0	0	0	
合计			¥	4	1	7	6	0	0	0		¥	4	1	7	6	0	0	0		

会计主管： 记账： 复核： 制单：张泽文

【业务 2-9】（共 1 张原始凭证，于 2018 年 12 月 5 日取得）

表 2-9-1

固定资产处置结果表

2018 年 12 月 5 日

单位：元

固定资产名称	设备 G	原价	60 000.00	已提折旧	24 480.00
净值	35 520.00	出售价格（不含税）	36 000.00	清理费用	
出售净损益	480.00				
财务部门意见： 净损益按《企业会计准则》处理　沈丹 2018 年 12 月 5 日			公司领导意见： 同意　侯越宇 2018 年 12 月 5 日		

上述原始凭证中：

表 2-9-1 是固定资产处置结果表，应作为确认固定资产处置净损益的记账依据。该原始凭证注明，被换出的设备 G 在清理结束时出现的"出售净损益"是 480.00 元，这表明本公司换出设备 G 应确认净收益，进行会计核算时，净收益 480.00 元应分别记入"固定资产清理——生产设备——G"科目的借方以及"资产处置损益——非货币性资产交换利得"科目的贷方。

因此，该笔业务应填制记账凭证，如表 2-9-2 所示。

表 2-9-2

记 账 凭 证

2018 年 12 月 5 日

附件 1 张　第 09 号

摘要	会计科目		借方金额	贷方金额	记账
	总账科目	明细科目	百十万千百十元角分	百十万千百十元角分	
结转清理设备G的净损益	固定资产清理	生产设备——G	4 8 0 0 0		
	资产处置损益	非货币性资产交换利得		4 8 0 0 0	
合　　计			¥ 4 8 0 0 0	¥ 4 8 0 0 0	

会计主管：　　　　记账：　　　　复核：　　　　制单：张泽文

【业务 2-10】（共 1 张原始凭证,于 2018 年 12 月 6 日取得）

表 2-10-1

固定资产处置申请单

2018 年 12 月 6 日

固定资产名称	设备 H	单位	台	型号	略	数量	1
资产编号	0038	停用时间	2018.12	购建时间	2015 年 2 月	存放地点	车间
已提折旧月数	45 月	原值	100 000.00	累计折旧	36 000.00		
有效使用年限	10 年	月折旧额	800.00	净值	64 000.00		
处置原因:因不满足生产需要而出售							
财务部门意见: 同意出售　沈丹 2018 年 12 月 6 日				公司领导意见: 同意出售　侯越宇 2018 年 12 月 6 日			
编制人:马一帆				使用部门负责人:周纯志			

上述原始凭证中:

表 2-10-1 是固定资产处置申请单,应作为处置固定资产的记账依据。该原始凭证注明,因不满足生产需要而被出售的固定资产是生产车间的设备 H,"原值"是 100 000.00 元,截至上月月末"累计折旧"是 36 000.00 元,这表明本公司将出售设备 H。进行会计核算时,首先应计提 12 月份的折旧,"月折旧额"800.00 元应同时记入"制造费用——折旧费"科目的借方以及"累计折旧"科目的贷方;其次应将截至 2018 年 12 月 6 日设备 H 的账面净值转入固定资产清理,即"原值"100 000.00 元应记入"固定资产——生产设备——H"科目的贷方,截至 2018 年 12 月 6 日的累计折旧账面余额 36 800.00 元应记入"累计折旧"科目的借方,差额 63 200.00 元为设备 H 的账面净值,应记入"固定资产清理——生产设备——H"科目的借方。

因此,该笔业务应填制记账凭证,如表 2-10-2 和表 2-10-3 所示。

表 2-10-2

记 账 凭 证

2018 年 12 月 6 日

附件 1 张 第 10 1/2 号

摘要	会计科目		借方金额	贷方金额	记账
	总账科目	明细科目	百十万千百十元角分	百十万千百十元角分	
计提折旧	制造费用	折旧费	8 0 0 0 0		
	累计折旧			8 0 0 0 0	
合　计			¥　　8 0 0 0 0	¥　　8 0 0 0 0	

会计主管：　　　　记账：　　　　复核：　　　　制单：张泽文

表 2-10-3

记 账 凭 证

2018 年 12 月 6 日

附件同记 10 1/2 张 第 10 2/2 号

摘要	会计科目		借方金额	贷方金额	记账
	总账科目	明细科目	百十万千百十元角分	百十万千百十元角分	
设备 H 出售，	固定资产清理	生产设备——H	6 3 2 0 0 0 0		
转入固定资	累计折旧		3 6 8 0 0 0 0		
产清理	固定资产	生产设备——H		1 0 0 0 0 0 0 0	
合　计			¥ 1 0 0 0 0 0 0 0	¥ 1 0 0 0 0 0 0 0	

会计主管：　　　　记账：　　　　复核：　　　　制单：张泽文

【业务 2-11】（共 1 张原始凭证，于 2018 年 12 月 6 日取得）

表 2-11-1

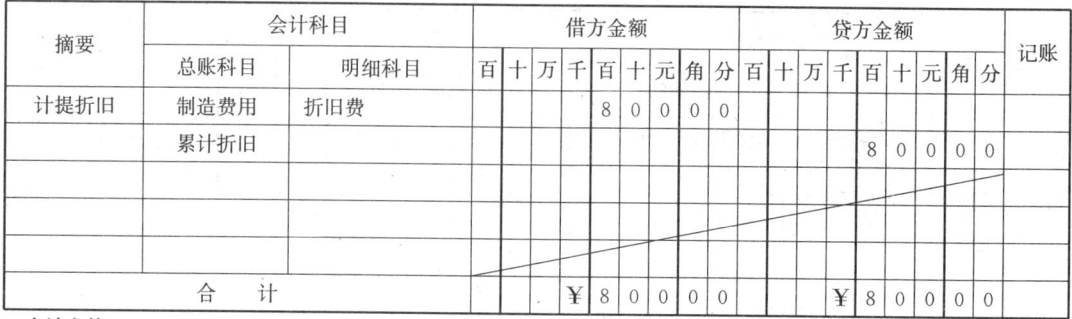

3204098220 　　　**江苏增值税专用发票** 　　　No.05231871

此联不作报销、扣税凭证使用　　　　开票日期：2018 年 12 月 06 日

购买方	名　　称：常州宏达有限公司 纳税人识别号：91320400197164700R 地　址、电话：太湖东路 66 号 85498660 开户行及账号：建行常州新北区支行 2300098788	密码区	2＜77/50/7912＜98＋1＊0198＜＜-0621/32101 16983/9826＊＞091651＜092-12810＊＜09121 87/29824/＊90-12/＊12＋08-0911-＊408134 54＋091/872-0916＋8226-/87261＋86282-0

货物或应税劳务、服务名称	规格型号	单位	数量	单价	金额	税率	税额
＊塑料加工设备＊H		台	1	85 000.00	85 000.00	16%	13 600.00
合　计					¥85 000.00		¥13 600.00
价税合计（大写）	玖万捌仟陆佰元整				（小写）¥98 600.00		

销售方	名　　称：常州龙城股份有限公司 纳税人识别号：91320400197164789Q 地　址、电话：长江北路 88 号 85493868 开户行及账号：建行常州新北区支行 2300098322	备注	

收款人：　　　　复核：　　　　开票人：张泽文　　　　销货单位（章）

上述原始凭证中：

表 2-11-1 是江苏增值税专用发票的第一联记账联，此联应作为销售方的记账依据。该原始凭证注明，"销售方"是本公司，"购买方"是宏达有限公司，"货物或应税劳务、服务名称"是 H，这表明本公司出售了设备 H 给宏达有限公司，进行会计核算时，结合[业务 2-10]，"金额"85 000.00 元应记入"固定资产清理——生产设备——H"科目的贷方，"税额"13 600.00 元应记入"应交税费——应交增值税——销项税额"科目的贷方，因该笔出售设备 H 的业务没有相关收款的原始凭证，同时在此之前也没有发生相关的预收款业务，"价税合计"98 600.00 元应记入"应收账款——宏达有限公司"科目的借方。

因此，该笔业务应填制记账凭证，如表 2-11-2 所示。

表 2-11-2   记 账 凭 证   附件1张

2018 年 12 月 6 日   第 11 号

摘要	会计科目		借方金额									贷方金额									记账
	总账科目	明细科目	百	十	万	千	百	十	元	角	分	百	十	万	千	百	十	元	角	分	
出售设备 H	应收账款	宏达有限公司			9	8	6	0	0	0	0										
	固定资产清理	生产设备——H												8	5	0	0	0	0	0	
	应交税费	应交增值税——销项税额												1	3	6	0	0	0	0	
合计			¥		9	8	6	0	0	0	0	¥		9	8	6	0	0	0	0	

会计主管：   记账：   复核：   制单：张泽文

【业务 2-12】（共 1 张原始凭证，于 2018 年 12 月 6 日取得）

表 2-12-1   固定资产处置结果表

2017 年 12 月 6 日   单位：元

固定资产名称	设备 H	原价	100 000.00	已提折旧	36 800.00
净值	63 200.00	出售价格（不含税）	85 000.00	清理费用	
出售净损益	21 800.00				
财务部门意见：			公司领导意见：		
净损益按《企业会计准则》处理 沈丹			同意 侯越宇		
2018 年 12 月 6 日			2018 年 12 月 6 日		

上述原始凭证中：

表 2-12-1 是固定资产处置结果表，应作为确认固定资产处置净损益的记账依据。该原始凭证注明，被出售的设备 H 在清理结束时出现的"出售净损益"是 21 800.00 元，这表明本

公司出售设备H应确认净收益,进行会计核算时,净收益21 800.00元应分别记入"固定资产清理——生产设备——H"科目的借方以及"资产处置损益——非流动资产处置利得"科目的贷方。因此,该笔业务应填制记账凭证,如表2-12-2所示。

表2-12-2　　　　　　　　　　记　账　凭　证　　　　　　　　　附件1张
2018年12月6日　　　　　　　　　　　　　第12号

摘要	会计科目		借方金额									贷方金额									记账
	总账科目	明细科目	百	十	万	千	百	十	元	角	分	百	十	万	千	百	十	元	角	分	
结转清理设备H的净损益	固定资产清理	生产设备——H			2	1	8	0	0	0	0										
	资产处置损益	非流动资产处置利得												2	1	8	0	0	0	0	
合　　计			¥		2	1	8	0	0	0	0	¥		2	1	8	0	0	0	0	

会计主管:　　　　　记账:　　　　　复核:　　　　　制单:张泽文

【业务2-13】（共1张原始凭证,于2018年12月8日取得）

表2-13-1　　　　　　　中国建设银行客户专用回单

转账日期:2018年12月08日　　　　　　　　　　凭证字号:2018120835125305

纳税人全称及纳税人识别号:常州龙城股份有限公司　913204001971647890
付款人全称:常州龙城股份有限公司　　　　　　　咨询(投诉)电话:12366
付款人账号:2300098322　　　　　　　　　　　征收机关名称:常州市新北区国家税务局
付款人开户银行:建行常州新北区支行　　　　　征缴国库(银行)名称:国家金库常州市新北区支库
小写(合计)金额¥115 100.00　　　　　　　　　　征缴书交易流水号:32066544690GPH5VA5M
大写(合计)金额人民币壹拾壹万伍仟壹佰元整　　税票号码:132046140709311245
税(费)种名称　　　　　　　所属时期　　　　　　　　　实缴金额
　增值税　　　　　　20181101—20181130　　　　　　¥115 100.00

上述原始凭证中:

表2-13-1是中国建设银行客户专用回单,此联应作为付款方支付款项的记账依据。该原始凭证注明,"付款人"是本公司,"付款人账号"是2300098322,表明本公司已通过账号为2300098322的基本户支付了款项,进行会计核算时,"金额"115 100.00元应记入"银行存款——人民币户——中国建设银行常州市新北区支行(2300098322)"科目的贷方;"征收机关名称"是常州市新北区国家税务局,"税(费)种名称"是增值税,"所属时期"是20181101—20181130,同时2018年11月30日"应交税费——未交增值税"科目的贷方余额为115 100.00元,

第二章 特殊经济业务记账凭证的编制

这表明本公司向常州市新北区国家税务局上交了上月未交的增值税,进行会计核算时,应记入"应交税费——未交增值税"科目的借方。因此,该笔业务应填制记账凭证,如表2-13-2所示。

表2-13-2

记 账 凭 证

2018年12月8日

附件1张　　第13号

摘要	会计科目		借方金额									贷方金额									记账
	总账科目	明细科目	百	十万	万	千	百	十	元	角	分	百	十万	万	千	百	十	元	角	分	
扣缴上月增值税	应交税费	未交增值税			1	1	5	1	0	0	0										
	银行存款	人民币户——中国建设银行常州市新北区支行(2300098322)												1	1	5	1	0	0	0	0	
	合　　计		¥		1	1	5	1	0	0	0	0	¥	1	1	5	1	0	0	0	0

会计主管:　　　　记账:　　　　复核:　　　　制单:张泽文

【业务2-14】(共1张原始凭证,于2018年12月8日取得)

表2-14-1　　　　　　　中国建设银行客户专用回单

转账日期:2018年12月08日　　　　　　　　　　　凭证字号:2018120835125307

纳税人全称及纳税人识别号:常州龙城股份有限公司 91320400197164789Q　　咨询(投诉)电话:12366
付款人全称:常州龙城股份有限公司　　　　　　　　征收机关名称:常州市新北区地方税务局
付款人账号:2300098322　　　　　　　　　　　　　收缴国库(银行)名称:国家金库常州市新北区支库
付款人开户银行:建行常州新北区支行　　　　　　　缴款书交易流水号:2018120835125306
小写(合计)金额:¥13 812.00
大写(合计)金额:人民币壹万叁仟捌佰壹拾贰元整　　税票号码:13204614709311245

税(费)种名称	所属时期	实缴金额
城市维护建设税	20181101—20181130	¥8 057.00
教育费附加	20181101—20181130	¥3 453.00
地方教育费附加	20181101—20181130	¥2 302.00

上述原始凭证中:

表2-14-1是中国建设银行客户专用回单,此联应作为付款方支付款项的记账依据。该原始凭证注明,"付款人"是本公司,"付款人账号"是2300098322,表明本公司已通过账号为2300098322的基本户支付了款项,进行会计核算时,"金额"13 812.00元应记入"银行存款——人民币户——中国建设银行常州市新北区支行(2300098322)"科目的贷方;"征收机关名称"是常州市新北区地方税务局,"税(费)种名称"是城市维护建设税、教育费附加、地方教育费附加,"所属时期"均为20181101—20181130,同时2018年11月30日"应交税费——应交城市维护建设税"科目的贷方余额为8 057.00元,"应交税费——应交教育费附加"科

目的贷方余额为 3 453.00 元,"应交税费——应交地方教育费附加"科目的贷方余额为 2 302.00元,这表明本公司向常州市新北区地方税务局上交了上月未交的城市维护建设税、教育费附加、地方教育费附加,进行会计核算时,应分别记入"应交税费——应交城市维护建设税""应交税费——应交教育费附加""应交税费——应交地方教育费附加"科目的借方。

因此,该笔业务应填制记账凭证,如表 2-14-2 所示。

表 2-14-2　　　　　　　　　　记 账 凭 证　　　　　　　　　　附件 1 张
2018 年 12 月 8 日　　　　　　　　　　第 14 号

摘要	会计科目		借方金额									贷方金额									记账
	总账科目	明细科目	百	十万	千	百	十	元	角	分	百	十万	千	百	十	元	角	分			
扣缴上月城建税及教育费附加	应交税费	应交城市维护建设税				8	0	7	7	0	0										
	应交税费	应交教育费附加				3	4	5	3	0	0										
	应交税费	应交地方教育费附加				2	3	0	2	0	0										
	银行存款	人民币户——中国建设银行常州市新北区支行(2300098322)												1	3	8	1	2	0	0	
合　计			¥	1	3	8	1	2	0	0	¥		1	3	8	1	2	0	0	

会计主管:　　　　记账:　　　　复核:　　　　制单:张泽文

【业务 2-15】 (共 1 张原始凭证,于 2018 年 12 月 8 日取得)

表 2-15-1　　　　　　　　中国建设银行客户专用回单

转账日期:2018 年 12 月 08 日　　　　　　　　凭证字号:2018120835125744

纳税人全称及纳税人识别号:常州龙城股份有限公司　　91320400197164789Q
付款人全称:常州龙城股份有限公司　　咨询(投诉)电话:12366
付款人账号:2300098322　　征收机关名称:常州市新北区国家税务局
付款人开户银行:建行常州新北区支行　　征缴国库(银行)名称:国家金库常州市新北区支库
小写(合计)金额¥85 039.00　　征缴书交易流水号:32066514628GHJ5VA5M
大写(合计)金额人民币捌万伍仟零叁拾玖元整　　税票号码:13204614070 9311631
税(费)种名称　　　　所属时期　　　　实缴金额
企业所得税　　20181101—20181130　　¥85 039.00

上述原始凭证中:

表 2-15-1 是中国建设银行客户专用回单,此联应作为付款方支付款项的记账依据。该原始凭证注明,"付款人"是本公司,"付款人账号"是 2300098322,表明本公司已通过账号为 2300098322 的基本户支付了款项,进行会计核算时,"金额"85 039.00 元应记入"银行存款——人民币户——中国建设银行常州市新北区支行(2300098322)"科目的贷方;"征收机关名称"是常州市新北区国家税务局,"税(费)种名称"是企业所得税,"所属时期"为

20181101—20181130，同时 2018 年 11 月 30 日"应交税费——应交所得税"科目的贷方余额为 85 039.00 元，这表明本公司向常州市新北区国家税务局上交了上月未交的企业所得税，进行会计核算时，应记入"应交税费——应交所得税"科目的借方。

因此，该笔业务应填制记账凭证，如表 2-15-2 所示。

表 2-15-2　　　　　　　　　　记 账 凭 证　　　　　　　　　附件 1 张

2018 年 12 月 8 日　　　　　　　　　　　第 15 号

摘要	会计科目		借方金额									贷方金额									记账
	总账科目	明细科目	百	十	万	千	百	十	元	角	分	百	十	万	千	百	十	元	角	分	
扣缴上月企业所得税	应交税费	应交企业所得税			8	5	0	3	9	0	0										
	银行存款	人民币户——中国建设银行常州市新北区支行（2300098322）												8	5	0	3	9	0	0	
		合　计			¥ 8	5	0	3	9	0	0		¥ 8	5	0	3	9	0	0		

会计主管：　　　　　　记账：　　　　　　复核：　　　　　　制单：张泽文

【业务 2-16】（共 1 张原始凭证，于 2018 年 12 月 8 日取得）

表 2-16-1　　　　　　　　**中国建设银行客户专用回单**

转账日期：2018 年 12 月 08 日　　　　　　　凭证字号：2018120835125421

```
纳税人全称及纳税人识别号：常州龙城股份有限公司    91320400197164789Q
付款人全称：常州龙城股份有限公司                  咨询（投诉）电话：12366
付款人账号：2300098322                           征收机关名称：常州市新北区地方税务局
付款人开户银行：建行常州新北区支行                收缴国库（银行）名称：国家金库常州市新北区支库
小写（合计）金额：¥623.55                        缴款书交易流水号：2018120835125372
大写（合计）金额：人民币陆佰贰拾叁元伍角伍分       税票号码：13204610790512260
税（费）种名称　　　所属时期　　　　　　　　　　   实缴金额
个人所得税　　　　 20181101—20181130            ¥623.55
```

上述原始凭证中：

表 2-16-1 是中国建设银行客户专用回单，此联应作为付款方支付款项的记账依据。该原始凭证注明，"付款人"是本公司，"付款人账号"是 2300098322，表明本公司已通过账号为 2300098322 的基本户支付了款项，进行会计核算时，"金额"623.55 元应记入"银行存款——人民币户——中国建设银行常州市新北区支行（2300098322）"科目的贷方；"征收机关名称"是常州市新北区地方税务局，"税（费）种名称"是个人所得税，"所属时期"为 20181101—20181130，同时 2018 年 11 月 30 日"应交税费——应交个人所得税"科目的贷方余额为 623.55 元，这表明本公司向常州市新北区地方税务局上交了上月未交的个人所得税，进行

会计核算时,应记入"应交税费——应交个人所得税"科目的借方。

因此,该笔业务应填制记账凭证,如表2-16-2所示。

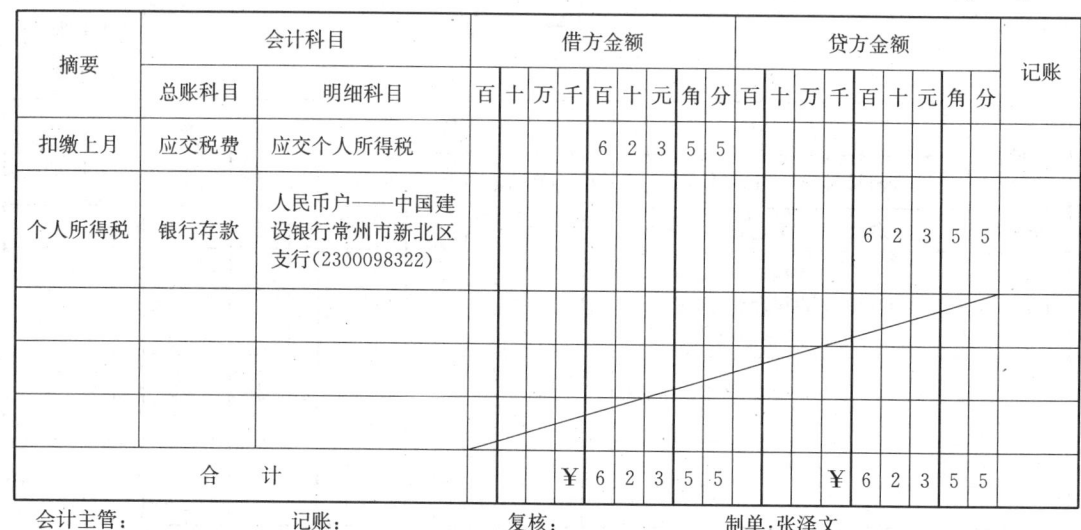

表 2-16-2　　　　　　　　　　记 账 凭 证　　　　　　　　　附件1张
2018年12月8日　　　　　　　　第16号

摘要	会计科目		借方金额									贷方金额									记账
	总账科目	明细科目	百	十	万	千	百	十	元	角	分	百	十	万	千	百	十	元	角	分	
扣缴上月	应交税费	应交个人所得税				6	2	3	5	5											
个人所得税	银行存款	人民币户——中国建设银行常州市新北区支行(2300098322)													6	2	3	5	5		
合　　计					¥	6	2	3	5	5				¥	6	2	3	5	5		

会计主管：　　　　记账：　　　　复核：　　　　制单：张泽文

【业务2-17】（共1张原始凭证,于2018年12月8日取得）

表 2-17-1　　　　　　　　　中国建设银行客户专用回单

转账日期:2018年12月08日　　　　　　　　　　　　凭证字号:2018120835125309

纳税人全称及纳税人识别号:常州龙城股份有限公司	91320400197164789Q
付款人全称:常州龙城股份有限公司	咨询(投诉)电话:12366
付款人账号:2300098322	征收机关名称:常州市新北区地方税务局
付款人开户银行:建行常州新北区支行	收缴国库(银行)名称:国家金库常州市新北区支库
小写(合计)金额:¥66 740.60	缴款书交易流水号:2018120835125306
大写(合计)金额:人民币陆万陆仟柒佰肆拾元陆角整	税票号码:132046140709311245

税(费)种名称	所属时期	实缴金额
医疗保险本金	20181201—20181231	¥16 285.00
养老保险本金	20181201—20181231	¥45 136.00
失业保险本金	20181201—20181231	¥3 224.00
生育保险本金	20181201—20181231	¥806.00
工伤保险本金	20181201—20181231	¥1 289.60

（中国建设银行 电子回单 专用章）

上述原始凭证中：

表2-17-1是中国建设银行客户专用回单,此联应作为付款方支付款项的记账依据。该原始凭证注明,"付款人"是本公司,"付款人账号"是2300098322,表明本公司已通过账号为2300098322的基本户支付了款项,进行会计核算时,"金额"66 740.60元应记入"银行存款——人民币户——中国建设银行常州市新北区支行(2300098322)"科目的贷方;"征收机关名称"是常州市新北区地方税务局,"税(费)种名称"是医疗保险本金、养老保险本金、失业保险本金、生育保险本金、工伤保险本金,"所属时期"均为20181201—20181231,"实缴金额"

分别为 16 285.00 元、45 136.00 元、3 224.00 元、806.00 元、1 289.60 元,同时 2018 年 11 月 30 日"应付职工薪酬——社会保险费——医疗保险""应付职工薪酬——设定提存计划——养老保险""应付职工薪酬——设定提存计划——失业保险""应付职工薪酬——社会保险费——生育保险""应付职工薪酬——社会保险费——工伤保险"科目的贷方余额分别为 12 896.00元、32 240.00 元、2 418.00 元、806.00 元、1 289.60 元,实缴金额大于期初余额的部分为个人应承担的医疗保险、养老保险、失业保险,待本公司发放工资时扣取。该原始凭证表明本公司向常州市新北区地方税务局上交了本月应交的医疗保险、养老保险、失业保险、生育保险、工伤保险,进行会计核算时,应按期初余额分别记入"应付职工薪酬——社会保险费——医疗保险""应付职工薪酬——设定提存计划——养老保险""应付职工薪酬——设定提存计划——失业保险""应付职工薪酬——社会保险费——生育保险""应付职工薪酬——社会保险费——工伤保险"科目的借方,同时计算个人应承担的医疗保险 3 389.00 元、养老保险 12 896.00 元、失业保险 806.00 元后分别记入"其他应付款——社会保险费——医疗保险""其他应付款——设定提存计划——养老保险""其他应付款——设定提存计划——失业保险"科目的借方。

因此,该笔业务应填制记账凭证,如表 2-17-2、表 2-17-3 所示。

表 2-17-2

记 账 凭 证

2018 年 12 月 8 日   附件 1 张   第 17 2/2 号

摘要	会计科目		借方金额									贷方金额									记账
	总账科目	明细科目	百	十	万	千	百	十	元	角	分	百	十	万	千	百	十	元	角	分	
支付社会保险费	应付职工薪酬	设定提存计划——养老保险			3	2	2	4	0	0	0										
	应付职工薪酬	社会保险费——医疗保险			1	2	8	9	6	0	0										
	应付职工薪酬	设定提存计划——失业保险				2	4	1	8	0	0										
	应付职工薪酬	社会保险费——生育保险					8	0	6	0	0										
	应付职工薪酬	社会保险费——工伤保险			1	2	8	9	6	0											
	合计																				

会计主管: 记账: 复核: 制单:张泽文

表 2-17-3

记 账 凭 证

2018 年 12 月 8 日

附件同记 17 1/2 张
第 17 2/2 号

摘要	会计科目		借方金额									贷方金额									记账
	总账科目	明细科目	百	十	万	千	百	十	元	角	分	百	十	万	千	百	十	元	角	分	
支付社会保险费	其他应付款	设定提存计划——养老保险			1	2	8	9	6	0	0										
	其他应付款	社会保险费——医疗保险				3	3	8	9	0	0										
	其他应付款	设定提存计划——失业保险					8	0	6	0	0										
	银行存款	人民币户——中国建设银行常州市新北区支行(2300098322)												6	6	7	4	0	6	0	
合 计			¥	6	6	7	4	0	6	0		¥	6	6	7	4	0	6	0		

会计主管： 记账： 复核： 制单：张泽文

【业务 2-18】 （共 1 张原始凭证，于 2018 年 12 月 8 日取得）

表 2-18-1

中国建设银行客户专用回单

币别：人民币　　　　2018 年 12 月 08 日　　流水号 32042883616GPH5VA5M

付款人	全　称	常州龙城股份有限公司	收款人	全　称	常州市住房公积金管理中心
	账　号	2300098322		账　号	32001628536052501055
	开户行	建行常州新北区支行		开户行	同城实时借记业务
金　额		（大写）人民币叁万贰仟贰佰肆拾元整			（小写）¥32 240.00
凭证种类		其他凭证	凭证号码		025542870099
结算方式		转账	用　途		WFP公积金 000211255;20181208
WFP公积金 000211255;20181208			打印柜员：320428836AJ 打印机构：常州市延陵支行 打印卡号：622351××××0225867		
打印时间：2018-12-08　14：08：22			交易柜员：K00E0422566		交易机构：320428836

第一联借方（回单）

上述原始凭证中：

表 2-18-1 是中国建设银行客户专用回单的第一联借方回单，此联应作为付款方支付款项的记账依据。该原始凭证注明，"付款人"是本公司，"付款人账号"是 2300098322，表明本公司已通过账号为 2300098322 的基本户支付了款项，进行会计核算时，"金额"32 240.00 元应记入"银行存款——人民币户——中国建设银行常州市新北区支行(2300098322)"科目的

贷方;同时,"收款人"是常州市住房公积金管理中心,"金额"为 32 240.00 元,同时 2018 年 11 月 30 日"应付职工薪酬——住房公积金"科目的贷方余额为 16 120.00 元,金额大于期初余额的部分为个人应承担的住房公积金,待本公司发放工资时扣取。该原始凭证表明本公司向常州市住房公积金管理中心上交了本月应交的住房公积金,进行会计核算时,应按期初余额记入"应付职工薪酬——住房公积金"科目的借方,同时计算个人应承担的住房公积金 16 120.00 元后记入"其他应付款——住房公积金"科目的借方。

因此,该笔业务应填制记账凭证,如表 2-18-2 所示。

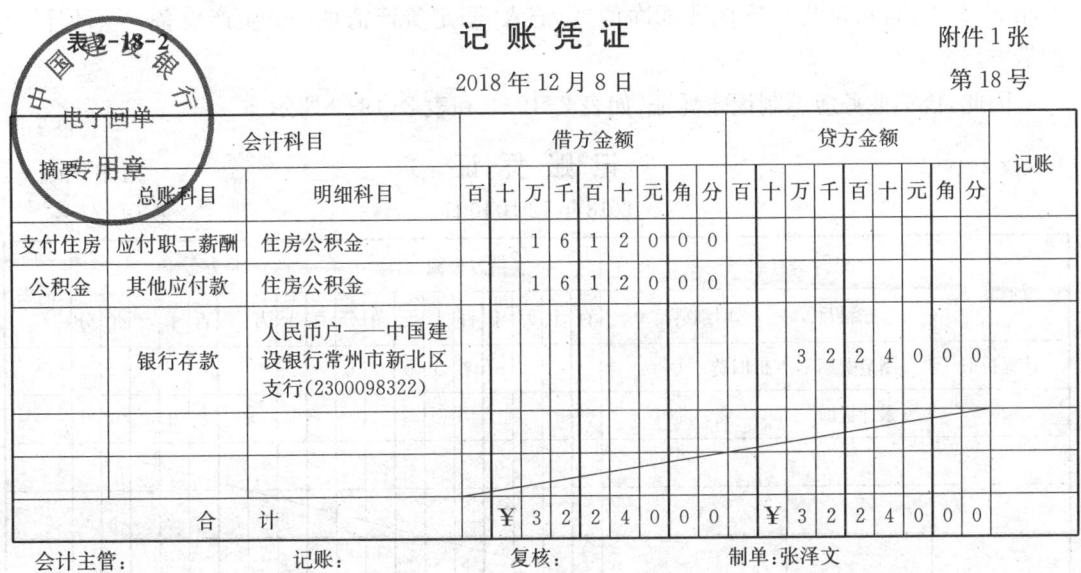

表 2-18-2

记 账 凭 证

2018 年 12 月 8 日　　　　　　　　　　　　　　　　　　附件 1 张　　第 18 号

摘要	会计科目		借方金额	贷方金额	记账
	总账科目	明细科目	百十万千百十元角分	百十万千百十元角分	
支付住房	应付职工薪酬	住房公积金	1 6 1 2 0 0 0		
公积金	其他应付款	住房公积金	1 6 1 2 0 0 0		
	银行存款	人民币户——中国建设银行常州市新北区支行(2300098322)		3 2 2 4 0 0 0	
	合　　计		¥ 3 2 2 4 0 0 0	¥ 3 2 2 4 0 0 0	

会计主管:　　　　记账:　　　　复核:　　　　制单:张泽文

【业务 2-19】(共 1 张原始凭证,于 2018 年 12 月 10 日取得)

表 2-19-1　　　　　　　　　　**固定资产处置申请单**

2018 年 12 月 10 日

固定资产名称	设备 H	单位	台	型号	略	数量	1
资产编号	0038	停用时间	2 018.12	购建时间	2015 年 2 月	存放地点	车间
已提折旧月数	45 月	原值	100 000.00	累计折旧		36 000.00	
有效使用年限	10 年	月折旧额	800.00	净值		64 000.00	
处置原因:与飞翔有限责任公司资产交换							
财务部门意见: 同意处置　沈丹 2018 年 12 月 10 日				公司领导意见: 同意处置　侯越宇 2018 年 12 月 10 日			
编制人:马一帆				使用部门负责人:周纯志			

上述原始凭证中:

表 2-19-1 是固定资产处置申请单,应作为处置固定资产的记账依据。该原始凭证注明,拟与飞翔有限责任公司交换的固定资产是生产车间的设备 H,"原值"是 100 000.00 元,截至上月月末"累计折旧"是 36 000.00 元,这表明本公司将换出设备 H。进行会计核算时,首先应计提 12 月份的折旧,"月折旧额"800.00 元应同时记入"制造费用——折旧费"科目的借方以及"累计折旧"科目的贷方;其次应将截至 2018 年 12 月 10 日设备 H 的账面净值转入固定资产清理,即"原值"100 000.00 元应记入"固定资产——生产设备——H"科目的贷方,截至 2018 年 12 月 10 日的累计折旧账面余额 36 800.00 元应记入"累计折旧"科目的借方,差额 63 200.00 元为设备 H 的账面净值,应记入"固定资产清理——生产设备——H"科目的借方。

因此,该笔业务应填制记账凭证,如表 2-19-2 和表 2-19-3 所示。

表 2-19-2 记 账 凭 证 附件 1 张

2018 年 12 月 10 日 第 19 1/2 号

摘要	会计科目		借方金额								贷方金额								记账
	总账科目	明细科目	百	十	万	千	百	十	元	角	分	百	十	万	千	百	十	元	角	分	
计提折旧	制造费用	折旧费					8	0	0	0	0										
	累计折旧															8	0	0	0	0	
合 计							¥	8	0	0	0	0				¥	8	0	0	0	0	

会计主管: 记账: 复核: 制单:

表 2-19-3 记 账 凭 证 附件同记 19 1/2 张

2018 年 12 月 10 日 第 19 2/2 号

摘要	会计科目		借方金额									贷方金额									记账
	总账科目	明细科目	百	十	万	千	百	十	元	角	分	百	十	万	千	百	十	元	角	分	
设备 H 转入	固定资产清理	生产设备——H			6	3	2	0	0	0	0										
固定资产清理	累计折旧				3	6	8	0	0	0	0										
	固定资产	生产设备——H											1	0	0	0	0	0	0	0	
合 计			¥	1	0	0	0	0	0	0	0	¥	1	0	0	0	0	0	0	0	

会计主管: 记账: 复核: 制单:张泽文

【业务 2-20】 (共 6 张原始凭证,于 2018 年 12 月 10 日取得)

第二章 特殊经济业务记账凭证的编制

表 2-20-1
3204098220

江苏增值税专用发票

此联不作报销、扣税凭证使用

No.05231872
开票日期：2018 年 12 月 10 日

购买方	名 称：飞翔有限责任公司 纳税人识别号：9132043684536 7655Q 地 址、电 话：河海西路76号 85499890 开户行及账号：建行常州新北区支行 2356766459					密码区	2<77/50/7912<98+1*0198<<-0621/32101 16983/9826、>091651<092-12810*<09121 87/29824/*90-12/*12+08-0911-*408134 54+091/872-0916+8226-/87261+86282-0			
货物或应税劳务、服务名称	规格型号	单位	数量	单价	金 额			税率	税 额	
*塑料加工设备*H		台	1	85 000.00	85 000.00			16%	13 600.00	
合 计					￥85 000.00				￥13 600.00	
价税合计（大写）			玖万捌仟陆佰元整					（小写）￥98 600.00		
销售方	名 称：常州龙城股份有限公司 纳税人识别号：91320400197164789Q 地 址、电 话：长江北路88号 85493868 开户行及账号：建行常州新北区支行 2300098322					备注				
收款人：	复核：			开票人：张泽文			销货单位（章）				

第一联记账联 销售方记账凭证

表 2-20-2
3204098220

江苏增值税专用发票

No.51268389
开票日期：2018 年 12 月 10 日

购买方	名 称：常州龙城股份有限公司 纳税人识别号：91320400197164789Q 地 址、电 话：长江北路88号 85493868 开户行及账号：建行常州新北区支行 2300098322					密码区	2<77/50/7912<98+1*0198<<-0621/32101 16983/9826、>091651<092-12810*<09121 87/29824/*90-12/*12+08-0911-*408134 54+091/872-0916+8226-/87261+86282-0			
货物或应税劳务、服务名称	规格型号	单位	数量	单价	金 额			税率	税 额	
*无形资产*非专利技术 NHY			1	60 000.00	60 000.00			6%	3 600.00	
*塑料制品*丁			50	400.00	20 000.00			16%	3 200.00	
合 计					￥80 000.00				￥6 800.00	
价税合计（大写）			捌万陆仟捌佰元整					（小写）￥86 800.00		
销售方	名 称：飞翔有限责任公司 纳税人识别号：9132043684536 7655Q 地 址、电 话：河海西路76号 85499890 开户行及账号：建行常州新北区支行 2356766459					备注	91320436845367655Q 发票专用章 (1)			
收款人：	复核：			开票人：陆笑			销货单位（章）				

第二联抵扣联 购买方扣税凭证

表 2-20-3
3204098220

江苏增值税专用发票

No.51268389

开票日期:2018 年 12 月 10 日

购买方	名　　称:常州龙城股份有限公司 纳税人识别号:91320400197164789Q 地　址、电　话:长江北路 88 号 85493868 开户行及账号:建行常州新北区支行 2300098322	密码区	2<77/50/7912<98+1*0198<<-0621/32101 16983/9826*>091651<092-12810*<09121 87/29824/*90-12/*12+08-0911-*408134 54+091/872-0916+8226-/87261+86282-0

货物或应税劳务、服务名称	规格型号	单位	数量	单价	金　额	税率	税　额
*无形资产*非专利技术 NHY		件	1	6 000.00	60 000.00	6%	3 600.00
*塑料制品*丁		件	50	400.00	20 000.00	16%	3 200.00
合　计					￥80 000.00		￥6 800.00

价税合计(大写)	捌万陆仟捌佰元整		(小写)￥86 800.00

销售方	名　　称:飞翔有限责任公司 纳税人识别号:91320436845367655Q 地　址、电　话:河海西路 76 号 85499890 开户行及账号:建行常州新北区支行 2356766459	备注	91320436845367655Q 发票专用章 (1)

收款人:　　　　　复核:　　　　　开票人:陆笑　　　　　销货单位(章)

第三联发票联　购买方记账凭证

表 2-20-4

新增无形资产登记表

2018 年 12 月 10 日

无形资产名称	种类	单位	数量	购入日期	使用部门
NHY	非专利技术	件	1	2018 年 12 月 10 日	自用

编制:张泽文　　　　　　　　　　　　　　　　　　　　　　　　审核:沈丹

表 2-20-5

商品入库单

2018 年 12 月 10 日

金额单位:元

编号:20072

产品编号	名称	规格	计量单位	数量	单价	金额	备注
	丁		件	50	400.00	20 000.00	

交库人:史军　　　　　　　　　　　　　　　　　　　　　　　　收货人:骆琦

会计联

表 2-20-6　　　　中国建设银行　进　账　单　（收款通知）　　　3
2018 年 12 月 10 日

出票人	全称	飞翔有限责任公司	收款人	全称	常州龙城股份有限公司
	账号	2356766459		账号	2300098322
	开户银行	建行常州新北区支行		开户银行	建行常州新北区支行
金额	人民币（大写）	壹万壹仟捌佰元整	亿千百十万千百十元角分 ¥ 1 1 8 0 0 0 0		
票据种类	转账支票	票据张数	1 张	中国建设银行股份有限公司 常州新北区支行 2018-12-10 办讫章（01）	
票据号码	转账 3400028872343127			开户银行签章	
复核		记账			

此联是收款人开户银行交给收款人的收账通知

注：该项业务既涉及货币性资产，又涉及非货币性资产，且货币性资产占整个资产交换金额的比例为 11 800÷85 000×100%＝13.88%，小于 25%，因此，该业务为非货币性资产交换业务。

上述原始凭证中：

表 2-20-1 是江苏增值税专用发票的第一联记账联，此联应作为销售方的记账依据。该原始凭证注明，"销售方"是本公司，"购买方"是飞翔有限责任公司，"货物或应税劳务、服务名称"是 H，结合表 2-19-1 表明本公司将设备 H 换给了飞翔有限责任公司，应视同销售，进行会计核算时，"金额"85 000.00 元应记入"固定资产清理——生产设备——H"科目的贷方，"税额"13 600.00 元应记入"应交税费——应交增值税——销项税额"科目的贷方。

表 2-20-2 是江苏增值税专用发票的第二联抵扣联，此联应作为购买方抵扣进项税额的依据。该抵扣联不能作为记账凭证的附件，专门用于在规定期限内到税务机关办理认证或在平台办理勾选确认，并在认证通过或勾选确认的次月申报期内，向主管税务机关申报抵扣进项税额。

表 2-20-3 是江苏增值税专用发票的第三联发票联，此联应作为购买方的记账依据。该原始凭证注明，"购买方"是本公司，"销售方"是飞翔有限责任公司，"货物或应税劳务、服务名称"是非专利技术 NHY 和商品丁，结合表 2-19-1 及表 2-20-1 表明本公司从飞翔有限责任公司换入了非专利技术 NHY 和商品丁。

表 2-20-4 是新增无形资产登记表，此表应作为无形资产增加的记账依据。该原始凭证注明，"无形资产名称"是 NHY，"种类"是非专利技术，"使用部门"是自用，"购入日期"是 2018 年 12 月 10 日，这表明本公司换入的非专利技术 NHY 已投入使用。

表 2-20-5 是商品入库单的会计联，此联应作为收到库存商品的记账依据。该原始凭证注明，"日期"是 2018 年 12 月 10 日，"名称"是丁，"数量"是 50 件，这表明本公司从飞翔有限公司换入商品丁已于 2018 年 12 月 10 日全部验收入库。

根据表 2-20-3 至表 2-20-5，进行会计核算时，"金额"60 000.00 元应记入"无形资产——非专利技术 NHY"科目的借方，"金额"20 000.00 元应记入"库存商品——丁"科目的借方，"税额"合计 6 800.00 元应记入"应交税费——应交增值税——进项税额"科目的借方。

表 2-20-6 是中国建设银行进账单收款通知,此联应作为收款方收款的记账依据。"出票人"是飞翔有限责任公司,"收款人"是本公司,"收款人账号"是 2300098322,这表明本公司建行基本户 2300098322 收到了飞翔有限责任公司支付的款项,进行会计核算时,"金额" 11 800.00 元应记入"银行存款——人民币户——中国建设银行常州市新北区支行(2300098322)"科目的借方。

因此,该笔业务应填制记账凭证,如表 2-20-7 和表 2-20-8 所示。

表 2-20-7　　　　　　　　　**记　账　凭　证**　　　　　　　　　附件 5 张

2018 年 12 月 10 日　　　　　　　　　第 20 1/2 号

摘要	会计科目		借方金额								贷方金额								记账
	总账科目	明细科目	百	十	万	千	百	十	元	角	分	百	十	万	千	百	十	元	角	分	
以设备H交换	无形资产	非专利技术NHY			6	0	0	0	0	0	0										
专利NHY和	库存商品	丁			2	0	0	0	0	0	0										
商品乙,并收	应交税费	应交增值税——进项税额				6	8	0	0	0	0										
取补价	银行存款	人民币户——中国建设银行常州市新北区支行(2300098322)			1	1	8	0	0	0	0										
	固定资产清理	生产设备——H												8	5	0	0	0	0		
	合　计																				

会计主管:　　　　记账:　　　　复核:　　　　制单:张泽文

表 2-20-8　　　　　　　　　**记　账　凭　证**　　　　　　　　　附件同记 20 1/2 张

2018 年 12 月 10 日　　　　　　　　　第 20 2/2 号

摘要	会计科目		借方金额								贷方金额								记账
	总账科目	明细科目	百	十	万	千	百	十	元	角	分	百	十	万	千	百	十	元	角	分	
以设备H交换	应交税费	应交增值税——销项税额												1	3	6	0	0	0	0	
专利NHY和																					
商品乙,并收取补价																					
	合　计		¥		9	8	6	0	0	0	0	¥		9	8	6	0	0	0	0	

会计主管:　　　　记账:　　　　复核:　　　　制单:张泽文

【业务 2-21】（共 1 张原始凭证,于 2018 年 12 月 10 日取得）

表 2-21-1 　　　　　　　　　固定资产处置结果表
　　　　　　　　　　　　　　　2018 年 12 月 10 日　　　　　　　　　　　　　　　单位:元

固定资产名称	设备 H	原价	100 000.00	已提折旧	36 800.00
净值	63 200.00	出售价格(不含税)	85 000.00	清理费用	
出售净损益	21 800.00				
财务部门意见： 净损益按《企业会计准则》处理　沈丹 2018 年 12 月 10 日			公司领导意见： 同意　侯越宇 2018 年 12 月 10 日		

上述原始凭证中：

表 2-21-1 是固定资产处置结果表，应作为确认固定资产处置净损益的记账依据。该原始凭证注明，被换出的设备 H 在清理结束时出现的"出售净损益"是 21 800.00 元，这表明本公司换出设备 H 应确认净收益，进行会计核算时，净收益 21 800.00 元应分别记入"固定资产清理——生产设备——H"科目的借方以及"资产处置损益——非流动资产处置利得"科目的贷方。

因此，该笔业务应填制记账凭证，如表 2-21-2 所示。

表 2-21-2　　　　　　　　　　　　记　账　凭　证　　　　　　　　　　附件 1 张
　　　　　　　　　　　　　　　　　2018 年 12 月 10 日　　　　　　　　　　　　第 21 号

摘要	会计科目		借方金额	贷方金额	记账
	总账科目	明细科目	百十万千百十元角分	百十万千百十元角分	
结转清理	固定资产清理	生产设备——H	2 1 8 0 0 0 0		
设备 H 的净损益	资产处置损益	非货币性资产交换利得		2 1 8 0 0 0 0	
	合　计		¥　2 1 8 0 0 0 0	¥　2 1 8 0 0 0 0	

会计主管：　　　　　记账：　　　　　复核：　　　　　制单：张泽文

【业务 2-22】（共 1 张原始凭证，于 2018 年 12 月 12 日取得）

表 2-22-1　　　　　　中国建设银行　单位外汇支付凭证

2018 年 12 月 12 日

付款单位	常州龙城股份有限公司	账　号	21399870113											
		开户行	建行新北区支行											
收款单位	ALL POWER LABS INC	账　号	IT28W02008204110000030050238											
		开户行	WELLS FRAGO BANK, N.A											
币种及金额(大写)贰万伍仟美元整				百	十亿	千	百	十万	千	百	十	元	角	分
								USD 2	5	0	0	0	0	0
用途		货款	建设银行盖章											

复核　　　　　　记账　　　　　　审核

第一联 交客户

上述原始凭证中：

表 2-22-1 是中国建设银行单位外汇支付凭证的第一联交客户，此联应作为付款方支付款项的记账依据。该原始凭证注明，日期是 2018 年 12 月 12 日，"付款人"是本公司，"账号"是 21399870113，"收款人"是美国 APL 公司，"金额"是 $ 25 000.00，"用途"是货款，表明本公司通过账号为 21399870113 的账户向美国 APL 公司支付了货款 $ 25 000.00，同时[业务 2-1]进口设备 K 时形成了"应付账款——美元户(APL 公司)"科目的美元贷方余额为 $ 25 000.00，人民币余额为 165 167.50 元，进行会计核算时，应该将金额 165 167.50 元记入"应付账款——美元户(APL 公司)"科目的借方，将金额 $ 25 000.00 按 12 月 12 日即期汇率 6.608 8 元折算的人民币金额 165 220.00 元记入"银行存款——美元户——中国建设银行常州市新北区支行(21399870113)"科目的贷方，借贷方的差额 52.50 元记入"财务费用——汇兑差额"科目的借方。

因此，该笔业务应填制记账凭证，如表 2-22-2 所示。

表 2-22-2　　　　　　记账凭证(复币)　　　　　　总号

日期：2018 年 12 月 12 日　　　　　　第 22 号

摘要	总账科目	明细科目	原币金额		汇率	借方本位币										贷方本位币										记账
			币种	金额		亿	千	百	十	万	千	百	十	元	角	分	亿	千	百	十	万	千	百	十	元	角	分	✓
支付前欠进口设备 K 货款	应付账款	APL 公司	美元	25 000	6.606 7				1	6	5	1	6	7	5	0											
	财务费用	汇兑差额											5	2	5	0											
	银行存款	美元户——中国建设银行常州市新北区支行(21399870113)	美元	25 000	6.608 8															1	6	5	2	2	0	0	0
附件1张									¥	1	6	5	2	2	0	0	0			¥	1	6	5	2	2	0	0	0

核准：　　　　复核：　　　　记账：　　　　出纳：　　　　制单：张泽文

第二章 特殊经济业务记账凭证的编制

【业务 2-23】 （共 3 张原始凭证，于 2018 年 12 月 12 日取得）

表 2-23-1

3204098220

江苏增值税专用发票

No.05231142

开票日期：2018 年 12 月 12 日

购买方	名　　称：常州龙城股份有限公司 纳税人识别号：91320400197164789Q 地　址、电　话：长江北路 88 号 85493868 开户行及账号：建行常州新北区支行 2300098322	密码区	2＜77/50/7912＜98＋1＊0198＜＜－0621/32101 16983/9826＊＞091651＜092－12810＊＜09121 87/29824/＊90－12/＊12＋08－0911－＊408134 54＋091/872－0916＋8226－/87261＋86282－0

货物或应税劳务、服务名称	规格型号	单位	数量	单价	金　额	税率	税　额
＊塑料制品＊A		千克	1 000	120.00	120 000.00	16％	19 200.00
合　计					￥120 000.00		￥19 200.00
价税合计（大写）	壹拾叁万玖仟贰佰元整				（小写）￥139 200.00		

销售方	名　　称：常州宏达有限公司 纳税人识别号：91320400197164700R 地　址、电　话：太湖东路 66 号 85498660 开户行及账号：建行常州新北区支行 2300098788	备注	91320400197164700R 发票专用章 （1）

收款人：　　　复核：　　　开票人：沈科　　　销货单位（章）

第二联抵扣联　购买方扣税凭证

表 2-23-2

3204098220

江苏增值税专用发票

No.05231142

开票日期：2018 年 12 月 12 日

购买方	名　　称：常州龙城股份有限公司 纳税人识别号：91320400197164789Q 地　址、电　话：长江北路 88 号 85493868 开户行及账号：建行常州新北区支行 2300098322	密码区	2＜77/50/7912＜98＋1＊0198＜＜－0621/32101 16983/9826＊＞091651＜092－12810＊＜09121 87/29824/＊90－12/＊12＋08－0911－＊408134 54＋091/872－0916＋8226－/87261＋86282－0

货物或应税劳务、服务名称	规格型号	单位	数量	单价	金　额	税率	税　额
＊塑料制品＊A		千克	1 000	120.00	120 000.00	16％	19 200.00
合　计					￥120 000.00		￥19 200.00
价税合计（大写）	壹拾叁万玖仟贰佰元整				（小写）￥139 200.00		

销售方	名　　称：常州宏达有限公司 纳税人识别号：91320400197164700R 地　址、电　话：太湖东路 66 号 85498660 开户行及账号：建行常州新北区支行 2300098788	备注	91320400197164700R 发票专用章 （1）

收款人：　　　复核：　　　开票人：沈科　　　销货单位（章）

第三联发票联　购买方记账凭证

表 2-23-3   收 料 单

供应单位：常州宏达有限公司   2018 年 12 月 12 日   编号：20016

材料编号	名称	单位	规格	数量		实际成本			
				应收	实收	单价	发票价格	运杂费	合计
	A	千克		1 000	1 000				
备注：									

收料人：骆琦   交料人：陈昊天

上述原始凭证中：

表 2-23-1 是江苏增值税专用发票的第二联抵扣联，此联应作为购买方抵扣进项税额的依据。该抵扣联不能作为记账凭证的附件，专门用于在规定期限内到税务机关办理认证或在平台办理勾选确认，并在认证通过或勾选确认的次月申报期内，向主管税务机关申报抵扣进项税额。

表 2-23-2 是江苏增值税专用发票的第三联发票联，此联应作为购买方的记账依据。该原始凭证注明，"购买方"是本公司，"销售方"是宏达有限公司，"货物或应税劳务、服务名称"是 A，这表明本公司从宏达有限公司购买了 A。

表 2-23-3 是收料单，此表应作为原材料增加的记账依据。该原始凭证注明，日期是 2018 年 12 月 12 日，"供应单位"是宏达有限公司，"名称"是 A，"单位"是千克，"应收数量"和"实收数量"均为 1 000 千克，这表明本公司向宏达有限公司购买的原材料 A 已于 2018 年 12 月 12 日全部验收入库。根据表 2-23-2 和表 2-23-3，进行会计核算时，"金额"120 000.00 元应记入"原材料——A"科目的借方，"税额"19 200.00 元应记入"应交税费——应交增值税——进项税额"科目的借方。

该笔采购业务中没有相关付款的原始凭证，同时在此之前也没有发生相关的预付款业务，这表明本公司的该笔采购业务为赊购，进行会计核算时，"价税合计"139 200.00 元应记入"应付账款——宏达有限公司"科目的贷方。

因此，该笔业务应填制记账凭证，如表 2-23-4 所示。

表 2-23-4   记 账 凭 证   附件 2 张
                              2018 年 12 月 12 日   第 23 号

摘要	会计科目		借方金额									贷方金额									记账
	总账科目	明细科目	百	十	万	千	百	十	元	角	分	百	十	万	千	百	十	元	角	分	
购买A，	原材料	A		1	2	0	0	0	0	0	0										
款未付	应交税费	应交增值税——进项税额			1	9	2	0	0	0	0										
	应付账款	常州宏达有限公司											1	3	9	2	0	0	0	0	0	
		合计	¥	1	3	9	2	0	0	0	0	¥	1	3	9	2	0	0	0	0	0	

会计主管：   记账：   复核：   制单：张泽文

【业务2-24】（共2张原始凭证，于2018年12月15日取得）

表2-24-1　　　　　　　　　　　　　**工资发放明细表**

2018年12月15日　　　　　　　　　　　　　　　　　　　　　　　　　　　单位：元

姓名	岗位	应付工资	代扣养老保险	代扣医疗保险	代扣失业保险	代扣公积金	代扣个人所得税	实付工资
侯越宇	总经理	6 200.00	496.00	129.00	31.00	620.00	42.87	4 881.13
茹玉	办公室主任	5 800.00	464.00	121.00	29.00	580.00	33.33	4 572.67
骆琦	办公室	3 650.00	292.00	78.00	18.25	365.00		2 896.75
沈丹	财务部经理	6 200.00	496.00	129.00	31.00	620.00	42.87	4 881.13
张泽文	财务部	5 800.00	464.00	121.00	29.00	580.00	33.33	4 572.67
刘洁琼	财务部	3 200.00	256.00	69.00	16.00	320.00		2 539.00
高杰	采购部经理	5 800.00	464.00	121.00	29.00	580.00	33.33	4 572.67
高林生	采购部	5 200.00	416.00	109.00	26.00	520.00	19.02	4 109.98
盛海军	销售部经理	5 800.00	464.00	121.00	29.00	580.00	33.33	4 572.67
周丽佳	销售部	4 600.00	368.00	97.00	23.00	460.00	4.71	3 647.29
蒋裕利	销售部	3 200.00	256.00	69.00	16.00	320.00		2 539.00
周纯志	车间主任	6 200.00	496.00	129.00	31.00	620.00	42.87	4 881.13
马一帆	车间副主任	5 600.00	448.00	117.00	28.00	560.00	28.56	4 418.44
李明	车间统计	3 650.00	292.00	78.00	18.25	365.00		2 896.75
贺亮	甲生产工人	6 000.00	480.00	125.00	30.00	600.00	38.10	4 726.90
林宇	甲生产工人	5 800.00	464.00	121.00	29.00	580.00	33.33	4 572.67
贺成器	甲生产工人	4 200.00	336.00	89.00	21.00	420.00		3 334.00
吴小琪	甲生产工人	3 200.00	256.00	69.00	16.00	320.00		2 539.00
罗伊丽	甲生产工人	3 600.00	288.00	77.00	18.00	360.00		2 857.00
王平	甲生产工人	5 600.00	448.00	117.00	28.00	560.00	28.56	4 418.44
姜玉琪	甲生产工人	5 600.00	448.00	117.00	28.00	560.00	28.56	4 418.44
朱明玉	甲生产工人	4 800.00	384.00	101.00	24.00	480.00	9.48	3 801.52
李峰	甲生产工人	3 100.00	248.00	67.00	15.50	310.00		2 459.50
陈丹萍	甲生产工人	3 800.00	304.00	81.00	19.00	380.00		3 016.00
陈钢	甲生产工人	2 800.00	224.00	61.00	14.00	280.00		2 221.00
王露露	甲生产工人	3 800.00	304.00	81.00	19.00	380.00		3 016.00
陈紫立	乙生产工人	5 800.00	464.00	121.00	29.00	580.00	33.33	4 572.67
蒋雅琪	乙生产工人	5 400.00	432.00	113.00	27.00	540.00	23.79	4 264.21
刘溪	乙生产工人	4 800.00	384.00	101.00	24.00	480.00	9.48	3 801.52
高星	乙生产工人	5 000.00	400.00	105.00	25.00	500.00	14.25	3 955.75
曹汝坤	乙生产工人	6 000.00	480.00	125.00	30.00	600.00	38.10	4 726.90
陈汝生	乙生产工人	5 800.00	464.00	121.00	29.00	580.00	33.33	4 572.67
张裕慧	乙生产工人	5 200.00	416.00	109.00	26.00	520.00	19.02	4 109.98
合计		161 200.00	12 896.00	3 389.00	806.00	16 120.00	623.55	127 365.45

表 2-24-2　　　　　　　　**中国建设银行客户专用回单**

币别：人民币　　　　　　　2018 年 12 月 15 日　　　流水号 32066548796GPH5VA5M

付款人	全　称	常州龙城股份有限公司	收款人	全　称	个人/单位存款
	账号	2300098322		账号	DICN000012A033IPA01171127T06746
	开户行	建行常州新北区支行		开户行	
金　额		（大写）人民币壹拾贰万柒仟叁佰陆拾伍元肆角伍分		（小写）¥127 365.45	
凭证种类			凭证号码		025536047431
结算方式		转账	用　途		代发工资

打印柜员：3206628876A96
打印机构：常州市新北区支行
打印卡号：6232511260255876

（中国建设银行 电子回单 专用章）

打印时间：2018-12-15　15:08:28　　交易柜员：K00E0422　　交易机构：32062883

上述原始凭证中：

表 2-24-1 是工资发放明细表，此表应作为支付工资和扣取相关款项的记账依据。该原始凭证注明，"应付工资"是 161 200.00 元，"代扣三险一金"分别是"养老保险"12 896.00 元、"医疗保险"3 389.00 元、"失业保险"806.00 元、"住房公积金"16 120.00 元，"代扣个人所得税"是 623.55 元，这表明本公司已从个人工资总额中扣除了个人应承担的社会保险费、住房公积金和个人所得税等，因此，"实发工资"是 127 365.45 元。

表 2-24-2 是中国建设银行客户专用回单，应作为付款方支付款项的记账依据。该原始凭证注明，"收款人"是个人/单位存款，"付款人账号"为 2300098322，"用途"是代发工资，这表明本公司从账号为 2300098322 的基本户向本公司职工支付了工资，进行会计核算时，"实发工资"127 365.45 元应记入"银行存款——人民币户——中国建设银行常州市新北区支行（2300098322）"科目的贷方。

根据表 2-24-1 和表 2-24-2，进行会计核算时，"应付工资"161 200.00 元应记入"应付职工薪酬——工资"科目的借方。同时，表 2-24-1 中代扣的款项在[业务 2-17][业务 2-18]中已经上交给了税务征收机关及住房公积金管理中心，进行会计核算时，应将"养老保险"12 896.00 元记入"其他应付款——设定提存计划——养老保险"科目的贷方，"医疗保险"3 389.00 元记入"其他应付款——社会保险费——医疗保险"科目的贷方，"失业保险"806.00 元记入"其他应付款——设定提存计划——失业保险"科目的贷方，"住房公积金"16 120.00 元记入"其他应付款——住房公积金"科目的贷方，"代扣个人所得税"623.55 元记入"应交税费——应交个人所得税"科目的贷方。

因此，该笔业务应填制记账凭证，如表 2-24-3 和表 2-24-4 所示。

第二章 特殊经济业务记账凭证的编制

表 2-24-3

记 账 凭 证

2018 年 12 月 15 日

附件 2 张

第 24 1/2 号

摘要	会计科目		借方金额									贷方金额									记账
	总账科目	明细科目	百	十	万	千	百	十	元	角	分	百	十	万	千	百	十	元	角	分	
发上月工资	应付职工薪酬	工资		1	6	1	2	0	0	0	0										
并代扣三险一金及个税	银行存款	人民币户——中国建设银行常州市新北区支行(2300098322)											1	2	7	3	6	5	4	5	
	应交税费	应交个人所得税														6	2	3	5	5	
	其他应付款	设定提存计划(养老保险)												1	2	8	9	6	0	0	
	其他应付款	设定提存计划(失业保险)														8	0	6	0	0	
	合 计																				

会计主管： 记账： 复核： 制单:张泽文

表 2-24-4

记 账 凭 证

2018 年 12 月 15 日

附件同记 24 1/2 张

第 24 2/2 号

摘要	会计科目		借方金额									贷方金额									记账
	总账科目	明细科目	百	十	万	千	百	十	元	角	分	百	十	万	千	百	十	元	角	分	
发上月工资	其他应付款	社会保险费(医疗保险)													3	3	8	9	0	0	
并代扣三险一金及个税	其他应付款	住房公积金												1	6	1	2	0	0	0	
	合 计		¥	1	6	1	2	0	0	0	0	¥	1	6	1	2	0	0	0	0	

会计主管： 记账： 复核： 制单:张泽文

【业务 2-25】（共 1 张原始凭证,于 2018 年 12 月 18 日取得）

表 2-25-1　　　　　　　　中国建设银行　标准回单

No. 1020011161515718720484298
币别：美元　　　　　　2018 年 12 月 18 日　　　流水号 32061286360NJP88B1WP

付款人	全称	WILBUR CURTIS CO INC GENERAL ACCT	收款人	全称	常州龙城股份有限公司
	账号	SI56043020003148223		账号	21399870113
	开户行	U.S. BANK		开户行	建设银行新北区支行
金额		（大写）美元壹拾贰万贰仟肆佰元整			（小写）$122 400.00
凭证种类			凭证号码		
结算方式			用途		
摘要：境外收入					
主管：	授权：	复核：王林			

打印时间：　　　　交易柜员：刘晓　　　　交易机构：建行常州新北区支行

（盖章：中国建设银行 货款 电子回单 专用章）

表 2-25-1 是中国建设银行建行标准回单贷方回单，此联应作为收款方收取款项的记账依据。该原始凭证注明，日期为 2018 年 12 月 18 日，"付款人"是 WC 公司，"收款人"是本公司，"收款人账号"是 21399870113，"金额"是 $122 400.00，"用途"是货款，同时[业务 2-3]出口产品甲形成的"应收账款——美元户（WC 公司）"科目的美元借方余额为 122 400.00，人民币借方余额为 810 508.32 元，这表明 WC 公司已向本公司账号为 21399870113 的结算户支付了货款 $122 400.00。根据表 2-25-1 进行会计核算时，收款"金额"$122 400.00 按 12 月 18 日即期汇率 6.570 4 折算的金额 804 216.96 元应记入"银行存款——美元户——中国建设银行常州市新北区支行（21399870113）"科目的借方，810 508.32 元应记入"应收账款——美元户——WC 公司"科目的贷方，借贷方差额 6 291.36 元应记入"财务费用——汇兑差额"科目的借方。

因此，该笔业务应填制记账凭证，如表 2-25-2 所示。

表 2-25-2　　　　　　　　记账凭证（复币）

日期：2018 年 12 月 18 日　　　　　　总号　第 25 号

摘要	总账科目	明细科目	原币金额 币种	原币金额 金额	汇率	借方本位币	贷方本位币	记账
收取出口产品甲货款	银行存款	美元户——中国建设银行常州市新北区支行（21399870113）	美元	122 400	6.570 4	804 216.96		√
	财务费用	汇兑差额				6 291.36		
	应付账款	WC 公司	美元	122 400	6.621 8		810 508.32	
附件 1 张						￥810 508.32	￥810 508.32	

核准：　　　复核：　　　记账：　　　出纳：　　　制单：张泽文

第二章 特殊经济业务记账凭证的编制

【业务 2-26】（共 3 张原始凭证，于 2018 年 12 月 20 日取得）

表 2-26-1　　　　　　　　　　　销　售　单

购货单位：镇江江州有限公司　　　　　　　　　地址和电话：镇江京口区大西路 75 号
单据编号：1883　　　　　　　　　　　　　　　纳税识别号：9132116675524789R
开户行及账号：建行镇江京口区支行 2300884569　制单日期：2018.12.20

编码	产品名称	规格	单位	单价	数量	金额	备注
	甲		件	450.00	1 200	626 400.00	
合计	人民币（大写）陆拾贰万陆仟肆佰元整					626 400.00	

销售经理：盛海军　　　经手人：蒋裕利　　　会计：张泽文　　　签收人：陈其

表 2-26-2

3204098220　　　　　　**江苏增值税专用发票**　　　　　No. 05231873
　　　　　　　　　　　此联不作报销、扣税凭证使用　　开票日期：2018 年 12 月 20 日

购买方	名　　　称：镇江江州有限公司 纳税人识别号：9132116675524789R 地　址、电话：镇江京口区大西路 75 号 85021628 开户行及账号：建行镇江京口区支行 2300884569	密码区	2＜77/50/7912＜98＋1＊0198＜＜－0621/32101 16983/9826＊＞091651＜092－12810＊＜09121 87/29824/＊90－12/＊12＋08－0911－＊408134 54＋091/872－0916＋8226－/87261＋86282－0

货物或应税劳务、服务名称	规格型号	单位	数量	单价	金　额	税率	税　额
＊塑料制品＊甲		件	1 200	450.00	540 000.00	16%	86 400.00
合　计					￥540 000.00		￥86 400.00
价税合计（大写）	陆拾贰万陆仟肆佰元整				（小写）￥626 400.00		

销售方	名　　　称：常州龙城股份有限公司 纳税人识别号：91320400197164789Q 地　址、电话：长江北路 88 号 85493868 开户行及账号：建行常州新北区支行 2300098322	备注	

收款人：　　　　　复核：　　　　　开票人：张泽文　　　　　销货单位：（章）

第一联 记账联 销售方记账凭证

表 2-26-3　　　　**中国建设银行　进账单**（收款通知）　　　　3
　　　　　　　　　　　　2018 年 12 月 20 日

出票人	全　称	镇江江州有限公司	收款人	全　称	常州龙城股份有限公司
	账　号	2300884569		账　号	2300098322
	开户银行	建行镇江京口区支行		开户银行	建行常州新北区支行
金额	人民币（大写）	陆拾贰万陆仟肆佰元整	亿 千 百 十 万 千 百 十 元 角 分 ￥　　　　6　2　6　4　0　0　0
票据种类	转账支票	票据张数	1	办讫章 (01)
票据号码	3200456780033488	开户银行签章
复核	记账

表 2-26-1 是销售单,应作为销售方的记账依据。该原始凭证注明,"购货单位"是镇江江州有限公司,"产品名称"是甲,"金额"是 626 400.00 元,这表明本公司实现了甲的销售。

表 2-26-2 是江苏增值税专用发票的第一联记账联,此联应作为销售方的记账依据。该原始凭证注明,"销售方"是本公司,"购买方"是镇江江州有限公司,"货物或应税劳务、服务名称"是甲,这表明本公司销售了甲产品给镇江江州有限公司。销售产品是本公司的主营业务,因此,进行会计核算时,销售产品的"金额"540 000.00 元应记入"主营业务收入——商品销售收入——甲"科目的贷方,"税额"86 400.00 元应记入"应交税费——应交增值税——销项税额"科目的贷方。

表 2-26-3 是中国建设银行进账单收款通知,此联应作为收款方收款的记账依据。"出票人"是镇江江州有限公司,"收款人"是本公司,"收款人账号"是 2300098322,这表明本公司建行基本户 2300098322 收到了镇江江州有限公司的甲产品货款,进行会计核算时,"金额"626 400.00 元应记入"银行存款——人民币户——中国建设银行常州市新北区支行(2300098322)"科目的借方。

因此,该笔业务应填制记账凭证,如表 2-26-4 所示。

表 2-26-4

记 账 凭 证

2018 年 12 月 20 日

附件 3 张
第 26 号

摘要	会计科目		借方金额									贷方金额									记账
	总账科目	明细科目	百	十	万	千	百	十	元	角	分	百	十	万	千	百	十	元	角	分	
销售产品甲	银行存款	人民币户——中国建设银行常州市新北区支行(2300098322)			6	2	6	4	0	0	0										
款已收	主营业务收入	商品销售收入——甲												5	4	0	0	0	0	0	0	
	应交税费	应交增值税——销项税额														8	6	4	0	0	0	
	合 计		¥		6	2	6	4	0	0	0	¥		6	2	6	4	0	0	0	

会计主管:　　　　　记账:　　　　　复核:　　　　　制单:张泽文

【业务 2-27】(共 2 张原始凭证,于 2018 年 12 月 21 日取得)

第二章 特殊经济业务记账凭证的编制

表 2-27-1

中国建设银行 贷款还款凭证

币种:人民币　　产品名称:　　　2018 年 12 月 21 日　　流水号:412LAA650844342

还款单位	名　称	常州龙城股份有限公司												
	付款账号	2300098322			贷款账号	2300098322								
	开户银行	中国建设银行常州市新北区支行			开户建行	中国建设银行常州市新北区支行								
本次偿还金额	人民币(大写)	人民币壹万贰仟元整				十亿	亿	千	百	十万	千	百	十元	角	分
								¥	1	2	0	0	0	0	0
摘要		还息		累计还款		十亿	亿	千	百	十万	千	百	十元	角	分

上述借款额请从本单位2300098322存款户中支付

中国建设银行股份有限公司
常州新北区支行
2018-12-21
办讫章
(银行签章)

(还款单位签章)
年　月　日

主管:　　授权:　　复核:　　经办:刘平

第四联:退借款单位作还款通知

表 2-27-2

3204098220

江苏增值税普通发票

No.05237456

开票日期:2018 年 12 月 21 日

购买方	名　称:常州龙城股份有限公司 纳税人识别号:91320400197164789Q 地　址、电话:长江北路 88 号 85493868 开户行及账号:建行常州新北区支行 2300098322	密码区	2<77/50/7912<98+1*0198<<-0621/32101 16983/9826*>091651<092-12810*<09121 87/29824/*90-12/*12+08-0911-*408134 54+091/872-0916+8226-/87261+86282-0

货物或应税劳务、服务名称	规格型号	单位	数量	单价	金　额	税率	税　额
*金融服务*贷款服务			1	11 320.75	11 320.75	6%	679.25
合　计					¥11 320.75		¥679.25
价税合计(大写)		壹万贰仟元整				(小写)¥12 000.00	

销售方	名　称:中国建设银行股份有限公司常州市分行 纳税人识别号:91320400195494779Q 地　址、电话:广化街 320 号 88669868 开户行及账号:中国建设银行常州市分行营业部 32041172687260698	备注	中国建设银行股份有限公司常州市分行 91320400195494779Q 发票专用章 (1)

收款人:　　复核:　　开票人:张亚东　　销货单位(章)

第二联发票联　购买方记账凭证

上述原始凭证中:

表 2-27-1 是中国建设银行贷款还款凭证,"摘要"是还息,此凭证应作为付款方支付利息的记账依据。该原始凭证注明,"还款单位付款账号"是 2300098322,"贷款账号"是 2300098322,这表明本公司已从账号是 2300098322 的基本户支付了借款利息,进行会计核算时,"本次偿还金额"12 000.00 元应记入"银行存款——人民币户——中国建设银行常州市新北区支行(2300098322)"科目的贷方。

表 2-27-2 是江苏增值税普通发票的第二联发票联,此联应作为购买方的记账依据。该原始凭证注明,"购买方"是本公司,根据中国建设银行常州市分行规定,提供贷款服务的增值税发票一律由分行统一开具,因而"销售方"是中国建设银行常州市分行,"货物或应税劳务、服务名称"是贷款服务,这表明本公司向建行常州新北区支行借款产生了利息支出,进行会计核算时,"价税合计"12 000.00 元应记入"应付利息——长期借款"科目的借方。

因此,该笔业务应填制记账凭证,如表 2-27-3 所示。

表 2-27-3

记 账 凭 证

2018 年 12 月 21 日　　　　　　　　　　　　　　　　　　　　　　　　附件 1 张　第 27 号

摘要	会计科目		借方金额									贷方金额									记账
	总账科目	明细科目	百	十	万	千	百	十	元	角	分	百	十	万	千	百	十	元	角	分	
归还贷款	应付利息	长期借款——中国建设银行常州市新北区支行			1	2	0	0	0	0	0										
利息	银行存款	人民币户——中国建设银行常州市新北区支行(2300098322)												1	2	0	0	0	0	0	
		合　　计	¥		1	2	0	0	0	0	0	¥		1	2	0	0	0	0	0	

会计主管:　　　　　记账:　　　　　复核:　　　　　制单:张泽文

【业务 2-28】 (共 7 张原始凭证,于 2018 年 12 月 21 日取得)

表 2-28-1

债务重组协议

甲方:常州龙城股份有限公司
地址:常州新北区长江北路 88 号　　法定代表人:周进京　　电话:0519-85493868
乙方:南京江北有限公司
地址:南京栖霞区行知路 23 号　　　法定代表人:吴建军　　电话:025-52613332

　　截至本协议签署日,乙方欠甲方货款合计 117 000.00 元。乙方发生财务困难,今协议各方有意就其之间债权债务关系进行债务重组,达成如下协议:

　　1. 甲方同意乙方以 200 件丙产品(含税价格 23 200.00 元)、1 台设备 J(含税价格 34 800.00 元)、现金 30 000.00 元抵偿债务,丙产品、设备 J 应于 2018 年 12 月 21 日运达甲方,现金应于 2018 年 12 月 21 日清偿。

　　2. 甲方收到丙产品、设备 J 和现金后,乙方与甲方之间债务消灭,不再具有债权债务关系。

重组甲方:签章　　　　　　　　　　　　　　　　重组乙方:签章
授权代表:沈丹　　　　　　　　　　　　　　　　授权代表:邓冰

2018 年 12 月 15 日　　　　　　　　　　　　　　2018 年 12 月 15 日

表 2-28-2　　　　　　　　　债务重组损失计算表
2018 年 12 月 21 日

项　目	金　额(元)
重组债权账面价值	117 000.00
减:收到的现金	30 000.00
减:受让非现金资产公允价值(加不单独支付的增值税)	58 000.00
减:股份的公允价值	
减:重组后债权账面价值	
减:已计提坏账准备	5 850.00
债务重组损失	23 150.00

编制:张泽文　　　　　　　　　　　　　　　　　　审核:沈丹

表 2-28-3
3200088440　　　　　　　　　江苏增值税专用发票　　　　　　　No. 68854360
抵　扣　联　　　　　　　开票日期:2018 年 12 月 21 日

购买方	名　　称:常州龙城股份有限公司 纳税人识别号:91320400197164789Q 地　址、电话:长江北路 88 号 85493868 开户行及账号:建行常州新北区支行 2300098322	密码区	2＜77/50/7912＜98＋1＊0198＜＜－0621/32101 16983/9826＊＞091651＜092－12810＊＜09121 87/29824/＊90－12/＊12＋08－0911－＊408134 54＋091/872－0916＋8226－/87261＋86282－0

货物或应税劳务、服务名称	规格型号	单位	数量	单价	金　额	税率	税　额
＊塑料制品＊丙		件	200	100.00	20 000.00	16％	3 200.00
＊塑料加工设备＊J		台	1	30 000.00	30 000.00	16％	4 800.00
合　计					￥50 000.00		￥8 000.00

价税合计(大写)　　伍万捌仟元整　　　　　　　　　　(小写)￥58 000.00

销售方	名　　称:南京江北有限公司 纳税人识别号:91320156432098146R 地　址、电话:南京栖霞区行知路 23 号 52613332 开户行及账号:建行南京栖霞支行 2300658432	备注	91320156432098146R 发票专用章 (1)

收款人:　　　　复核:　　　　开票人:赵刚　　　　销货单位(章)

表 2-28-4
3200088440

江苏增值税专用发票

No.68854360

开票日期:2018 年 12 月 21 日

购买方	名　　称:常州龙城股份有限公司 纳税人识别号:91320400197164789Q 地　址、电话:长江北路 88 号 85493868 开户行及账号:建行常州新北区支行 2300098322	密码区	2＜77/50/7912＜98＋1＊0198＜＜－0621/32101 16983/9826＊＞091651＜092－12810＊＜09121 87/29824/＊90－12/＊12＋08－0911－＊408134 54＋091/872－0916＋8226－/87261＋86282－0

货物或应税劳务、服务名称	规格型号	单位	数量	单价	金　额	税率	税　额
＊塑料制品＊丙		件	200	100.00	20 000.00	16％	3 200.00
＊塑料加工设备＊J		台	1	30 000.00	30 000.00	16％	4 800.00
合　计					¥50 000.00		¥8 000.00
价税合计(大写)	伍万捌仟元整					(小写)¥58 000.00	

销售方	名　　称:南京江北有限公司 纳税人识别号:91320156432098146R 地　址、电话:南京栖霞区行知路 23 号 52613332 开户行及账号:建行南京栖霞支行 2300658432	备注	南京江北有限公司 91320156432098146R 发票专用章 (1)

收款人:　　　　　复核:　　　　　开票人:赵刚　　　　　销货单位(章)

表 2-28-5

新增固定资产登记表

2018 年 12 月 21 日

固定资产名称	种类	单位	数量	购入日期	投入使用日期	使用部门
设备 J	机器设备	台	1	2018 年 12 月 21 日	2018 年 12 月 21 日	生产车间

制表人:张泽文　　　　　　　　　　　　　　　　　　　　复核人:沈丹

表 2-28-6

商品入库单

2018 年 12 月 21 日

金额单位:元

编号:20073

产品编号	名称	规格	计量单位	数量	单价	金额	备注
	丙		件	200	100.00	20 000.00	

交库人:周斌　　　　　　　　　　　　　　　　　　　　收货人:骆琦

表 2-28-7　　　　　　　中国建设银行　进账单　（收款通知）　　　3
2018 年 12 月 21 日

出票人	全称	南京江北有限公司	收款人	全称	常州龙城股份有限公司	交此给联收是款收人款的人收开账户通银知行
	账号	2300658432		账号	2300098322	
	开户银行	建行南京栖霞支行		开户银行	建行常州新北区支行	
金额	人民币（大写）	叁万元整		亿 千 百 十 万 千 百 十 元 角 分 ￥3 0 0 0 0 00		
票据种类	转账支票	票据张数	1	办讫章 (01)		
票据号码		2345001188776328				
复核		记账		开户银行签章		

上述原始凭证中：

表 2-28-1 是本公司的债务重组协议，应作为债务重组的依据。该原始凭证注明，南京江北有限公司欠本公司的货款 117 000.00 元，因南京江北有限公司财务困难双方进行债务重组。本公司同意南京江北有限公司以商品丙 200 件（含税价 23 200.00 元）、设备 J 一台（含税价 34 800.00 元）和银行存款 30 000.00 元抵偿债务。

表 2-28-2 是债务重组损失计算表，应作为确认本公司债务重组损失的记账依据。该原始凭证注明，"重组债权账面价值"是 117 000.00 元，减去"收到的现金"30 000.00 元、"受让非现金资产公允价值"58 000.00 元、"已计提坏账准备"5 850.00 元，应确认"债务重组损失"23 150.00 元。

表 2-28-3 是江苏增值税专用发票的第二联抵扣联，此联应作为购买方抵扣进项税额的依据。该抵扣联不能作为记账凭证的附件，专门用于在规定期限内到税务机关办理认证或在平台办理勾选确认，并在认证通过或勾选确认的次月申报期内，向主管税务机关申报抵扣进项税额。

表 2-28-4 是江苏增值税专用发票的第三联发票联，此联应作为购买方的记账依据。该原始凭证注明，"购买方"是本公司，"销售方"是南京江北有限公司，"货物或应税劳务、服务名称"是丙和 J，这表明本公司从南京江北有限公司取得了丙和 J。

表 2-28-5 是新增固定资产登记表，此表应作为固定资产增加的记账依据。该原始凭证注明，"固定资产名称"是设备 J，"种类"是机器设备，"使用部门"是生产车间，"购入日期"与"投入使用日期"均为 2018 年 12 月 21 日，结合表 2-28-1，这表明债务重组协议中南京江北有限公司用于抵债的设备 J，本公司已收到并立即投入生产车间使用。

表 2-28-6 是商品入库单，此表应作为库存商品增加的记账依据。该原始凭证注明，日期是 2018 年 12 月 21 日，"名称"是丙，"数量"为 200 件，结合表 2-28-1，这表明债务重组协议中南京江北有限公司用于抵债的商品丙本公司已于 2018 年 12 月 21 日全部验收入库。

表 2-28-7 是中国建设银行进账单收款通知，此联应作为收款方收款的记账依据。"出票人"是南京江北有限公司，"收款人"是本公司，"收款人账号"是 2300098322，这表明本公司建行基本户 2300098322 收到了南京江北有限公司支付的款项，进行会计核算时，"金额"

30 000.00 元应记入"银行存款——人民币户——中国建设银行常州市新北区支行(2300098322)"科目的借方。

根据表 2-28-1 和表 2-28-2 进行会计核算时,"重组债权账面价值"117 000.00 元应当记入"应收账款——南京江北有限公司"科目的贷方,"已计提的坏账准备"5 850.00 元应当记入"坏账准备——应收账款坏账准备"科目的借方,"债务重组损失"23 150.00 元应记入"营业外支出——债务重组损失"科目的借方。

根据表 2-28-4 至表 2-28-6,进行会计核算时,"金额"30 000.00 元应记入"固定资产——生产设备——J"科目的借方,"金额"20 000.00 元应记入"库存商品——丙"科目的借方,"税额"8 000.00 应记入"应交税费——应交增值税——进项税额"科目的借方。

因此,该笔业务应填制记账凭证,如表 2-28-8 和表 2-28-9 所示。

表 2-28-8　　　　　　　　　　记　账　凭　证　　　　　　　　　　附件 6 张

2018 年 12 月 21 日　　　　　　　　　　　　　第 28 1/2 号

摘要	会计科目		借方金额									贷方金额									记账
	总账科目	明细科目	百	十	万	千	百	十	元	角	分	百	十	万	千	百	十	元	角	分	
和南京江北	银行存款	人民币户——中国建设银行常州市新北区支行(2300098322)			3	0	0	0	0	0	0										
有限公司债	库存商品	丙			2	0	0	0	0	0	0										
务重组	固定资产	生产设备——J			3	0	0	0	0	0	0										
	应交税费	应交增值税——进项税额				8	0	0	0	0	0										
	坏账准备	应收账款坏账准备				5	8	5	0	0	0										
	合　　计																				

会计主管:　　　　记账:　　　　复核:　　　　制单:张泽文

表 2-28-9　　　　　　　　　　记　账　凭　证　　　　　　　　　　附件同记 28 1/2 张

2018 年 12 月 21 日　　　　　　　　　　　　　第 28 2/2 号

摘要	会计科目		借方金额									贷方金额									记账
	总账科目	明细科目	百	十	万	千	百	十	元	角	分	百	十	万	千	百	十	元	角	分	
和南京江北	营业外支出	债务重组损失			2	3	1	5	0	0	0										
有限公司债	应收账款	南京江北有限公司											1	1	7	0	0	0	0	0		
务重组																						
	合　　计		¥	1	1	7	0	0	0	0	0	¥	1	1	7	0	0	0	0	0	

会计主管:　　　　记账:　　　　复核:　　　　制单:张泽文

【业务 2-29】(共 1 张原始凭证,于 2018 年 12 月 21 日取得)

第二章 特殊经济业务记账凭证的编制

表 2-29-1

中国建设银行客户专用回单

2018 年 12 月 21 日

币别：美元　　　　　　　　　　　　　　　　　　　　　　　　　流水号

户名：常州龙城股份有限公司			账号：21399870113		
计息项目	起息日	结息日	本金/积数	利率(%)	利息金额
存款利息	2018.9.21	2018.12.21	（略）	（略）	13.35
合计金额	（大写）美元壹拾叁元叁角伍分			$13.35	

上列存款利息，已照收你单位 21399870113 账户

打印柜员：320628736AJ1
打印机构：新北区支行
打印卡号：9553301260105394

电子回单专用章（中国建设银行）

打印时间：2018-12-21　　　交易柜员：B01B01000001　　　交易机构：320620027

上述原始凭证中：

表 2-29-1 是中国建设银行客户专用回单，此单作为收款方收取款项的记账依据。该原始凭证注明，"户名"是本公司，"账号"是 21399870113，"计息项目"是存款利息，这表明本公司收到了账号为 21399870113 美元户的存款利息 $13.35 元，按照当日汇率 6.603 4 折算为 ¥88.16 元。进行会计核算时，应分别记入"银行存款——美元户——中国建设银行常州市新北区支行(21399870113)"科目的借方和"财务费用——利息收入"科目的贷方。

因此，该笔业务应填制记账凭证，如表 2-29-2 所示。

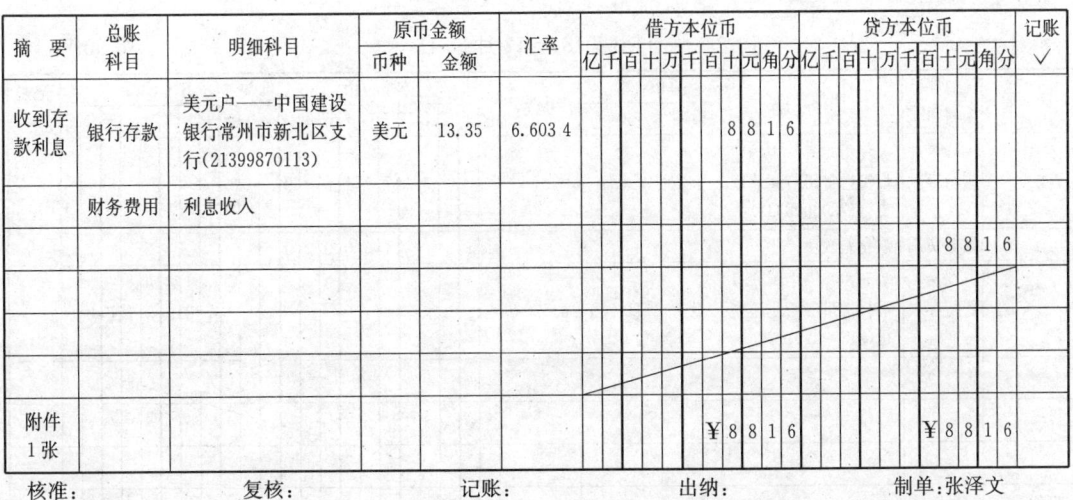

表 2-29-2　　　　　　　　　　　记账凭证(复币)

【业务 2-30】（共 1 张原始凭证，于 2018 年 12 月 25 日取得）

表 2-30-1　　　　　　　中国建设银行　结售汇水单　（甲种）

币别：美元　　　　　　　　　　　　　　　　　　　流水号：76058893Q4255

客户全称	常州龙城股份有限公司		业务编号	3200457832W1130098
收款账(卡)号	2300098322		交易日期	2018年12月25日
付款账(卡)号	21399870113		交割日期	2018年12月25日
摘　要	外汇金额	汇率	人民币金额	
结汇	美元 120 000.00	6.564 3	人民币 787 716.00	
备注 实时牌价：6.564 3			中国建设银行股份有限公司 常州新北区支行 2018-12-25 办讫章 (01)　　银行签章	

第三联　客户留存

主管：　　　　　授权：66180988　　　复核：50362618：　　　经办：82387558

上述原始凭证中：

表 2-30-1 是中国建设银行结售汇水单（甲种）第三联客户留存联，此联应作为企业购汇结汇的记账依据。该原始凭证注明，"客户全称"为本公司，"收款账号"是 2300098322，付款账号是 21399870113，"摘要"是结汇，这表明本公司将美元卖给银行。在进行会计核算时，"外汇金额"美元 120 000.00 按 2018 年 12 月 25 日的银行实时买入价 6.564 3 折算的金额，即"人民币金额"787 716.00 元应记入"银行存款——人民币户——中国建设银行常州市新北区支行(2300098322)"科目的借方，"外汇金额"美元 120 000.00 按 2018 年 12 月 25 日的即期汇率 6.576 8 折算的金额 789 216.00 元应记入"银行存款——美元户——中国建设银行常州市新北区支行(21399870113)"科目的贷方，借贷方的差额 1 500.00 元应记入"财务费用——汇兑差额"科目的借方。

因此，该笔业务应填制记账凭证，如表 2-30-2 所示。

表 2-30-2　　　　　　　　　　　记账凭证（复币）

日期：2018 年 12 月 25 日　　　　　　　总　号
　　　　　　　　　　　　　　　　　　　第 30 号

摘　要	总账科目	明细科目	原币金额		汇率	借方本位币	贷方本位币	记账
			币种	金额		亿千百十万千百十元角分	亿千百十万千百十元角分	√
售汇	银行存款	人民币户——中国建设银行常州市新北区支行(2300098322)				7 8 7 7 1 6 0 0		
	财务费用	汇兑差额				1 5 0 0 0 0		
	银行存款	美元户——中国建设银行常州市新北区支行(21399870113)	美元	120 000	6.576 8		7 8 9 2 1 6 0 0	
附件 1 张						¥ 7 8 9 2 1 6 0 0	¥ 7 8 9 2 1 6 0 0	

核准：　　　　　复核：　　　　　记账：　　　　　出纳：　　　　　制单：张泽文

第二章 特殊经济业务记账凭证的编制

【业务 2-31】（共 1 张原始凭证，于 2018 年 12 月 31 日取得）

表 2-31-1

坏账准备计算表

2018 年 12 月 31 日　　　　　　　　　　　　　　　　　　　　　　　单位：元

项目	应收款项期末余额	计提比例	坏账准备期初余额	本期确认坏账损失	已确认坏账本期收回	应补提金额	应冲减金额
应收账款	908 600.00	5%	30 000.00		5 850.00	21 280.00	
合　计						21 280.00	

编制：张泽文　　　　　　　　　　　　　　　　　　　　　　　　　审核：沈丹

上述原始凭证中：

表 2-31-1 是坏账准备计算表，此表应作为期末计提坏账准备的记账依据。该原始凭证注明的内容表明，本公司本期应收账款坏账准备"应补提金额"是 21 280.00 元，公司计提的坏账准备应作为资产减值损失，进行会计核算时，"应补提金额"21 280.00 元应记入"资产减值损失——坏账损失"科目的借方和"坏账准备——应收账款坏账准备"科目的贷方。

因此，该笔业务应填制记账凭证，如表 2-31-2 所示。

表 2-31-2

记 账 凭 证

附件 1 张

2018 年 12 月 31 日　　　　　　　　　　　　　　　　　　　　　　　第 31 号

摘要	会计科目		借方金额	贷方金额	记账
	总账科目	明细科目	百十万千百十元角分	百十万千百十元角分	
计提坏账准备	资产减值损失	坏账损失	2 1 2 8 0 0 0		
	坏账准备	应收账款坏账准备		2 1 2 8 0 0 0	
合　计			¥ 2 1 2 8 0 0 0	¥ 2 1 2 8 0 0 0	

会计主管：　　　　　记账：　　　　　复核：　　　　　制单：张泽文

【业务 2-32】（共 1 张原始凭证，于 2018 年 12 月 31 日取得）

表 2-32-1

特殊事项处理说明

日期 2018 年 12 月 31 日

说明事项	公司因未执行采购合同违约被振华有公司起诉，要求赔偿 49 500.00 元。目前，此案正在审理中，据律师判断，公司很可能败诉，估计需赔偿 49 500.00 元。由于以上情况，本公司计提预计负债 49 500.00 元（金额大写：人民币肆万玖仟伍佰元整）。

批准：侯越宇　　　　　审核：沈丹　　　　　说明人：张泽文

上述原始凭证中：

表 2-32-1 是特殊事项说明，此表应作为企业期末计算预计负债的记账依据。该原始凭

证注明,本公司对该项未决诉讼预计赔偿损失 49 500.00 元,应确认为预计负债。进行会计核算时,金额应记入"营业外支出——赔偿支出"科目的借方以及"预计负债——未决诉讼"科目的贷方。

因此,该笔业务应填制记账凭证,如表 2-32-2 所示。

表 2-32-2

记 账 凭 证

2018 年 12 月 31 日

附件 1 张

第 32 号

摘要	会计科目		借方金额	贷方金额	记账
	总账科目	明细科目	百十万千百十元角分	百十万千百十元角分	
确认预计	营业外支出	赔偿支出	4 9 5 0 0 0 0		
负债	预计负债	未决诉讼		4 9 5 0 0 0 0	
		合 计	¥ 4 9 5 0 0 0 0	¥ 4 9 5 0 0 0 0	

会计主管:　　　　记账:　　　　复核:　　　　制单:张泽文

【业务 2-33】(共 1 张原始凭证,于 2018 年 12 月 31 日取得)

表 2-33-1

预计产品质量保证损失计算表

2018 年 12 月 31 日

单位:元

本月销售收入	计提比例	金额
1 350 508.32	0.3%	4 051.52

编制:张泽文　　　　　　　　　　　　　　　　　　审核:沈丹

上述原始凭证中:

表 2-33-1 是预计产品质量保证损失计算表,此表应作为企业期末计算产品质量保证费用的记账依据。该原始凭证注明,"本月销售收入"为 1 350 508.32 元,公司政策规定计提比例为 0.3%,本期计提金额是 4 051.52 元。进行会计核算时,"金额"4 051.52 元应记入"销售费用——预计商品质量保证损失"科目的借方以及"预计负债——产品质量保证"科目的贷方。

因此,该笔业务应填制记账凭证,如表 2-33-2 所示。

表 2-33-2

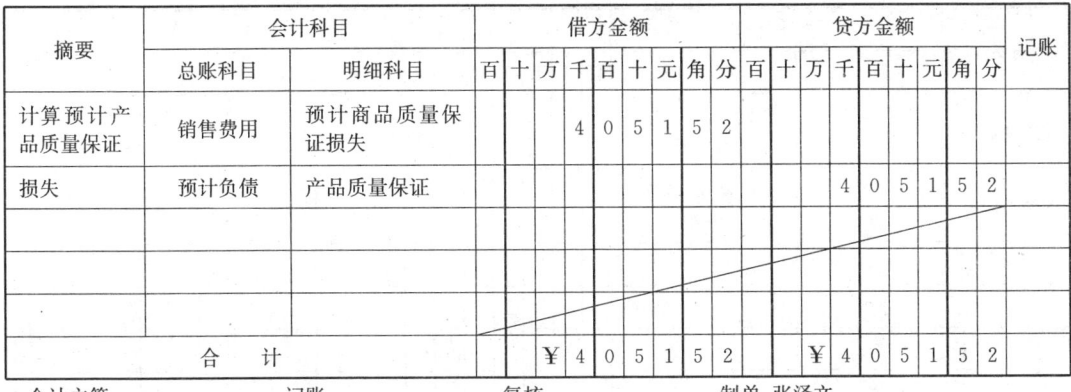

记 账 凭 证

2018年12月31日

附件1张　第33号

摘要	会计科目		借方金额	贷方金额	记账
	总账科目	明细科目	百 十 万 千 百 十 元 角 分	百 十 万 千 百 十 元 角 分	
计算预计产品质量保证损失	销售费用	预计商品质量保证损失	4 0 5 1 5 2		
	预计负债	产品质量保证		4 0 5 1 5 2	
	合　计		￥ 4 0 5 1 5 2	￥ 4 0 5 1 5 2	

会计主管：　　　记账：　　　复核：　　　制单：张泽文

【业务2-34】（共1张原始凭证，于2018年12月31日取得）

表 2-34-1　　金融资产公允价值变动变动损益及资产减值损失计算表

2018年12月31日　　　　　　　　　　单位：元

证券代码	证券名称	持有数量	账面价值	收盘价	市值	公允价值变动	资产减值损失
600605	沪江股份	20 000	200 000.00	10.50	210 000.00	10 000.00	
600550	东方股份	10 000	100 018.87	8.50	85 000.00	−15 018.87	

编制：张泽文　　　　　　　　　　　　　　　　　　审核：沈丹

上述原始凭证中：

表 2-34-1 是金融资产公允价值变动变动损益及资产减值损失计算表，此表应作为确认金融资产公允价值变动的记账依据。[业务2-4]中12月4日购入沪江股份股票，划分为交易性金融资产，而表 2-34-1 注明的内容表明，其市值比账面价值上涨 10 000.00 元，进行会计核算时，应分别记入"交易性金融资产——股票——沪江公司（公允价值变动）"科目的借方以及"公允价值变动损益——交易性金融资产公允价值变动"科目的贷方；[业务2-5]中本公司购入东方股份股票，划分为可供出售金融资产，而表 2-34-1 注明的内容表明，本期末市值比账面价值下跌 15 018.87 元，进行会计核算时，应分别记入"其他综合收益——可供出售金融资产公允价值变动"科目的借方以及"可供出售金融资产——股票——东方公司（公允价值变动）"科目的贷方。

因此，该笔业务应填制记账凭证，如表 2-34-2 和表 2-34-3 所示。

表 2-34-2

记 账 凭 证

2018 年 12 月 31 日

附件 1 张
第 34 1/2 号

摘要	会计科目		借方金额									贷方金额									记账
	总账科目	明细科目	百	十	万	千	百	十	元	角	分	百	十	万	千	百	十	元	角	分	
计算金融资产公允价值变动	交易性金融资产	股票——沪江公司(公允价值变动)			1	0	0	0	0	0	0										
	公允价值变动损益	交易性金融资产公允价值变动												1	0	0	0	0	0	0	
合计			¥	1	0	0	0	0	0	0	¥	1	0	0	0	0	0	0		

会计主管：　　　　记账：　　　　复核：　　　　制单：张泽文

表 2-34-3

记 账 凭 证

2018 年 12 月 31 日

附件同记 34 1/2 张
第 34 2/2 号

摘要	会计科目		借方金额									贷方金额									记账
	总账科目	明细科目	百	十	万	千	百	十	元	角	分	百	十	万	千	百	十	元	角	分	
计算金融资产公允价值变动	其他综合收益	可供出售金融资产公允价值变动				1	5	0	1	8	7										
	可供出售金融资产	股票——东方公司(公允价值变动)													1	5	0	1	8	7	
合计			¥		1	5	0	1	8	7	¥		1	5	0	1	8	7		

会计主管：　　　　记账：　　　　复核：　　　　制单：张泽文

【业务 2-35】（共 1 张原始凭证，于 2018 年 12 月 31 日取得）

表 2-35-1

银行借款利息计算单

2018 年 12 月 31 日　　　　　　　　　　　　　　　　　　　　单位：元

借款种类	借款金额	年利率	月利息额	备注
2年期专门借款	2 500 000.00	5.76%	12 400.00	合同号：10037 符合资本化条件
合计			12 400.00	

编制：张泽文　　　　　　　　　　　　　　　　　　　审核：沈丹

上述原始凭证中：

表 2-35-1 是银行借款利息计算单，此单应作为借款方期末计算利息支出的记账依据。

该原始凭证注明的内容表明,公司为新建车间02厂房于2018年3月1日借入的合同号为10037的2年期专门借款2 500 000.00元,因2018年3月1日及2018年7月1日分别支付了工程款1 500 000.00元及1 000 000.00元,所以"备注"内容是符合资本化条件,这表明本公司发生了需要资本化的长期借款利息支出,进行会计核算时,"月利息额"12 400.00元应记入"在建工程——车间02厂房"科目的借方;同时,由于本业务没有支付利息的原始凭证,因此,进行会计核算时,应记入"应付利息——长期借款——中国建议银行常州市新北区支行"科目的贷方。

因此,该笔业务应填制记账凭证,如表2-35-2所示。

表2-35-2

记 账 凭 证

2018年12月31日　　　　　　　　　　　　　　　　第35号　　附件1张

摘要	会计科目		借方金额								贷方金额								记账
	总账科目	明细科目	百	十	万	千	百	十	元	角	分	百	十	万	千	百	十	元	角	分	
计算贷款	在建工程	车间02厂房			1	2	4	0	0	0	0										
利息	应付利息	长期借款——中国建设银行新北区支行												1	2	4	0	0	0	0	
合计			¥		1	2	4	0	0	0	0	¥		1	2	4	0	0	0	0	

会计主管:　　　　记账:　　　　复核:　　　　制单:张泽文

【业务2-36】 (共1张原始凭证,于2018年12月31日取得)

表2-36-1

汇兑损益计算表

2018年12月31日　　　　　　　　　　　　　　　　　　　单位:元

外币账户	美元账面余额	人民币账面余额	期末汇率	按期末汇率计算的人民币余额	汇兑差额(损失或收益)
建行常州新北区支行 美元结算户21399870113	2 413.35	15 190.12	1美元=6.506 3元人民币	15 701.98	511.86

编制:张泽文　　　　　　　　　　　　　　　　　　　　审核:沈丹

上述原始凭证中:

表2-36-1是汇兑损益计算表,此表应作为期末计算汇兑差额的记账依据。该原始凭证注明,美元结算户账面余额是2 413.35美元,按期末即期汇率应折算为15 701.98元,而其人民币账面余额为15 190.12元,汇兑收益为511.86元。进行会计核算时,金额511.86元应记入"银行存款——美元户——中国建设银行常州市新北区支行(21399870113)"科目的

借方和"财务费用——汇兑差额"科目的贷方。

因此,该笔业务应填制记账凭证,如表2-36-2所示。

表2-36-2 **记账凭证(复币)**

总 号
日期:2018年12月31日　　　　　　　　　　　第36号

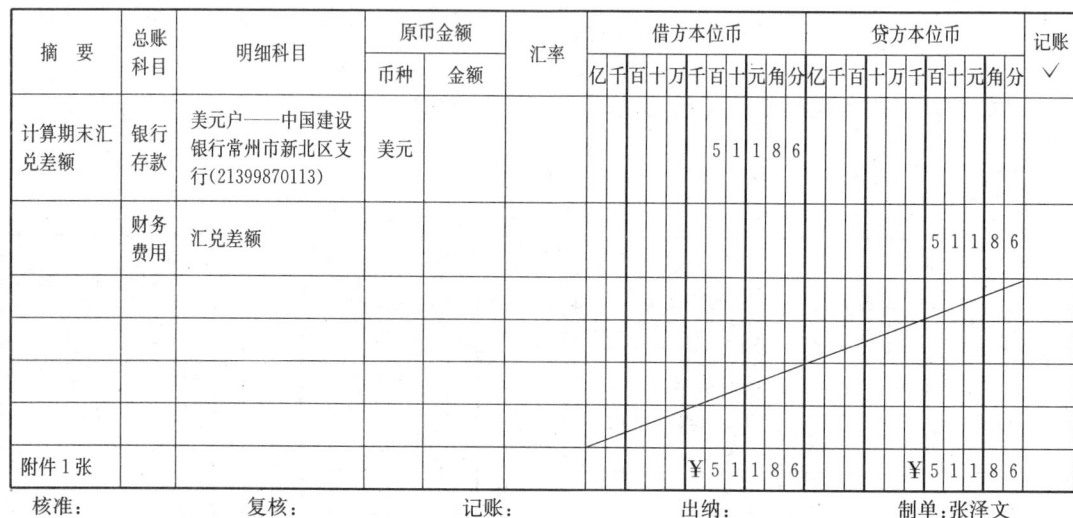

核准:　　　　复核:　　　　记账:　　　　出纳:　　　　制单:张泽文

【业务2-37】(共2张原始凭证,于2018年12月31日取得)

表2-37-1 **工 资 明 细 表**

2018年12月31日

姓名	岗位	应付工资(元)
侯越宇	总经理	6 200.00
茹玉	办公室主任	5 800.00
骆琦	办公室职员	3 650.00
沈丹	财务部经理	6 200.00
张泽文	财务部会计	5 800.00
刘洁琼	财务部出纳	3 200.00
高杰	采购部经理	5 800.00
高林生	采购部职员	5 200.00
盛海军	销售部经理	5 800.00
周丽佳	销售部职员	4 600.00
蒋裕利	销售部职员	3 200.00
周纯志	车间主任	6 200.00
马一帆	车间副主任	5 600.00
李明	车间统计	3 650.00
贺亮	甲生产工人	6 000.00
林宇	甲生产工人	5 800.00

(续表)

姓名	岗位	应付工资(元)
贺成器	甲生产工人	4 200.00
吴小琪	甲生产工人	3 200.00
罗伊丽	甲生产工人	3 600.00
王平	甲生产工人	5 600.00
姜玉琪	甲生产工人	5 600.00
朱明玉	甲生产工人	4 800.00
李峰	甲生产工人	3 100.00
陈丹萍	甲生产工人	3 800.00
陈钢	甲生产工人	2 800.00
王露露	甲生产工人	3 800.00
高程	甲生产工人	2 800.00
陈紫立	乙生产工人	5 800.00
蒋雅琪	乙生产工人	5 400.00
刘溪	乙生产工人	4 800.00
高星	乙生产工人	5 000.00
曹汝坤	乙生产工人	6 000.00
陈汝生	乙生产工人	5 800.00
张裕慧	乙生产工人	5 200.00
章子林	乙生产工人	2 800.00
合计		166 800.00

编制：张泽文　　　　　　　　　　　　　　　　　审核：沈丹

表 2-37-2

工资费用分配表

2018 年 12 月 31 日

| 应借账户 | 直接计入 | 分配计入 | | | 合计 |
		生产工时(小时)	分配率	分配金额(元)	
生产成本——基本生产成本——甲——直接人工	55 100.00				55 100.00
生产成本——基本生产成本——乙——直接人工	40 800.00				40 800.00
制造费用——工资	15 450.00				15 450.00
管理费用——工资	55 450.00				55 450.00
合计	166 800.00				166 800.00

编制：张泽文　　　　　　　　　　　　　　　　　审核：沈丹

上述原始凭证中：

表 2-37-1 是工资明细表，此表应作为期末计算分配工资费用的记账依据。该原始凭证注明的内容表明，本公司 12 月"应付工资"合计是 166 800.00 元。

表 2-37-2 是工资费用分配表,此表也应作为期末计算分配工资费用的记账依据。该原始凭证注明的内容表明,本月应支付给职工的工资总额是 166 800.00 元,进行会计核算时,应记入"应付职工薪酬——工资"科目的贷方;同时,生产甲产品、乙产品、生产车间、管理部门分别应承担工资费用 55 100.00 元、40 800.00 元、15 450.00 元、55 450.00 元,进行会计核算时,应分别记入"生产成本——基本生产成本——甲——直接人工""生产成本——基本生产成本——乙——直接人工""制造费用——工资""管理费用——工资"科目的借方。

因此,该笔业务应填制记账凭证,如表 2-37-3 所示。

表 2-37-3

记 账 凭 证

2018 年 12 月 31 日

附件 2 张 第 37 号

摘要	会计科目		借方金额	贷方金额	记账
	总账科目	明细科目	百十万千百十元角分	百十万千百十元角分	
分配工资	生产成本	基本生产成本——甲——直接人工	5 5 1 0 0 0 0		
	生产成本	基本生产成本——乙——直接人工	4 0 8 0 0 0 0		
	制造费用	工资	1 5 4 5 0 0 0		
	管理费用	工资	5 5 4 5 0 0 0		
	应付职工薪酬	工资		1 6 6 8 0 0 0 0	
	合 计		¥ 1 6 6 8 0 0 0 0	¥ 1 6 6 8 0 0 0 0	

会计主管:　　　　　　记账:　　　　　　复核:　　　　　　制单:张泽文

【业务 2-38】(共 1 张原始凭证,于 2018 年 12 月 31 日取得)

表 2-38-1

五险一金计算表

2018 年 12 月 31 日　　　　　　　　　　　　　　　　　　　　　　单位:元

应借账户		工资总额	养老保险(20%)	医疗保险(8%)	失业保险(1.5%)	工伤保险(0.8%)	生育保险(0.5%)	公积金(10%)	合计
生产成本	甲	55 100.00	11 020.00	4 408.00	826.50	440.80	275.50	5 510.00	22 480.80
	乙	40 800.00	8 160.00	3 264.00	612.00	326.40	204.00	4 080.00	16 646.40
	小计	95 900.00	19 180.00	7 672.00	1 438.50	767.20	479.50	9 590.00	39 127.20
制造费用	生产车间	15 450.00	3 090.00	1 236.00	231.75	123.60	77.25	1 545.00	6 303.60
管理费用	管理部门	55 450.00	11 090.00	4 436.00	831.75	443.60	277.25	5 545.00	22 623.60
合 计		166 800.00	33 360.00	13 344.00	2 502.00	1 334.40	834.00	16 680.00	68 054.40

编制:张泽文　　　　　　　　　　　　　　　　　　　　　　　　审核:沈丹

上述原始凭证中:

表 2-38-1 是五险一金计算表,此表应作为期末计算分配五险一金的记账依据。该原始

第二章 特殊经济业务记账凭证的编制

凭证注明的内容表明,本月生产甲产品、乙产品、生产车间、管理部门分别应承担五险一金费用 22 480.80 元、16 646.40 元、6 303.60 元、22 623.60 元,进行会计核算时,应分别记入"生产成本——基本生产成本——甲——直接人工""生产成本——基本生产成本——乙——直接人工""制造费用——五险一金""管理费用——五险一金"科目的借方;此外,应上交的养老保险、医疗保险、失业保险、工伤保险、生育保险、住房公积金分别是 33 360.00 元、13 344.00 元、2 502.00 元、1 334.40 元、834.00 元、16 680.00 元,应分别记入"应付职工薪酬——设定提存计划——养老保险""应付职工薪酬——社会保险费——医疗保险""应付职工薪酬——设定提存计划——失业保险""应付职工薪酬——社会保险费——工伤保险""应付职工薪酬——社会保险费——生育保险""应付职工薪酬——住房公积金"科目的贷方。

因此,该笔业务应填制记账凭证,如表 2-38-2 和表 2-38-3 所示。

表 2-38-2　　　　　　　　　　**记 账 凭 证**　　　　　　　　附件 1 张
2018 年 12 月 31 日　　　　　　　　　　第 38 1/2 号

摘要	会计科目		借方金额	贷方金额	记账
	总账科目	明细科目	百十万千百十元角分	百十万千百十元角分	
计提五险一金	生产成本	基本生产成本——甲——直接人工	2 2 4 8 0 8 0		
	生产成本	基本生产成本——乙——直接人工	1 6 6 4 6 4 0		
	制造费用	五险一金	6 3 0 3 6 0		
	管理费用	五险一金	2 2 6 2 3 6 0		
	应付职工薪酬	设定提存计划——养老保险		3 3 3 6 0 0 0	
	合　计				

会计主管:　　　　记账:　　　　复核:　　　　制单:张泽文

表 2-38-3　　　　　　　　　　**记 账 凭 证**　　　　　　　　附件同记 38 1/2 张
2018 年 12 月 31 日　　　　　　　　　　第 38 2/2 号

摘要	会计科目		借方金额	贷方金额	记账
	总账科目	明细科目	百十万千百十元角分	百十万千百十元角分	
计提五险一金	应付职工薪酬	社会保险费——医疗保险		1 3 3 4 4 0 0	
	应付职工薪酬	设定提存计划——失业保险		2 5 0 2 0 0	
	应付职工薪酬	社会保险费——工伤保险		1 3 3 4 4 0	
	应付职工薪酬	社会保险费——生育保险		8 3 4 0 0	
	应付职工薪酬	住房公积金		1 6 6 8 0 0 0	
	合　计		¥6 8 0 5 4 4 0	¥6 8 0 5 4 4 0	

会计主管:　　　　记账:　　　　复核:　　　　制单:张泽文

【业务 2-39】（共 1 张原始凭证，于 2018 年 12 月 31 日取得）

表 2-39-1　　　　　　　　　　**发出材料单位成本计算单**

2018 年 12 月 31 日　　　　　　　　　　　　　　　金额单位：元

材料名称	单位	期初		本期入库		发出材料单价
		数量	金额	数量	金额	
A	千克	1 800	219 100.00	1 300	156 000.00	121.00
B	千克	2 600	286 000.00			110.00
合计			505 100.00		156 000.00	

编制：张泽文　　　　　　　　　　　　　　　　　　　　　　审核：沈丹

表 2-39-2　　　　　　　　　　**原材料发出汇总表**

2018 年 12 月 31 日

类别部门	A 材料		B 材料		合　计金额（元）
	数量（千克）	金额（元）	数量（千克）	金额（元）	
甲	2 500	302 500.00			302 500.00
乙			2 200	242 000.00	242 000.00
三包期内售后维修领用			5	550.00	550.00
合　计	2 500	302 500.00	2 205	242 550.00	545 050.00

编制：张泽文　　　　　　　　　　　　　　　　　　　　　　审核：沈丹

上述原始凭证中：

表 2-39-1 是发出材料单位成本计算表，此表应作为期末材料单位成本的记账依据。该原始凭证的内容表明，原材料 A、B 月末一次加权平均单位成本分别是 121.00 元、110.00 元。

表 2-39-2 是原材料发出汇总表，此表应作为期末计算分配材料费用的记账依据。该原始凭证的内容表明，本月发出 A、B 材料的成本分别为 302 500.00 元、242 550.00 元，进行会计核算时，应分别记入"原材料——A""原材料——B"科目的贷方；同时，生产甲、乙产品发生原材料费用为 302 500.00 元、242 000.00 元，三包期内售后维修领用原材料成本为 550.00 元，进行会计核算时，应分别记入"生产成本——基本生产成本——甲——直接材料""生产成本——基本生产成本——乙——直接材料""预计负债——产品质量保证"科目的借方。

因此，该笔业务应填制记账凭证，如表 2-39-3 所示。

表 2-39-3   记 账 凭 证   附件 2 张
                     2018 年 12 月 31 日   第 39 号

摘要	会计科目		借方金额									贷方金额									记账
	总账科目	明细科目	百	十	万	千	百	十	元	角	分	百	十	万	千	百	十	元	角	分	
计算并结转发出材料成本	生产成本	基本生产成本——甲——直接材料			3	0	2	5	0	0	0										
	生产成本	基本生产成本——乙——直接材料			2	4	2	0	0	0	0										
	预计负债	产品质量保证					5	5	0	0	0											
	原材料	A												3	0	2	5	0	0	0	0	
	原材料	B												2	4	2	5	5	0	0	0	
	合 计		¥	5	4	5	0	5	0	0	0	¥	5	4	5	0	5	0	0	0	

会计主管：   记账：   复核：   制单：张泽文

【业务 2-40】 （共 3 张原始凭证，于 12 月 31 日取得）

表 2-40-1   **特殊事项处理说明**
                     日期：2018 年 12 月 31 日

说明事项	本公司于 2018 年 12 月 31 日发现管理部门 2016 年 2 月投入使用的家具漏提折旧，现按折旧率 0.016 补提以前年度折旧 105 600.00 元及本年度 1～11 月份折旧 52 800.00 元，并追溯调整以前年度未分配利润及法定盈余公积。

批准：侯越宇   审核：沈丹   说明人：张泽文

表 2-40-2   **以前年度损益调整结转表**
                     2018 年 12 月 31 日

项 目	金 额（元）
以前年度利润总额	－105 600.00
以前年度所得税费用	
以前年度净利润	－105 600.00

编制：张泽文   审核：沈丹

表 2-40-3   **法定盈余公积计提及利润分配明细项目结转表**
                     2018 年 12 月 31 日

项 目	金 额（元）
提取盈余公积	－10 560.00

编制：张泽文   审核：沈丹

上述原始凭证中：

表 2-40-1 是特殊事项说明，此表应作为补提固定资产折旧的记账依据。该原始凭证的内容表明，本公司计补提了以前年度折旧 105 600.00 元及本年度 1～11 月份折旧 52 800.00 元。

表 2-40-2 是以前年度损益调整结转表，此表作为追溯调整未分配利润和盈余公积的记

账依据。该原始凭证注明的内容表明,应合计调减2016年度以及2017年度利润总额及净利润105 600.00元,并相应调减2018年年初未分配利润105 600.00元。

表2-40-3是法定盈余公积计提及利润分配明细项目结转表,应作为根据以前年度净利润调整而相应调整法定盈余公积和未分配利润的记账依据。该原始凭证注明的内容表明,应调减2018年年初法定盈余公积10 560.00元,并相应调增2018年年初未分配利润10 560.00元。

根据表2-40-1至表2-40-3进行会计核算时,首先,"金额"105 600.00元应分别记入"以前年度损益调整——管理费用"科目的借方以及"累计折旧"科目的贷方;其次,"金额"105 600.00元应追溯调整未分配利润,即分别记入"利润分配——未分配利润"科目的借方以及"以前年度损益调整——管理费用"科目的贷方;再次,追溯调整法定盈余公积,"金额"10 560.00元,分别记入"盈余公积——法定盈余公积"科目的借方以及"利润分配——未分配利润"科目的贷方;最后,补提本年度的折旧额52 800.00元分别记入"管理费用——折旧费"科目的借方以及"累计折旧"科目的贷方。

因此,该笔业务应填制记账凭证,如表2-40-4至表2-40-7所示。

表 2-40-4　　　　　　　　记　账　凭　证　　　　　　附件3张

2018年12月31日　　　　　　　　　　　　第40 1/4号

摘要	会计科目		借方金额								贷方金额								记账
	总账科目	明细科目	百	十	万	千	百	十	元	角	分	百	十	万	千	百	十	元	角	分	
补提家具	以前年度损益调整	管理费用			1	0	5	6	0	0	0	0									
折旧	累计折旧													1	0	5	6	0	0	0	0	
合　计			¥		1	0	5	6	0	0	0	0	¥		1	0	5	6	0	0	0	0	

会计主管:　　　　记账:　　　　复核:　　　　制单:张泽文

表 2-40-5　　　　　　　　记　账　凭　证　　　　　　附件同记40 1/4号张

2018年12月31日　　　　　　　　　　　　第40 2/4号

摘要	会计科目		借方金额								贷方金额								记账
	总账科目	明细科目	百	十	万	千	百	十	元	角	分	百	十	万	千	百	十	元	角	分	
补提家具	利润分配	未分配利润			1	0	5	6	0	0	0	0									
折旧	以前年度损益调整	管理费用													1	0	5	6	0	0	0	0	
合　计			¥		1	0	5	6	0	0	0	0	¥		1	0	5	6	0	0	0	0	

会计主管:　　　　记账:　　　　复核:　　　　制单:张泽文

第二章 特殊经济业务记账凭证的编制

表 2-40-6

记 账 凭 证

2018 年 12 月 31 日

附件同记 40 1/4 号张

第 40 3/4 号

摘要	会计科目		借方金额									贷方金额									记账
	总账科目	明细科目	百	十	万	千	百	十	元	角	分	百	十	万	千	百	十	元	角	分	
补提家具	盈余公积	法定盈余公积			1	0	5	6	0	0	0										
折旧	利润分配	未分配利润												1	0	5	6	0	0	0	
	合 计			¥	1	0	5	6	0	0	0		¥	1	0	5	6	0	0	0	

会计主管：　　　记账：　　　复核：　　　制单：张泽文

表 2-40-7

记 账 凭 证

2018 年 12 月 31 日

附件同记 40 1/4 号张

第 40 4/4 号

摘要	会计科目		借方金额									贷方金额									记账
	总账科目	明细科目	百	十	万	千	百	十	元	角	分	百	十	万	千	百	十	元	角	分	
补提家具	管理费用	折旧费				5	2	8	0	0	0										
折旧	累计折旧														5	2	8	0	0	0	
	合 计				¥	5	2	8	0	0	0			¥	5	2	8	0	0	0	

会计主管：　　　记账：　　　复核：　　　制单：张泽文

注：在实际工作中，非资产负债表日后期间发现涉及以前年度损益的会计差错并进行更正的，在月度或季度企业所得税预缴时不计入企业所得税预缴申报表的实际利润额，而在年度所得税汇算清缴计算应纳税所得额时进行纳税调整。因此，对补记计入"以前年度损益调整——管理费用"科目借方的管理部门 2016—2017 年度折旧 105 600.00 元，在该笔业务的会计处理时不考虑对 2018 年 12 月所得税的影响。

【业务 2-41】（共 1 张原始凭证，于 12 月 31 日取得）

表 2-41-1

固定资产折旧计算表

2018 年 12 月 31 日　　　　　　　　　　　　　　　　　　　金额单位：元

固定资产类别	使用部门	品名	单位	数量	原价	月折旧率	月折旧额
房屋建筑物	管理部门	办公楼	幢	1	5 800 000.00	0.004	23 200.00
	车间	厂房 01	幢	1	4 500 000.00	0.004	18 000.00
机器设备	车间	机器设备 F	台	1	80 000.00	0.008	640.00
		机器设备 G	台	9	540 000.00	0.008	4 320.00
		机器设备 H	台	3	300 000.00	0.008	2 400.00
		机器设备 I	台	5	250 000.00	0.008	2 000.00
运输工具	管理部门	现代轿车	辆	2	400 000.00	0.02	8 000.00

(续表)

固定资产类别	使用部门	品名	单位	数量	原价	月折旧率	月折旧额
电子设备	车间	空调 S1	台	6	36 000.00	0.026 7	961.20
		电脑 HP	台	2	11 000.00	0.026 7	293.70
	管理部门	空调 S2	台	5	30 000.00	0.026 7	801.00
		电脑 Apple	台	8	48 000.00	0.026 7	1 281.60
家具	管理部门	办公桌椅			300 000.00	0.016	4 800.00
合计					12 295 000.00		66 697.50

编制：张泽文　　　　　　　　　　　　　　　　　　　　　　　审核：沈丹

上述原始凭证中：

表 2-41-1 是固定资产折旧表，此表应作为期末计提固定资产折旧的记账依据。该原始凭证的内容表明，本公司计提了折旧，进行会计核算时，"本月折旧额"66 697.50 元应记入"累计折旧"科目的贷方；同时，该原始凭证的内容还表明生产车间承担了折旧费用 28 614.90 元、行政管理部门承担了折旧费用 38 082.60 元，进行会计核算时，应分别记入"制造费用——折旧费""管理费用——折旧费"科目的借方。

因此，该笔业务应填制记账凭证，如表 2-41-2 所示。

表 2-41-2

记 账 凭 证

2018 年 12 月 31 日

附件 1 张　第 41 号

摘要	会计科目		借方金额								贷方金额								记账
	总账科目	明细科目	百	十	万	千	百	十	元	角	分	百	十	万	千	百	十	元	角	分	
计提本月固定资产折旧	制造费用	折旧费			2	8	6	1	4	9	0										
	管理费用	折旧费			3	8	0	8	2	6	0										
	累计折旧													6	6	6	9	7	5	0	
合计			¥		6	6	6	9	7	5	0	¥		6	6	6	9	7	5	0	

会计主管：　　　　记账：　　　　复核：　　　　制单：张泽文

【业务 2-42】（共 2 张原始凭证，于 12 月 31 日取得）

表 2-42-1

生产工时明细表

2018 年 12 月 31 日

产品名称	工时数(小时)
甲	2 500
乙	2 000
合计	4 500

编制：张泽文　　　　　　　　　　　　　　　　　　　　　　　审核：沈丹

表 2-42-2　　　　　　　　　　**制造费用分配表**
2018 年 12 月 31 日

产品名称	生产工时（小时）	分配率	分配金额（元）
甲	2 500		29 138.00
乙	2 000		23 310.50
合计	4 500	11.655 2	52 448.50

编制：张泽文　　　　　　　　　　　　　　　　　　　　　　　审核：沈丹

上述原始凭证中：

表 2-42-1 是生产工时明细表，此表应作为期末计算分配人工费用和制造费用等的记账依据。该原始凭证的内容表明，本月生产产品甲、乙耗用的生产工时分别为 2 500 小时、2 000 小时。

表 2-42-2 是制造费用分配表，此表应作为期末计算分配制造费用的记账依据。该原始凭证注明的内容表明，本月生产甲、乙产品分别应承担制造费用 29 138.00 元和 23 310.50 元，应分别记入"生产成本——基本生产成本——甲——制造费用"和"生产成本——基本生产成本——乙——制造费用"科目的借方；此外，本月在"制造费用"科目借方归集的产品生产间接费用，应按照各明细科目的借方发生额分别记入"制造费用"各明细科目的贷方。

因此，该笔业务应填制记账凭证，如表 2-42-3 所示。

表 2-42-3　　　　　　　　　　**记 账 凭 证**　　　　　　　　　　附件 2 张
2018 年 12 月 31 日　　　　　　　　　　　　　　　　　　　　　　第 42 号

| 摘要 | 会计科目 | | 借方金额 | | | | | | | | 贷方金额 | | | | | | | | 记账 |
	总账科目	明细科目	百	十	万	千	百	十	元	角	分	百	十	万	千	百	十	元	角	分	
结转制造费用	生产成本	基本生产成本——甲——制造费用			2	9	1	3	8	0	0										
	生产成本	基本生产成本——乙——制造费用			2	3	3	1	0	5	0										
	制造费用	工资												1	5	4	5	0	0	0	
		五险一金													6	3	0	3	6	0	
		折旧费												3	0	6	9	4	9	0	
合计			¥		5	2	4	4	8	5	0	¥		5	2	4	4	8	5	0	

会计主管：　　　　　记账：　　　　　复核：　　　　　制单：张泽文

【业务 2-43】（共 3 张原始凭证，于 12 月 31 日取得）

表 2-43-1　　　　　　　　　　　产品产量明细表

2018 年 12 月 31 日　　　　　　　　　　　　　　　　　单位：件

产品	月初在产品数量	本月投产产品数量	本月完工产品数量	本月产品入库数量	月末在产品数量	投料率	期末在产品完工率
甲	100	1 600	1 500	1 500	200	100%	50%
乙	50	1 150	1 100	1 100	100	100%	80%

编制：张泽文　　　　　　　　　　　　　　　　　　　　　　　　　审核：沈丹

表 2-43-2　　　　　　　　　　　产品成本计算单

产品名称：甲　　　　　　　2018 年 12 月 31 日　　　　　　　　　　单位：元

摘要	直接材料	直接人工	制造费用	合计
期初在产品成本	18 900.00	2 125.00	1 138.00	22 163.00
本月发生费用	302 500.00	77 580.80	29 138.00	409 218.80
生产费用合计	321 400.00	79 705.80	30 276.00	431 381.80
完工产品成本	283 590.00	74 730.00	28 380.00	386 700.00
月末在产品成本	37 810.00	4 975.80	1 896.00	44 681.80

编制：张泽文　　　　　　　　　　　　　　　　　　　　　　　　　审核：沈丹

表 2-43-3　　　　　　　　　　　产品成本计算单

产品名称：乙　　　　　　　2018 年 12 月 31 日　　　　　　　　　　单位：元

摘要	直接材料	直接人工	制造费用	合计
期初在产品成本	10 525.00	1 225.00	635.20	12 385.20
本月发生费用	242 000.00	57 446.40	23 310.50	322 756.90
生产费用合计	252 525.00	58 671.40	23 945.70	335 142.10
完工产品成本	231 484.00	54 692.00	22 319.00	308 495.00
月末在产品成本	21 041.00	3 979.40	1 626.70	26 647.10

编制：张泽文　　　　　　　　　　　　　　　　　　　　　　　　　审核：沈丹

上述原始凭证中：

表 2-43-1 是产品产量明细表，此表应作为期末计算分配产品生产成本的记账依据。该原始凭证的内容表明了甲、乙的月初在产品数量、本月投产数量、本月完工入库数量、月末在产品数量及其完工比率，其中本月本公司有 1 500 件甲产品和 1 100 件乙产品已经完工验收入库。

表 2-43-2 是产品成本计算单，此单应作为期末结转完工产品成本的记账依据。该原始凭证的内容表明，本月完工甲产品的成本是 386 700.00 元。

表 2-43-3 是产品成本计算单，此单应作为期末结转完工产品成本的记账依据。该原始凭证的内容表明，本月完工乙产品的成本是 308 495.00 元。

根据表 2-43-1 至表 2-43-3 进行会计核算时,完工入库的 1 500 件甲产品和 1 100 件乙产品的成本应分别记入"库存商品——甲""库存商品——乙"科目的借方;本月在"生产成本——基本生产成本"科目借方归集的产品生产费用中完工入库部分对应的直接材料、直接人工、制造费用,应按照各自的借方发生额分别记入"生产成本——基本生产成本"各明细科目的贷方。

因此,该笔业务应填制记账凭证,如表 2-43-4 和表 2-43-5 所示。

表 2-43-4　　　　　　　　　　　**记 账 凭 证**　　　　　　　　　　附件 3 张

2018 年 12 月 31 日　　　　　　　　　　　　　　　　　　第 43 1/2 号

摘要	会计科目		借方金额									贷方金额									记账
	总账科目	明细科目	百	十	万	千	百	十	元	角	分	百	十	万	千	百	十	元	角	分	
结转完工产品成本	库存商品	甲		3	8	6	7	0	0	0	0										
	生产成本	基本生产成本——甲——直接材料											2	8	3	5	9	0	0	0	
		基本生产成本——甲——直接人工												7	4	7	3	0	0	0	
		基本生产成本——甲——制造费用												2	8	3	8	0	0	0	
合　计			¥	3	8	6	7	0	0	0	0	¥	3	8	6	7	0	0	0	0	

会计主管:　　　记账:　　　复核:　　　制单:张泽文

表 2-43-5　　　　　　　　　　　**记 账 凭 证**　　　　　　　　　　附件同记 43 1/2 号张

2018 年 12 月 31 日　　　　　　　　　　　　　　　　　　第 43 2/2 号

摘要	会计科目		借方金额									贷方金额									记账
	总账科目	明细科目	百	十	万	千	百	十	元	角	分	百	十	万	千	百	十	元	角	分	
结转完工产品成本	库存商品	乙			3	0	8	4	9	5	0	0									
	生产成本	基本生产成本——乙——直接材料												2	3	1	4	8	4	0	0	
		基本生产成本——乙——直接人工													5	4	6	9	2	0	0	
		基本生产成本——乙——制造费用													2	2	3	1	9	0	0	
合　计			¥		3	0	8	4	9	5	0	0	¥	3	0	8	4	9	5	0	0	

会计主管:　　　记账:　　　复核:　　　制单:张泽文

【业务 2-44】(共 2 张原始凭证,于 12 月 31 日取得)

表 2-44-1　　　　　　　　　　单位产品成本计算单　　　　　　　　计量单位:件
2018 年 12 月 31 日　　　　　　　　　　　金额单位:元

产品名称	期初结存		本期入库及销售退回		单位成本
	数量	金额	数量	金额	
甲	1 600	392 000.00	1 500	386 700.00	251.19
乙	900	238 500.00	1 100	308 495.00	273.50
合计	2 500	630 500.00	2 600	695 195.00	

编制:张泽文　　　　　　　　　　　　　　　　　　　　　　　　　审核:沈丹

表 2-44-2　　　　　　　　　　销售产品成本结转表　　　　　　　　计量单位:件
2018 年 12 月 31 日　　　　　　　　　　　金额单位:元

用途	产品名称甲			产品名称			合计
	数量	单位成本	总成本	数量	单位成本	总成本	
销售	3 000	251.19	753 570.00				753 570.00
合计	3 000		753 570.00				753 570.00

编制:张泽文　　　　　　　　　　　　　　　　　　　　　　　　　审核:沈丹

上述原始凭证中:

表 2-44-1 是单位产品成本计算单,此表作为期末计算产成品销售成本的记账依据。该原始凭证注明的内容表明,甲、乙产品的单位成本分别为 251.19 元、273.50 元。

表 2-44-2 是销售产品成本结转算表,此表也作为期末计算产成品销售成本的记账依据。该原始凭证注明的内容表明,本公司本月销售甲产品的总成本为 753 570.00 元,进行会计核算时,应记入"主营业务成本——商品销售成本——甲"科目的借方;同时,应记入"库存商品——甲"科目的贷方。

因此,该笔业务应填制记账凭证,如表 2-44-3 所示。

表 2-44-3　　　　　　　　　　　记　账　凭　证　　　　　　　　　附件 2 张
2018 年 12 月 31 日　　　　　　　　　　　第 44 号

摘要	会计科目		借方金额								贷方金额								记账
	总账科目	明细科目	百	十	万	千	百	十	元	角	分	百	十	万	千	百	十	元	角	分	
结转销售产	主营业务成本	商品销售成本——甲			7	5	3	5	7	0	0										
品成本	库存商品	甲												7	5	3	5	7	0	0	0
合　　计			¥		7	5	3	5	7	0	0	¥		7	5	3	5	7	0	0	0

会计主管:　　　　　记账:　　　　　复核:　　　　　制单:张泽文

第二章　特殊经济业务记账凭证的编制

【业务 2-45】（共 1 张原始凭证，于 12 月 31 日取得）

表 2-45-1　　　　　　　　　　　**应交增值税计算表**

2018 年 12 月 31 日

一、增值税	金　额（元）
销项税额	119 360.00
进项税额	70 182.51
上期留抵税额	
进项税额转出	8 105.08
免、抵、退应退税额	
应纳税额	57 282.57
期末留抵税额	
简易征收办法计算的应纳税额	
应纳税额减征额	
应纳税额合计	57 282.57

编制：张泽文　　　　　　　　　　　　　　　　　　　　　　　　审核：沈丹

上述原始凭证中：

表 2-45-1 是应交增值税计算表，此表应作为企业期末计算增值税的记账依据。该原始凭证注明，本公司本月"销项税额"为 119 360.00 元，"进项税额"为 70 182.51 元，"上月留抵税额"无余额，"进项税额转出"为 8 105.08 元，"免、抵、退应退税额"无余额，从而计算出本月"应纳税额"为 57 282.57 元。进行会计核算时，"进项税额转出"8 105.08 元[810 508.32×(16%－15%)]，为出口销售甲产品不得免征和抵扣税额，应分别记入"主营业务成本——商品销售成本——甲"科目的借方以及"应交税费——应交增值税——进项税额转出"科目的贷方；结合[业务 2-3]，出口退税金额 121 576.25 元(810 508.32×15%)应分别记入"应交税费——应交增值税——出口抵减内销产品应纳税额"科目的借方以及"应交税费——应交增值税——出口退税"科目的贷方；"应纳税额合计"57 282.57 元应分别记入"应交税费——应交增值税——转出未交增值税"科目的借方以及"应交税费——未交增值税"科目的贷方。

因此，该笔业务应填制记账凭证，如表 2-45-2 至表 2-45-4 所示。

表 2-45-2　　　　　　　　　　　　**记　账　凭　证**　　　　　　　　　附件 1 张

2018 年 12 月 31 日　　　　　　　　　　　　第 45 1/3 号

摘要	会计科目		借方金额									贷方金额									记账
	总账科目	明细科目	百	十	万	千	百	十	元	角	分	百	十	万	千	百	十	元	角	分	
转出不予免	主营业务成本	商品销售成本——甲			8	1	0	5	0	8												
抵增值税	应交税费	应交增值税——进项税额转出													8	1	0	5	0	8		
	合　计			¥	8	1	0	5	0	8			¥	8	1	0	5	0	8		

会计主管：　　　　　　记账：　　　　　　复核：　　　　　　制单：张泽文

表 2-45-3

记 账 凭 证

2018 年 12 月 31 日

附件同记 45 1/3 号张

第 45 2/3 号

摘要	会计科目		借方金额									贷方金额									记账
	总账科目	明细科目	百	十	万	千	百	十	元	角	分	百	十	万	千	百	十	元	角	分	
出口退税	应交税费	应交增值税——出口抵减内销产品应纳税额			1	2	1	5	7	6	2	5									
	应交税费	应交增值税——出口退税													1	2	1	5	7	6	2	5	
合 计			¥		1	2	1	5	7	6	2	5	¥		1	2	1	5	7	6	2	5	

会计主管：　　　　记账：　　　　　　　复核：　　　　　　　制单：张泽文

表 2-45-4

记 账 凭 证

2018 年 12 月 31 日

附件同记 45 1/3 号张

第 45 3/3 号

摘要	会计科目		借方金额									贷方金额									记账
	总账科目	明细科目	百	十	万	千	百	十	元	角	分	百	十	万	千	百	十	元	角	分	
计算应交	应交税费	应交增值税——转出未交增值税			5	7	2	8	2	5	7										
增值税	应交税费	未交增值税												5	7	2	8	2	5	7	
合 计			¥		5	7	2	8	2	5	7	¥		5	7	2	8	2	5	7	

会计主管：　　　　记账：　　　　　　　复核：　　　　　　　制单：张泽文

【业务 2-46】（共 1 张原始凭证，于 12 月 31 日取得）

表 2-46-1　　城市维护建设税、教育费附加、地方教育费附加计算表

2018 年 12 月 31 日　　　　　　　　　　　　　　　　　　　　单位：元

税（费）种	增值税	税率（增收率）	本期应纳税费	本期已缴税费	本期应补（退）税费
城市维护建设税（市区）	178 858.82	7%	12 520.12		12 520.12
教育费附加	178 858.82	3%	5 365.76		5 365.76
地方教育费附加	178 858.82	2%	3 577.18		3 577.18
合计			21 463.06		21 463.06

编制：张泽文　　　　　　　　　　　　　　　　　　　审核：沈丹

上述原始凭证中：

表 2-46-1 是城市维护建设税、教育费附加、地方教育费附加计算表，此表应作为企业期

第二章 特殊经济业务记账凭证的编制

末计算城市维护建设税及教育费附加的记账依据。该原始凭证注明,城市维护建设税、教育费附加、地方教育费附加的计缴依据本月合计应交增值税的税额 178 858.82 元(由当期增值税应纳税额 57 282.57 元以及出口抵减内销产品应纳税额 121 576.25 元两部分构成),"城市维护建设税"的"本期应纳税额"是 12 520.12 元,"教育费附加"的"本期应纳税额"是 5 365.76元,"地方教育费附加"的"本期应纳税额"是 3 577.18 元,"本期已缴税费"均无余额,"本期应补税费"即为"本期应纳税额",这表明本公司本月发生了税金及附加费用,进行会计核算时,"本期应补(退)税费"金额 12 520.12 元、5 365.76 元、3 577.18 元应分别记入"税金及附加——城市维护建设税""税金及附加——教育费附加""税金及附加——地方教育费附加"科目的借方以及"应交税费——应交城市维护建设税""应交税费——应交教育费附加"和"应交税费——应交地方教育费附加"科目的贷方。

因此,该笔业务应填制记账凭证,如表 2-46-2 和表 2-46-3 所示。

表 2-46-2

记 账 凭 证

附件 1 张
2018 年 12 月 31 日　　　　　　　　　　第 46 1/2 号

摘要	会计科目		借方金额								贷方金额								记账
	总账科目	明细科目	百	十	万	千	百	十	元	角	分	百	十	万	千	百	十	元	角	分	
计算城市维护建设税	税金及附加	城市维护建设税			1	2	5	2	0	1	2										
教育费附加	税金及附加	教育费附加				5	3	6	5	7	6										
地方教育费附加	税金及附加	地方教育费附加				3	5	7	7	1	8										
	应交税费	应交城市维护建设税												1	2	5	2	0	1	2	
	应交税费	应交教育费附加													5	3	6	5	7	6	
合　计																					

会计主管:　　　记账:　　　复核:　　　制单:张泽文

表 2-46-3

记 账 凭 证

附件同记 46 1/2 号张
2018 年 12 月 31 日　　　　　　　　　　第 46 2/2 号

摘要	会计科目		借方金额									贷方金额									记账
	总账科目	明细科目	百	十	万	千	百	十	元	角	分	百	十	万	千	百	十	元	角	分	
计算城市维护建设税	应交税费	应交地方教育费附加													3	5	7	7	1	8	
教育费附加																					
地方教育费附加																					
合　计			¥	2	1	4	6	3	0	6		¥	2	1	4	6	3	0	6		

会计主管:　　　记账:　　　复核:　　　制单:张泽文

【业务 2-47】（共 1 张原始凭证，于 12 月 31 日取得）

表 2-47-1　　　　　　　　　　　**无形资产摊销计算表**

2018 年 12 月 31 日　　　　　　　　　　　　　　　　　　　　　单位：元

名　称	账面原价	摊销期限（年）	月摊销额	类型	使用部门
．NHY	60 000.00	10	500.00	非专利技术	自用
合　计					

编制：张泽文　　　　　　　　　　　　　　　　　　　　　　审核：沈丹

上述原始凭证中：

表 2-47-1 是无形资产摊销计算表，此表应作为期末摊销无形资产的记账依据。该原始凭证注明的内容表明，本公司摊销了非专利技术 NHY 的价值 500.00 元，进行会计核算时，应分别记入"管理费用——无形资产摊销费"科目的借方以及"累计摊销——非专利技术 NHY"科目的贷方。

因此，该笔业务应填制记账凭证，如表 4-47-2 所示。

表 2-47-2　　　　　　　　　　　**记 账 凭 证**　　　　　　　　　　附件 1 张

2018 年 12 月 31 日　　　　　　　　　　　　　　　　　　　　　第 47 号

摘要	会计科目		借方金额								贷方金额								记账
	总账科目	明细科目	百	十	万	千	百	十	元	角	分	百	十	万	千	百	十	元	角	分	
摊销非专利	管理费用	无形资产摊销费					5	0	0	0	0										
技术 NHY	累计摊销	非专利技术 NHY														5	0	0	0	0	
合　计						¥	5	0	0	0	0				¥	5	0	0	0	0	

会计主管：　　　　记账：　　　　复核：　　　　制单：张泽文

【业务 2-48】（共 1 张原始凭证，于 12 月 31 日取得）

表 2-48-1　　　　　　　　　　　**应交所得税计算表**

2018 年 12 月 31 日

项　目	金　额（元）
营业收入	1 350 508.32
营业成本	761 675.08
利润总额	346 394.88

(续表)

项 目	金 额(元)
加:特定业务计算的应纳税所得额	
减:不征税收入和税基减免应纳税所得额	
固定资产加速折旧(扣除)调减额	219 942.63
弥补以前年度亏损	
实际利润额	126 452.25
税率(25%)	
应纳所得税额	31 613.06
减:减免所得税额	
实际已预缴所得税额	
特定业务预缴(征)所得税额	
应补(退)所得税额	
减:以前年度多缴在本期抵缴所得税额	
本月(季)实际应补(退)所得税额	31 613.06

编制:张泽文　　　　　　　　　　　　　　　　　　审核:沈丹

上述原始凭证中:

表2-48-1是应交所得税计算表,此表应作为期末计算本期所得税费用的记账依据。该原始凭证注明的内容表明,本公司本月"利润总额"是346 394.88元,"固定资产加速折旧(扣除)调减额"是219 942.63元,"实际利润额"是126 452.25元,按照适用税率计算得出"应纳所得税额"是31 613.06元,进行会计核算时,"应纳所得税额"31 613.06元应记入"所得税费用——当期所得税费用"科目的借方以及"应交税费——应交所得税"科目的贷方。

因此,该笔业务应填制记账凭证,如表2-48-2所示。

表2-48-2　　　　　　　　　　　　记 账 凭 证　　　　　　　　　　　附件1张

2018年12月31日　　　　　　　　　　　　　　　　　　　　　　　　　第48号

摘要	会计科目		借方金额								贷方金额								记账
	总账科目	明细科目	百	十	万	千	百	十	元	角	分	百	十	万	千	百	十	元	角	分	
计算应交所得税	所得税费用	当期所得税费用				3	1	6	1	3	0	6									
	应交税费	应交所得税														3	1	6	1	3	0	6	
合　　计			¥			3	1	6	1	3	0	6	¥			3	1	6	1	3	0	6	

会计主管:　　　　　记账:　　　　　复核:　　　　　制单:张泽文

【业务2-49】（共1张原始凭证,于12月31日取得）

表 2-49-1   递延所得税资产、负债计算表

2018年12月31日   单位:元

项 目	2018年12月31日应有余额	2018年12月31日账面余额	应确认金额	应转回金额
递延所得税资产——坏账准备	11 357.5	7 500.00	3 857.50	
递延所得税资产——预计负债——未决诉讼	12 375.00		12 375.00	
递延所得税资产——预计负债——产品质量保证	9 401.21	3 837.16	5 564.05	
递延所得税资产——可供出售金融资产公允价值变动——东方股份	3 754.72		3 754.72	
递延所得税负债——交易性金融资产公允价值变动损益——沪江股份	2 500.00		2 500.00	
递延所得税负债——固定资产加速折旧	54 985.66		54 985.66	

编制:张泽文   审核:沈丹

上述原始凭证中:

表 2-49-1 是递延所得税资产、负债计算表,此表应作为企业年末计算递延所得税资产和递延所得税负债的记账依据。该原始凭证注明,"递延所得税资产——坏账准备"2018年12月31日应有余额为 11 357.50 元,2018 年 12 月 31 日账面余额为 7 500.00 元,本期应确认"递延所得税资产——坏账准备"3 857.50 元;"递延所得税资产——预计负债——未决诉讼"2018 年 12 月 31 日应有余额为 12 500.00 元,2018 年 12 月 31 日账面无余额,本期应确认"递延所得税资产——预计负债——未决诉讼"12 500.00 元;"递延所得税资产——预计负债——产品质量保证"2018 年 12 月 31 日应有余额为 9 401.21 元,2018 年 12 月 31 日账面余额为 3 837.16 元,本期应确认"递延所得税资产——预计负债——产品质量保证"5 564.05 元;"递延所得税资产——可供出售金融资产公允价值变动——东方股份"2018 年 12 月 31 日应有余额为 3 754.72 元,2018 年 12 月 31 日账面无余额,本期应确认"递延所得税资产——可供出售金融资产公允价值变动——东方股份"3 754.72 元;"递延所得税负债——交易性金融资产公允价值变动损益——沪江股份"2018 年 12 月 31 日应有余额为 2 500.00 元,2018 年 12 月 31 日账面无余额,本期应确认"递延所得税负债——交易性金融资产公允价值变动损益——沪江股份"2 500.00 元;"递延所得税负债——固定资产加速折旧"2018 年 12 月 31 日应有余额为 54 985.66 元,2018 年 12 月 31 日账面无余额,本期应确认"递延所得税负债——固定资产加速折旧"54 985.66 元。进行会计核算时,本期确认的与坏账准备、未决诉讼、产品质量保证相关的递延所得税资产金额应分别记入"递延所得税资产——坏账准备""递延所得税资产——预计负债——未决诉讼""递延所得税资产——预计负债——产品质量保证"科目的借方以及"所得税费用——递延所得税费用"科目的贷方;本

期确认的与东方股份公允价值变动相关的递延所得税资产金额应分别记入"递延所得税资产——可供出售金融资产公允价值变动——东方股份"科目的借方以及"其他综合收益——可供出售金融资产公允价值变动——东方股份"科目的贷方;本期确认的与沪江股份公允价值变动、固定资产加速折旧相关的递延所得税负债金额应分别记入"所得税费用——递延所得税费用"科目的借方以及"递延所得税负债——交易性金融资产公允价值变动损益——沪江股份""递延所得税负债——固定资产加速折旧"科目的贷方。

因此,该笔业务应填制记账凭证,如表 2-49-2 至表 2-49-4 所示。

表 2-49-2　　　　　　　　　　**记 账 凭 证**　　　　　　　　附件 1 张

2018 年 12 月 31 日　　　　　　　　　　　　　　第 49 1/3 号

摘要	会计科目		借方金额								贷方金额								记账
	总账科目	明细科目	百	十	万	千	百	十	元	角	分	百	十	万	千	百	十	元	角	分	
计算递延所得税	递延所得税资产	坏账准备				3	8	5	7	5	0										
	递延所得税资产	未决诉讼			1	2	3	7	5	0	0										
	递延所得税资产	预计负债——产品质量保证				5	5	6	4	0	5										
	所得税费用	递延所得税费用												2	1	7	9	6	5	5	
合　计			¥		2	1	7	9	6	5	5	¥		2	1	7	9	6	5	5	

会计主管:　　　记账:　　　复核:　　　制单:张泽文

表 2-49-3　　　　　　　　　　**记 账 凭 证**　　　　　　　附件同记 49 1/3 号张

2018 年 12 月 31 日　　　　　　　　　　　　　　第 49 2/3 号

摘要	会计科目		借方金额								贷方金额								记账
	总账科目	明细科目	百	十	万	千	百	十	元	角	分	百	十	万	千	百	十	元	角	分	
计算递延所得税	递延所得税资产	可从出售金融资产公允价值变动——东方股份				3	7	5	4	7	2										
	其他综合收益	可供出售金融资产公允价值变动——东方股份													3	7	5	4	7	2	
合　计			¥			3	7	5	4	7	2	¥			3	7	5	4	7	2	

会计主管:　　　记账:　　　复核:　　　制单:张泽文

表 2-49-4

记 账 凭 证

2018 年 12 月 31 日

附件同记 49 1/3 号张
第 49 3/3 号

摘要	会计科目		借方金额	贷方金额	记账
	总账科目	明细科目	百十万千百十元角分	百十万千百十元角分	
计算递延所得税	所得税费用	递延所得税费用	5 7 4 8 5 6 6		
	递延所得税负债	交易性金融资产公允价值变动损益——沪江股份		2 5 0 0 0 0	
	递延所得税负债	固定资产加速折旧		5 4 9 8 5 6 6	
	合　计		¥ 5 7 4 8 5 6 6	¥ 5 7 4 8 5 6 6	

会计主管：　　　　记账：　　　　复核：　　　　制单：张泽文

【业务 2-50】（共 1 张原始凭证，于 12 月 31 日取得）

表 2-50-1

损益类账户发生额结转表

2018 年 12 月 31 日　　　　　　　　　　　　　　　　　　　　　　单位：元

账户名称	借方累计发生额	贷方累计发生额
主营业务收入		1 350 508.32
公允价值变动损益		10 000.00
资产处置损益		44 080.00
投资收益		37.74
主营业务成本	761 675.08	
财务费用	7 579.84	
销售费用	4 051.52	
税金及附加	21 463.06	
管理费用	169 456.20	
资产减值损失	21 280.00	
营业外支出	72 650.00	
所得税费用	67 302.17	
合　计	1 125 495.61	1 404 588.32

编制：张泽文　　　　　　　　　　　　　　　　　　　　　　　　审核：沈丹

上述原始凭证中：

表 2-50-1 是损益类账户发生额结转表，此表应作为期末结转损益类科目的记账依据。

该原始凭证注明的内容表明,本公司本月收入类科目发生额合计为 1 404 550.58 元,期末结转时,应从"主营业务收入""投资收益""公允价值变动损益"和"资产处置损益"各明细科目的借方转入"本年利润"科目的贷方。同时,本公司本月费用类科目发生额合计为 1 125 457.87 元,应分别从"主营业务成本""税金及附加""管理费用""销售费用""财务费用""资产减值损失""营业外支出"和"所得税费用"各明细科目的贷方转入"本年利润"科目的借方。

因此,该笔业务应填制记账凭证,如表 2-50-2 至表 2-50-6 所示。

表 2-50-2

记 账 凭 证

2018 年 12 月 31 日　　　　　　　　　　　附件 1 张　　第 50 1/5 号

摘要	会计科目		借方金额								贷方金额								记账
	总账科目	明细科目	百	十	万	千	百	十	元	角	分	百	十	万	千	百	十	元	角	分	
结转损益	主营业务收入	商品销售收入——甲		1	3	5	0	5	0	8	3	2										
	公允价值变动损益	交易性金融资产公允价值变动损益				1	0	0	0	0	0	0										
	资产处置损益	非流动资产处置利得				4	4	0	8	0	0	0										
	本年利润													1	4	0	4	5	5	0	5	8
	投资收益	交易手续费																3	7	7	4
合 计				1	4	0	4	5	8	8	3	2		1	4	0	4	5	8	8	3	2

会计主管:　　　　记账:　　　　复核:　　　　制单:张泽文

表 2-50-3

记 账 凭 证

2018 年 12 月 31 日　　　　　　　　附件同记 50 1/5 号张　　第 50 2/5 号

摘要	会计科目		借方金额								贷方金额								记账
	总账科目	明细科目	百	十	万	千	百	十	元	角	分	百	十	万	千	百	十	元	角	分	
结转损益	本年利润			1	1	2	5	4	5	7	8	7										
	财务费用	利息收入						8	8	1	6											
	主营业务成本	商品销售成本——甲													7	6	1	6	7	5	0	8
	财务费用	汇兑差额														7	6	6	8	0	0
	销售费用	预计商品质量保证损失														4	0	5	1	5	2
合 计																						

会计主管:　　　　记账:　　　　复核:　　　　制单:张泽文

表 2-50-4

记 账 凭 证

2018 年 12 月 31 日

附件同记 50 1/5 号张

第 50 3/5 号

摘要	会计科目		借方金额									贷方金额									记账
	总账科目	明细科目	百	十	万	千	百	十	元	角	分	百	十	万	千	百	十	元	角	分	
结转损益	税金及附加	城市维护建设税												1	2	5	2	0	1	2	
	税金及附加	教育费附加													5	3	6	5	7	6	
	税金及附加	地方教育费附加													3	5	7	7	1	8	
	管理费用	工资												5	5	4	5	0	0	0	
	管理费用	五险一金												2	2	6	2	3	6	0	
	合 计																				

会计主管：　　　　记账：　　　　复核：　　　　制单：张泽文

表 2-50-5

记 账 凭 证

2018 年 12 月 31 日

附件同记 50 1/5 号张

第 50 4/5 号

摘要	会计科目		借方金额									贷方金额									记账
	总账科目	明细科目	百	十	万	千	百	十	元	角	分	百	十	万	千	百	十	元	角	分	
结转损益	管理费用	折旧费													9	0	8	8	2	6	0
	管理费用	无形资产摊销费														5	0	0	0	0	0
	资产减值损失	坏账损失													2	1	2	8	0	0	0
	营业外支出	债务重组损失													2	3	1	5	0	0	0
	营业外支出	赔偿损失													4	9	5	0	0	0	0
	合 计																				

会计主管：　　　　记账：　　　　复核：　　　　制单：张泽文

表 2-50-6

记 账 凭 证

2018 年 12 月 31 日

附件同记 50 1/5 号张

第 50 5/5 号

摘要	会计科目		借方金额									贷方金额									记账
	总账科目	明细科目	百	十	万	千	百	十	元	角	分	百	十	万	千	百	十	元	角	分	
结转损益	所得税费用	当期所得税费用													3	1	6	1	3	0	6
	所得税费用	递延所得税费用													3	5	6	8	9	1	1
	合 计			1	1	2	5	5	4	6	0	3		1	1	2	5	5	4	6	0	3

会计主管：　　　　记账：　　　　复核：　　　　制单：张泽文

【业务 2-51】 （共 1 张原始凭证，于 12 月 31 日取得）

表 2-51-1　　　　　　　　　　　**年度净利润计算及结转表**

2018 年 12 月 31 日　　　　　　　　　　　　　　　　　单位：元

项　目	金　　额
利润总额	2 288 096.43
所得税费用	552 727.56
净利润	1 735 368.87

编制：张泽文　　　　　　　　　　　　　　　　　　　　审核：沈丹

上述原始凭证中：

表 2-51-1 是年度净利润计算及结转表，此表应作为结转本年利润的记账依据。该原始凭证注明的内容表明，本公司本年度的净利润为 1 735 368.87 元，进行会计核算时，应分别记入"本年利润"科目的借方以及"利润分配——未分配利润"科目的贷方。

因此，该笔业务应填制记账凭证，如表 2-51-2 所示。

表 2-51-2　　　　　　　　　　　　**记 账 凭 证**

附件 1 张

2017 年 12 月 31 日　　　　　　　　　　　　　　　　　第 51 号

摘要	会计科目		借方金额									贷方金额									记账
	总账科目	明细科目	百	十万	万	千	百	十	元	角	分	百	十万	万	千	百	十	元	角	分	
结转本年利润	本年利润			1	7	3	5	3	6	8	7										
	利润分配	未分配利润											1	7	3	5	3	6	8	7	
合　　计				1	7	3	5	3	6	8	7		1	7	3	5	3	6	8	7	

会计主管：　　　　　记账：　　　　　复核：　　　　　制单：张泽文

【业务 2-52】 （共 1 张原始凭证，于 12 月 31 日取得）

表 2-52-1　　　　　　　　　　　**计提盈余公积计算表**

2018 年 12 月 31 日

项目	计提比例	金额（元）
法定盈余公积	10%	173 536.89

编制：张泽文　　　　　　　　　　　　　　　　　　　　审核：沈丹

上述原始凭证中：

表 2-52-1 是计提盈余公积计算表，此表应作为企业期末计提盈余公积的记账依据。该原始凭证注明的内容表明，本公司按年度净利润的 10% 提取法定盈余公积 173 536.89 元，进行会计核算时，应分别记入"利润分配——提取法定盈余公积"科目的借方和"盈余公积——法定盈余公积"科目的贷方。

因此，该笔业务应填制记账凭证，如表 2-52-2 所示。

表 2-52-2　　　　　　　　　　　　　　记 账 凭 证　　　　　　　　　　　附件 1 张

2018 年 12 月 31 日　　　　　　　　　　　　　　　　　　　　　　　　　　第 52 号

摘要	会计科目		借方金额									贷方金额									记账
	总账科目	明细科目	百	十万	万	千	百	十	元	角	分	百	十万	万	千	百	十	元	角	分	
计提法定	利润分配	提取法定盈余公积		1	7	3	5	3	6	8	9										
盈余公积	盈余公积	法定盈余公积											1	7	3	5	3	6	8	9	
合　计			¥	1	7	3	5	3	6	8	9	¥	1	7	3	5	3	6	8	9	

会计主管：　　　　　记账：　　　　　复核：　　　　　制单：张泽文

【业务 2-53】（共 1 张原始凭证，于 12 月 31 日取得）

表 2-53-1　　　　　　　　　　利润分配明细项目结转表

2018 年 12 月 31 日

项　目	金　额（元）
提取法定盈余公积	173 536.89

编制：张泽文　　　　　　　　　　　　　　　　　　　　　　　　　审核：沈丹

上述原始凭证中：

表 2-53-1 是利润分配明细项目结转表，此表应作为企业期末结转利润分配各明细科目的记账依据。该原始凭证注明的内容表明，本公司已经按年度净利润的 10% 提取法定盈余公积 173 536.89 元，进行会计核算时，应分别记入"利润分配——未分配利润"科目的借方以及"利润分配——提取法定盈余公积"科目的贷方。

因此，该笔业务应填制记账凭证，如表 2-53-2 所示。

表 2-53-2　　　　　　　　　　　　　记 账 凭 证　　　　　　　　　　附件 1 张
　　　　　　　　　　　　　　　　　2018 年 12 月 31 日　　　　　　　　　　第 53 号

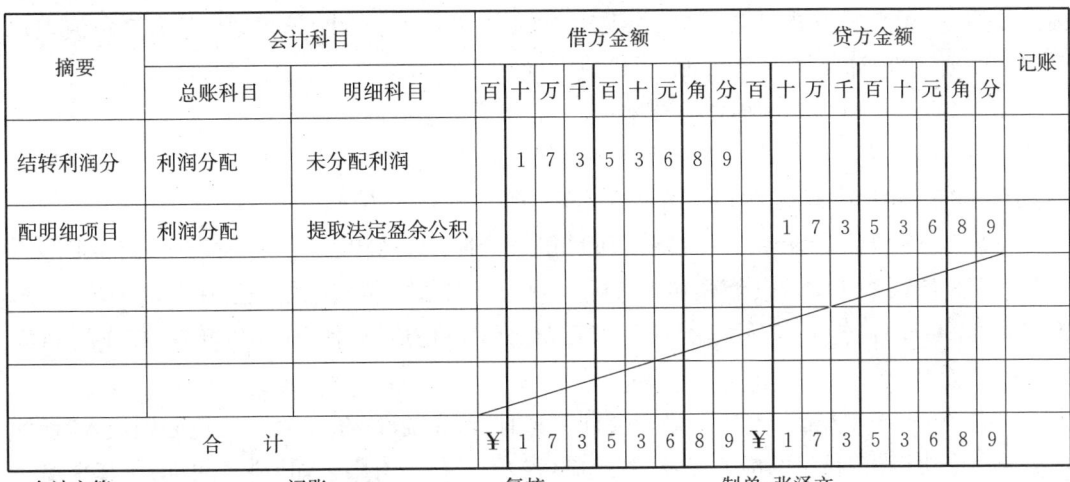

会计主管：　　　　　记账：　　　　　复核：　　　　　制单：张泽文

【业务 2-54】（共 3 张原始凭证，于 1 月 8 日取得）

表 2-54-1

经理办公会议纪要
根据常州市中级人民法院关于公司合同违约的判决，应赔偿振华有限公司 49 500.00 元（金额大写：肆万玖仟伍佰元整），冲减已计提预计负债 49 500.00 元。
参加人员：侯越宇　沈丹　高杰　盛海军　　　　　　　　　　　　　　　2019 年 01 月 08 日

表 2-54-2　　　　　　　以前年度损益调整结转表
　　　　　　　　　　　　　2019 年 01 月 08 日

项　目	金　额(元)
以前年度利润总额	
以前年度所得税费用	12 375.00
以前年度净利润	−12 375.00

编制：张泽文　　　　　　　　　　　　　　　　　　　　　　审核：沈丹

表 2-54-3　**法定盈余公积计提及利润分配明细项目结转表**
　　　　　　　　　　　　　2019 年 01 月 08 日

项　目	金　额(元)
提取盈余公积	−1 237.50

编制：张泽文　　　　　　　　　　　　　　　　　　　　　　审核：沈丹

上述原始凭证中：

表 2-54-1 是经理办公会议纪要,此表应作为企业期末冲减预计负债及调整以前年度损益的记账依据。该原始凭证注明的内容表明,2018 年 12 月[业务 2-32]因未决诉讼确认的预计负债 49 500.00 元现已获得法院需赔偿 49 500.00 元的判决,该事项属于资产负债表日后调整事项,原预计负债 49 500.00 元已成为现时义务。

表 2-54-2 是以前年度损益调整结转表,应作为调整以前年度损益的记账依据。该原始凭证注明的内容表明,应调增 2018 年度所得税费用 12 375.00 元,调减 2018 年度净利润 12 375.00 元,并相应调减 2018 年年末未分配利润 12 375.00 元。

表 2-54-3 是法定盈余公积计提及利润分配明细项目结转表,应作为根据以前年度净利润调整而相应调整法定盈余公积和未分配利润的记账依据。该原始凭证注明的内容表明,应调减 2018 年年末法定盈余公积 1 237.50 元,并相应调增 2018 年年末未分配利润 1 237.50 元。

根据表 2-54-1 至表 2-54-3 进行会计核算时,首先金额 49 500.00 元应分别记入"预计负债——未决诉讼"科目的借方以及"其他应付款——振华有限公司"科目的贷方;其次追溯调整[业务 2-49]已确认的递延所得税资产,金额 49 500.00 元乘 25%的所得税税率得出所得税金额 12 375.00 元应分别记入"以前年度损益调整——所得税费用"科目的借方以及"递延所得税资产——预计负债——未决诉讼"科目的贷方;再次追溯调整未分配利润,金额 12 375.00 元应分别记入"利润分配——未分配利润"科目的借方以及"以前年度损益调整——所得税费用"科目的贷方;最后追溯调整法定盈余公积,按 12 375.00 元计提的 10%法定公积金金额 1 237.50 元应分别记入"盈余公积——法定盈余公积"科目的借方以及"利润分配——未分配利润"科目的贷方。

因此,该笔业务应填制记账凭证,如表 2-54-4 至表 2-54-7 所示。

表 2-54-4　　　　　　　　　　　记　账　凭　证　　　　　　　　　附件 3 张

2019 年 01 月 08 日　　　　　　　　　　　　　　　　　　　第 54 1/4 号

摘要	会计科目		借方金额	贷方金额	记账
	总账科目	明细科目	百十万千百十元角分	百十万千百十元角分	
振华有限	预计负债	未决诉讼	4 9 5 0 0 0 0		
公司诉讼	其他应付款	振华有限公司		4 9 5 0 0 0 0	
结案					
		合　　计	¥ 4 9 5 0 0 0 0	¥ 4 9 5 0 0 0 0	

会计主管:　　　　　　记账:　　　　　　复核:　　　　　　制单:张泽文

第二章 特殊经济业务记账凭证的编制

表 2-54-5

记 账 凭 证

2019 年 01 月 08 日

附件同记 54 1/4 号张

第 54 2/4 号

摘要	会计科目		借方金额								贷方金额								记账
	总账科目	明细科目	百	十	万	千	百	十	元	角	分	百	十	万	千	百	十	元	角	分	
振华有限	以前年度损益调整	所得税费用			1	2	3	7	5	0	0										
公司诉讼	递延所得税资产	预计负债——未决诉讼												1	2	3	7	5	0	0	
结案																					
合 计			¥		1	2	3	7	5	0	0	¥		1	2	3	7	5	0	0	

会计主管: 　　记账: 　　复核: 　　制单:张泽文

表 2-54-6

记 账 凭 证

2019 年 01 月 08 日

附件同记 54 1/4 号张

第 54 3/4 号

摘要	会计科目		借方金额								贷方金额								记账
	总账科目	明细科目	百	十	万	千	百	十	元	角	分	百	十	万	千	百	十	元	角	分	
振华有限	利润分配	未分配利润			1	2	3	7	5	0	0										
公司诉讼	以前年度损益调整	所得税费用												1	2	3	7	5	0	0	
结案																					
合 计			¥		1	2	3	7	5	0	0	¥		1	2	3	7	5	0	0	

会计主管: 　　记账: 　　复核: 　　制单:张泽文

表 2-54-7

记 账 凭 证

2019 年 01 月 08 日

附件同记 54 1/4 号张

第 54 4/4 号

摘要	会计科目		借方金额								贷方金额								记账
	总账科目	明细科目	百	十	万	千	百	十	元	角	分	百	十	万	千	百	十	元	角	分	
振华有限	盈余公积	法定盈余公积				1	2	3	7	5	0										
公司诉讼	利润分配	未分配利润													1	2	3	7	5	0	
结案																					
合 计			¥			1	2	3	7	5	0	¥			1	2	3	7	5	0	

会计主管: 　　记账: 　　复核: 　　制单:张泽文

注:2018 年 12 月[业务 2-32]因未决诉讼确认的预计负债 4950 0.00 元在 2019 年 1 月已成为现时义务,应作为资产负债表日后调整事项处理。[业务 2-48]计算 2018 年 12 月实际利润额时已扣除预计负债对应的营业外支出 49 500.00 元,因此该笔业务无需对 2018 年 12 月当期所得税费用再做处理;同时[业务 2-49]确认了与该预计负债相关的递延所得税资产以及递延所得税费用 12 375.00 元,因此该笔业务应冲减 2018 年度的递延所得税费用以及递延所得税资产 12 375.00 元。

【业务 2-55】（共 4 张原始凭证，于 1 月 15 日取得）

表 2-55-1

3204098220

江苏增值税专用发票

No.05231874

此联不作报销、扣税凭证使用　　开票日期：2019 年 01 月 15 日

购货方	名　　　称：镇江江州有限公司 纳税人识别号：9132116675524789R 地　址、电　话：镇江京口区大西路 75 号 85021628 开户行及账号：建行镇江京口区支行 2300884569	密码区	2<77/50/7912<98+1*0198<<-0621/32101 16983/9826*>091651<092-12810*<09121 87/29824/*90-12/*12+08-0911-*408134 54+091/872-0916+8226-/87261+86282-0

货物及应税劳务、服务的名称	规格型号	单位	数量	单价	金额	税率	税额
*塑料制品*甲		件	-200	450.00	-90 000.00	16%	-14 400.00
合　计					¥-90 000.00		¥-14 400.00

价税合计（大写）	负壹拾万肆仟肆佰元整	（小写）¥-104 400.00

销货方	名　　　称：常州龙城股份有限公司 纳税人识别号：91320400197164789Q 地　址、电　话：长江北路 88 号 85493868 开户行及账号：建行常州新北区支行 2300098322	备注	上月销售本月退回

收款人：　　　复核：　　　开票人：张泽文　　　销货单位（章）

表 2-55-2　　　　　　　　　　　**产　品　入　库　单**

2019 年 1 月 15 日　　　　　　　　　　　　　　编号：10088

产品编号	名称	规格	计量单位	数量	单价	金额	备注
	甲		件	200	251.19	50 238.00	上月销售
							本月退回

交库人：王建源　　　　　　　　　　　　　　　　　收货人：骆琦

表 2-55-3　　　　　　　　　　　**以前年度损益调整结转表**

2019 年 01 月 15 日　　　　　　　　　　　　　　　　单位：元

项　　目	金　　额
以前年度利润总额	-39 762.00
以前年度所得税费用	-9 940.50
以前年度净利润	-29 821.50

编制：张泽文　　　　　　　　　　　　　　　　　审核：沈丹

表 2-55-4　　　　　　　　　**法定盈余公积计提及利润分配明细项目结转表**

2019 年 01 月 15 日

项　　目	金　　额（元）
提取盈余公积	-2 982.15

编制：张泽文　　　　　　　　　　　　　　　　　审核：沈丹

上述原始凭证中:

表 2-55-1 是增值税专用发票第一联记账联,此联应作为销售方的记账依据。该原始凭证注明,日期是 2019 年 1 月 15 日,"销售方"是本公司,"购买方"是镇江江州有限公司,"货物或应税劳务、服务名称"是甲,"数量"是－200,"金额"是－90 000.00,"税额"是－14 400.00,而[业务 2-26]中本公司销售给镇江江州有限公司甲产品 1200 件,这表明上月销售的甲产品本月被部分退回,该事项属于资产负债表日后调整事项。

表 2-55-2 是产品入库单的会计联,此联应作为收到库存商品的记账依据。该原始凭证注明,入库存货"名称"是甲,"数量"是 200 件,"金额"是 50 238.00 元,"备注"内容是上月销售本月退回,这表明本公司上月销售给镇江江州有限公司甲产品因发生销售退回已经验收入库。

表 2-55-3 是以前年度损益调整结转表,应作为调整以前年度损益的记账依据。该原始凭证注明的内容表明,因调减 2018 年度主营业务收入 90 000.00 元、调减 2018 年度主营业务成本 50 238.00 元而形成应调减 2018 年度利润总额 39 762.00 元,调减 2018 年度所得税费用 9 940.50 元,调减 2018 年度净利润 29 821.50 元,并相应调减 2018 年年末未分配利润 29 821.50 元。

表 2-55-4 是法定盈余公积计提及利润分配明细项目结转表,应作为根据以前年度净利润调整而相应调整法定盈余公积和未分配利润的记账依据。该原始凭证注明的内容表明,应调减 2018 年年末法定盈余公积 2 982.15 元,并相应调增 2018 年年末未分配利润 2 982.15 元。

根据表 2-55-1 至表 2-55-4 进行会计核算时,首先,金额 90 000.00 元应记入"以前年度损益调整——主营业务收入"科目的借方,其 16% 的增值税额 14 400.00 元应记入"应交税费——应交增值税(销项税额)"科目的借方,因 2018 年 11 月 30 日本公司与镇江江州有限公司无往来款项余额,表明前期销售产品给镇江江州有限公司的货款均已收回,所以合计金额 104 400.00 元应记入"其他应付款——镇江江州有限公司"科目的贷方,同时,金额 50 238.00 元应分别记入"库存商品——甲"科目的借方以及"以前年度损益调整——主营业务成本"科目的贷方。其次,追溯调整所得税费用,按金额 90 000.00 元减去 50 238.00 元的差额 39 762.00 元乘 25% 的所得税税率得出所得税金额 9 940.50 元应分别记入"应交税费——应交所得税"科目的借方及"以前年度损益调整——所得税费用"科目的贷方。再次,追溯调整未分配利润,按金额 39 762.00 元减去 9 940.50 元的差额 29 821.50 元记入"利润分配——未分配利润"科目的借方,金额 50 238.00 元记入"以前年度损益调整——主营业务成本"科目的借方,金额 9 940.50 元记入"以前年度损益调整——所得税费用"科目的借方,金额 90 000.00 元记入"以前年度损益调整——主营业务收入"科目的贷方。最后,追溯调整法定盈余公积,按 29 821.50 元计提的 10% 法定公积金金额 2 982.15 元应分别记入"盈余公积——法定盈余公积"科目的借方"利润分配——未分配利润"科目的贷方。

因此,该笔业务应填制记账凭证,如表 2-55-5 至表 2-55-9 所示。

表 2-55-5

记 账 凭 证

2019 年 01 月 15 日

附件 4 张

第 55 1/5 号

摘要	会计科目		借方金额	贷方金额	记账
	总账科目	明细科目	百 十 万 千 百 十 元 角 分	百 十 万 千 百 十 元 角 分	
上年销售给镇江江州有限公司甲产品退回 200 件	以前年度损益调整	主营业务收入	9 0 0 0 0 0 0		
	应交税费	应交增值税——销项税额	1 4 4 0 0 0 0		
	其他应付款	镇江江州有限公司		1 0 4 4 0 0 0 0	
合　计			￥1 0 4 4 0 0 0 0	￥1 0 4 4 0 0 0 0	

会计主管：　　　记账：　　　复核：　　　制单：张泽文

表 2-55-6

记 账 凭 证

2019 年 01 月 15 日

附件同记 55 1/5 号张

第 55 2/5 号

摘要	会计科目		借方金额	贷方金额	记账
	总账科目	明细科目	百 十 万 千 百 十 元 角 分	百 十 万 千 百 十 元 角 分	
上年销售给镇江江州有限公司甲产品退回 200 件	库存商品	甲	5 0 2 3 8 0 0		
	以前年度损益调整	主营业务成本		5 0 2 3 8 0 0	
合　计			￥5 0 2 3 8 0 0	￥5 0 2 3 8 0 0	

会计主管：　　　记账：　　　复核：　　　制单：张泽文

表 2-55-7

记 账 凭 证

2019 年 01 月 15 日

附件同记 55 1/5 号张

第 55 3/5 号

摘要	会计科目		借方金额	贷方金额	记账
	总账科目	明细科目	百 十 万 千 百 十 元 角 分	百 十 万 千 百 十 元 角 分	
上年销售给镇江江州有限公司甲产品退回 200 件	应交税费	应交所得税	9 9 4 0 5 0		
	以前年度损益调整	所得税费用		9 9 4 0 5 0	
合　计			￥9 9 4 0 5 0	￥9 9 4 0 5 0	

会计主管：　　　记账：　　　复核：　　　制单：张泽文

第二章　特殊经济业务记账凭证的编制

表 2-55-8

记 账 凭 证

2019 年 01 月 15 日

附件同记 55 1/5 号张

第 55 4/5 号

摘要	会计科目		借方金额	贷方金额	记账
	总账科目	明细科目	百十万千百十元角分	百十万千百十元角分	
上年销售给	利润分配	未分配利润	2 9 8 2 1 5 0		
镇江江州有	以前年度损益调整	主营业务成本	5 0 2 3 8 0 0		
限公司甲产	以前年度损益调整	所得税费用	9 9 4 0 5 0		
品退回 200 件	以前年度损益调整	主营业务收入		9 0 0 0 0 0 0	
合　　计			￥9 0 0 0 0 0 0	￥9 0 0 0 0 0 0	

会计主管：　　　　记账：　　　　复核：　　　　制单：张泽文

表 2-55-9

记 账 凭 证

2019 年 01 月 15 日

附件同记 55 1/5 号张

第 55 5/5 号

摘要	会计科目		借方金额	贷方金额	记账
	总账科目	明细科目	百十万千百十元角分	百十万千百十元角分	
上年销售给	盈余公积	法定盈余公积	2 9 8 2 1 5		
镇江江州有	利润分配	未分配利润		2 9 8 2 1 5	
限公司甲产					
品退回 200 件					
合　　计			￥2 9 8 2 1 5	￥2 9 8 2 1 5	

会计主管：　　　　记账：　　　　复核：　　　　制单：张泽文

注：该资产负债表日后调整事项调整的内容是 2018 年 12 月实现的销售在 2019 年 1 月被退回，而[业务 2-48]计算 2018 年 12 月实际利润额时已包含与退回 200 件甲产品相关的利润 39 762.00 元，由此在[业务 2-48]中已确认当期所得税费用以及应交税费中包含了与退回 200 件甲产品相关的 9 940.50 元，所以该笔业务应冲减 2018 年 12 月的当期所得税费用以及应交税费 12 375.00 元。

【业务 2-56】（共 4 张原始凭证，于 1 月 20 日取得）

表 2-56-1

纳 税 调 整 表

2019 年 01 月 20 日

单位:元

项　目	账载金额	税收金额	调增金额	调减金额	调整应纳税所得额	调整应纳所得税额
一、收入类调整项目	*	*				
公允价值变动净损益	10 000.00			10 000.00		
二、扣除类调整项目	*	*				
业务招待费支出	169 683.00	94 488.13	75 194.87	*		
跨期扣除项目（预计负债）	56 962.87	34 706.7	22 256.17			

(续表)

项　目	账载金额	税收金额	调增金额	调减金额	调整应纳税所得额	调整应纳所得税额
三、资产类调整项目	*	*				
资产折旧、摊销	105 600.00			105 600.00		
资产减值准备金	21 280.00	*	21 280.00			
合　计	*	*	118 731.04	115 600.00	3 131.04	782.76

表 2-56-2　　　　2018 年度企业所得税汇算清缴计算表

2019 年 01 月 20 日　　　　　　　　　　　　　　　　单位:元

项　目	金　额	备　注
会计利润总额	2 248 334.43	
加:纳税调整增加额	118 731.04	
其中:业务招待费	75 194.87	
计提坏账准备	21 280.00	
产品质量保证	22 256.17	
减:纳税调整减少额	115 600.00	
其中:漏提折旧	105 600.00	
交易性金融资产公允价值变动	10 000.00	
减:免税、减计收入及加计扣除	219 942.63	
应纳税所得额	2 031 522.84	
适用税率	25%	
应纳所得税额	507 880.71	
减:累计实际已预缴的所得税额	517 038.45	
汇缴应补(退)所得税额	−9 157.74	

编制:张泽文　　　　　　　　　　　　　　　　　　　　　审核:沈丹

表 2-56-3　　　　以前年度损益调整结转表

2019 年 01 月 20 日

项　目	金　额(元)
以前年度利润总额	
以前年度所得税费用	782.76
以前年度净利润	−782.76

编制:张泽文　　　　　　　　　　　　　　　　　　　　　审核:沈丹

表 2-56-4　　　　法定盈余公积计提及利润分配明细项目结转表

2019 年 01 月 20 日

项　目	金　额(元)
提取盈余公积	−78.28

编制:张泽文　　　　　　　　　　　　　　　　　　　　　审核:沈丹

上述原始凭证中：

表2-56-1是纳税调整表,此表应作为所得税汇算清缴时确定纳税调增金额、纳税调减金额、调整应纳税所得额、调整应纳所得税额的记账依据。该原始凭证注明的内容表明,2018年度合计调整增加应纳税所得额3 131.04元,调整增加应纳所得税额782.76元。

表2-56-2是2018年度企业所得税汇算清缴计算表,此表应作为所得税汇算清缴的记账凭证。该原始凭证注明的内容表明,[业务2-55]资产负债表日后事项销售退回调整后2018年度会计利润总额为2 248 334.43元,纳税调整增加额为118 731.04元,纳税调整减少额为115 600.00元,免税、减计收入及加计扣除为219 942.63元,应纳税所得额为2 031 522.84元,应纳所得税额为507 880.71元,已预缴所得税额为517 038.45元,应退所得税额为9 157.74元(由表2-56-1中应调增的782.76元以及[业务2-55]资产负债表日后事项销售退回调减的9 940.50元两部分构成)。

表2-56-3是以前年度损益调整结转表,应作为调整以前年度损益的记账依据。该原始凭证注明的内容表明,应调增2018年度所得税费用782.76元,调减2018年度净利润782.76元,并相应调减2018年年末未分配利润782.76元。

表2-56-4是法定盈余公积计提及利润分配明细项目结转表,应作为根据以前年度净利润调整而相应调整法定盈余公积和未分配利润的记账依据。该原始凭证注明的内容表明,应调减2018年年末法定盈余公积78.28元,并相应调增2018年年末未分配利润78.28元。

根据表2-56-1至表2-56-4进行会计核算时,首先,金额782.76元应分别记入"以前年度损益调整——所得税费用"科目的借方以及"应交税费——应交所得税"科目的贷方。其次,追溯调整未分配利润,金额782.76元应分别记入"利润分配——未分配利润"科目的借方以及"以前年度损益调整——所得税费用"科目的贷方。最后,追溯调整法定盈余公积,按782.76元计提的10%法定盈余公积金额78.28元应分别记入"盈余公积——法定盈余公积"科目的借方以及"利润分配——未分配利润"科目的贷方。

因此,该笔业务应填制记账凭证,如表2-56-5至表2-56-7所示。

表2-56-5　　　　　　　　　　记　账　凭　证　　　　　　　　　附件4张
2019年01月20日　　　　　　　　　第56 1/3号

摘要	会计科目		借方金额									贷方金额									记账
	总账科目	明细科目	百	十	万	千	百	十	元	角	分	百	十	万	千	百	十	元	角	分	
2018年度	以前年度损益调整	所得税费用					7	8	2	7	6										
所得税汇算	应交税费	应交所得税														7	8	2	7	6	
清缴																					
合　计						¥	7	8	2	7	6				¥	7	8	2	7	6	

会计主管：　　　　　记账：　　　　　复核：　　　　　制单:张泽文

表 2-56-6

记 账 凭 证

2019 年 01 月 20 日

附件同记 56 1/3 号张

第 56 2/3 号

摘要	会计科目		借方金额								贷方金额								记账
	总账科目	明细科目	百	十	万	千	百	十	元	角	分	百	十	万	千	百	十	元	角	分	
2018年度所得税汇算清缴	利润分配	未分配利润				7	8	2	7	6											
	以前年度损益调整	所得税费用													7	8	2	7	6		
合 计						¥	5	4	2	3	0				¥	5	4	2	3	0	

会计主管：　　　记账：　　　复核：　　　制单：张泽文

表 2-56-7

记 账 凭 证

2019 年 01 月 20 日

附件同记 56 1/3 号张

第 56 3/3 号

摘要	会计科目		借方金额								贷方金额								记账
	总账科目	明细科目	百	十	万	千	百	十	元	角	分	百	十	万	千	百	十	元	角	分	
2018年度所得税汇算清缴	盈余公积	法定盈余公积					7	8	2	8											
	利润分配	未分配利润														7	8	2	8		
合 计							¥	7	8	2	8					¥	7	8	2	8	

会计主管：　　　记账：　　　复核：　　　制单：张泽文

（二）子公司 12 月份经济业务解读及记账凭证的编制

【业务 2-57】（共 3 张原始凭证，于 12 月 6 日取得）

表 2-57-1

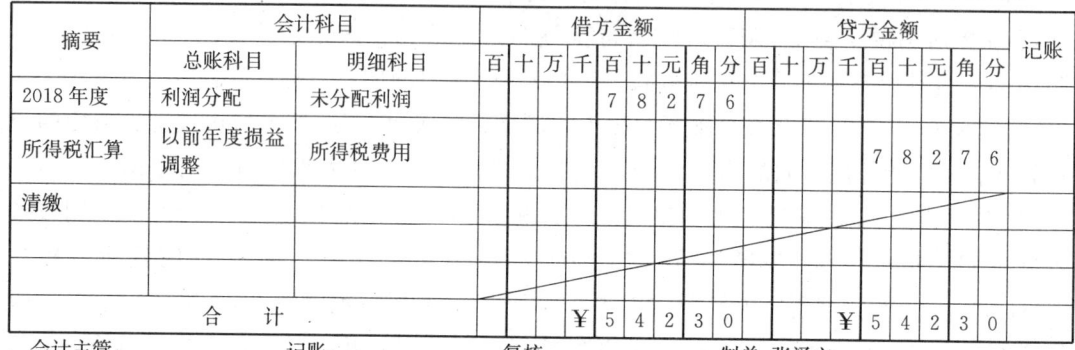

表 2-57-2
3204098220

江苏增值税专用发票

No.05231871

发票联

开票日期：2018 年 12 月 06 日

购买方	名　　　称：常州宏达有限公司 纳税人识别号：91320400197164700R 地　址、电　话：太湖东路 66 号 85498660 开户行及账号：建行常州新北区支行 2300098788	密码区	2<77/50/7912<98+1*0198<<-0621/32101 16983/9826＞>091651<092-12810＞<09121 87/29824/*90-12/*12+08-0911-*408134 54+091/872-0916+8226-/87261+86282-0

货物或应税劳务、服务名称	规格型号	单位	数量	单价	金　额	税率	税　额
*塑料加工设备*H		台	1	85 000.00	85 000.00	16%	13 600.00
合　计					￥85 000.00		￥13 600.00

价税合计（大写）	玖万捌仟陆佰元整	（小写）￥98 600.00

销售方	名　　　称：常州龙城股份有限公司 纳税人识别号：91320400197164789Q 地　址、电　话：长江北路 88 号 85493868 开户行及账号：建行常州新北区支行 2300098322	备注	

收款人：　　　　复核：　　　　开票人：张泽文　　　　销货单位（章）

表 2-57-3

新增固定资产登记表

2018 年 12 月 6 日

固定资产名称	种类	单位	数量	购入日期	投入使用日期	使用部门
H	生产设备	台	1	2018 年 12 月 6 日	2018 年 12 月 6 日	生产车间

制表人：沈科　　　　　　　　　　　　　　复核人：王溯阳

上述原始凭证中：

表 2-57-1 是江苏增值税专用发票的第二联抵扣联，此联应作为购买方抵扣进项税额的依据。该抵扣联不能作为记账凭证的附件，专门用于在规定期限内到税务机关办理认证或在平台办理勾选确认，并在认证通过或勾选确认的次月申报期内，向主管税务机关申报抵扣进项税额。

表 2-57-2 是江苏增值税专用发票的第三联发票联，此联应作为购买方的记账依据。该原始凭证注明，"购买方"是本公司，"销售方"是常州龙城股份有限公司，"货物或应税劳务、服务名称"是 H，这表明本公司从常州龙城股份有限公司购买了 H。

表 2-57-3 是新增固定资产登记表，此表应作为固定资产增加的记账依据。该原始凭证注明，"固定资产名称"是 H，"种类"是生产设备，"使用部门"是生产车间，"购入日期"与"投入使用日期"均为 2018 年 12 月 06 日，这表明本公司的生产车间投入使用一台不需要安装的生产设备 H。根据表 2-57-2 和表 2-57-3，进行会计核算时，"金额"85 000.00 元应记入"固定资产——生产设备——H"科目的借方，"税额"13 600.00 元应记入"应交税费——应交增值税——进项税额"科目的借方。

该笔业务没有相关付款的原始凭证，同时在此之前也没有发生相关的预付款业务，因此"价税合计"98 600.00 元应记入"应付账款——常州龙城股份有限公司"科目的贷方。

因此,该笔业务应填制记账凭证,如表 2-57-4 所示。

表 2-57-4

记 账 凭 证

2018 年 12 月 6 日

附件 2 张　　第 1 号

摘要	会计科目		借方金额	贷方金额	记账
	总账科目	明细科目	百十万千百十元角分	百十万千百十元角分	
购买 H,	固定资产	生产设备——H	8 5 0 0 0 0 0		
款未付	应交税费	应交增值税——进项税额	1 3 6 0 0 0 0		
	应付账款	常州龙城股份有限公司		9 8 6 0 0 0 0	
	合　计		¥ 9 8 6 0 0 0 0	¥ 9 8 6 0 0 0 0	

会计主管：　　　记账：　　　复核：　　　制单:沈科

【业务 2-58】（共 4 张原始凭证,于 12 月 8 日取得）

表 2-58-1

3204098220

江苏增值税专用发票

抵 扣 联

No.51268032

开票日期:2018 年 12 月 06 日

购买方	名　　称:常州宏达有限公司 纳税人识别号:91320400197164700R 地　址、电话:太湖东路 66 号 85498660 开户行及账号:建设银行常州新北区支行 2300098788	密码区	2<77/50/7912<98+1*0198<<-0621/32101 16983/9826*>091651<092-12810><09121 87/29824/*90-12/*12+08-0911-*408134 54+091/872-0916+8226-/87261+86282-0
货物或应税劳务、服务名称	规格型号	单位	数量	单价	金　额	税率	税　额
*塑料制品*X01		千克	2 000	30.00	60 000.00	16％	9 600.00
合　计					¥60 000.00		¥9 600.00
价税合计(大写)	陆万玖仟陆佰元整					(小写)¥69 600.00	
销售方	名　　称:星晨有限公司 纳税人识别号:91320432876136586R 地　址、电话:常州金坛区文化路 16 号 82337725 开户行及账号:中行金坛支行 2311345675	备注	91320432876136586R 发票专用章 (1)

收款人:　　　复核:　　　开票人:李蕾　　　销货单位(章)

表 2-58-2
3204098220

江苏增值税专用发票

发票联

No.51268032

开票日期:2018 年 12 月 06 日

购买方	名　　称：常州宏达有限公司 纳税人识别号：91320400197164700R 地　址、电　话：太湖东路 66 号 85498660 开户行及账号：建设银行常州新北区支行 2300098788	密码区	2<77/50/7912<98+1*0198<<-0621/32101 16983/9826*>091651<092-12810*<09121 87/29824/*90-12/*12+08-0911-*408134 54+091/872-0916+8226-/87261+86282-0

货物或应税劳务、服务名称	规格型号	单位	数量	单价	金　额	税率	税　额
塑料制品 X01		千克	2 000	30.00	60 000.00	16%	9 600.00
合　计					¥60 000.00		¥9 600.00

价税合计（大写）	陆万玖仟陆佰元整	（小写）¥69 600.00

销售方	名　　称：星晨有限公司 纳税人识别号：91320432876136586R 地　址、电　话：常州金坛区文化路 16 号 82337725 开户行及账号：中国银行金坛支行 2311345675	备注	星晨有限公司 91320432876136586R 发票专用章 (1)

收款人：　　　　　复核：　　　　　开票人：李蕾　　　　　销货单位（章）

表 2-58-3

收　料　单

2018 年 12 月 8 日

供应单位：星晨有限公司　　　　　　　　　　　　　　　　编号：20003

材料编号	名称	单位	规格	数量		实际成本			
				应收	实收	单价	发票价格	运杂费	总价
	X01	千克		2 000	2 000				
备注：									

收料人：王琦珊　　　　　　　　　　　　　　交料人：史慧

表 2-58-4

中国建设银行

转账支票存根

10502146

23382304

附加信息
_____
_____

出票日期 2018 年 12 月 8 日

收款人：星晨有限公司
金　额：¥69 600.00
用　途：支付货款
备　注：(2300098788)

单位主管　　　　　　会计

上述原始凭证中：

表2-58-1是江苏增值税专用发票的第二联抵扣联，此联应作为购买方抵扣进项税额的依据。该抵扣联不能作为记账凭证的附件，专门用于在规定期限内到税务机关办理认证或在平台办理勾选确认，并在认证通过或勾选确认的次月申报期内，向主管税务机关申报抵扣进项税额。

表2-58-2是江苏增值税专用发票的第三联发票联，此联应作为购买方的记账依据。该原始凭证注明，"购买方"是本公司，"销售方"是星晨有限公司，"货物或应税劳务、服务名称"是X01，这表明本公司从星晨有限公司购买了X01。

表2-58-3是收料单，此表应作为原材料增加的记账依据。该原始凭证注明，"名称"是X01，"单位"是千克，"数量应收"和"数量实收"均为2 000，进行会计核算时，"金额"60 000.00元应记入"原材料——X01"科目的借方，"税额"9 600.00元应记入"应交税费——应交增值税——进项税额"科目的借方。

表2-58-4是中国建设银行转账支票存根联，此联应作为付款方支付款项的记账依据。该原始凭证注明，"备注"为2300098788，"收款人"是星晨有限公司，"用途"是支付货款，这表明本公司从账号为2300098788的基本户向星晨有限公司支付了货款。进行会计核算时，"金额"69 600.00元应记入"银行存款——中国建设银行常州市新北区支行——2300098788"科目的贷方。

因此，该笔业务应填制记账凭证，如表2-58-5所示。

表2-58-5

记 账 凭 证

2018年12月8日

附件3 张
第2号

摘要	会计科目		借方金额									贷方金额									记账
	总账科目	明细科目	百	十	万	千	百	十	元	角	分	百	十	万	千	百	十	元	角	分	
购买X01，款已付	原材料	X01			6	0	0	0	0	0	0										
	应交税费	应交增值税——进项税额				9	6	0	0	0	0										
	银行存款	中国建设银行常州市新北区支行——2300098788												6	9	6	0	0	0	0	
	合计		¥		6	9	6	0	0	0	0	¥		6	9	6	0	0	0	0	

会计主管： 记账： 复核： 制单：沈科

【业务2-59】（共2张原始凭证，于12月12日取得）

第二章 特殊经济业务记账凭证的编制

表 2-59-1

销 售 单

购货单位:常州龙城股份有限公司　　　　　　　地址和电话:长江北路88号 85493868
单据编号:0885　　　　　　　　　　　　　　　纳税识别号:91320400197164789Q
开户行及账号:建行常州新北区支行 2300098322　制单日期:2018.12.12

编码	产品名称	规格	单位	单价	数量	金额	备注
	A		千克	139.20	1 000	139 200.00	
合计	人民币(大写)壹拾叁万玖仟贰佰元整					139 200.00	

销售经理:陆星艺　　　经手人:陈昊天　　　会计:沈科　　　签收人:

会计联

表 2-59-2

3204098220

江苏增值税专用发票
此联不作报销、扣税凭证使用

No.05231142
开票日期:2018年12月12日

购买方	名　　　称:常州龙城股份有限公司 纳税人识别号:91320400197164789Q 地　址、电　话:长江北路88号 85493868 开户行及账号:建行常州新北区支行 2300098322	密码区	2<77/50/7912<98+1*0198<<-0621/32101 16983/9826*>091651<092-12810*<09121 87/29824/*90-12/*12+08-0911-*408134 54+091/872-0916+8226-/87261+86282-0

货物或应税劳务、服务名称	规格型号	单位	数量	单价	金　额	税率	税　额
*塑料制品*A		千克	1 000	120.00	120 000.00	16%	19 200.00
合　计					￥120 000.00		￥19 200.00

价税合计(大写)	壹拾叁万玖仟贰佰元整	(小写)￥139 200.00

销售方	名　　　称:常州宏达有限公司 纳税人识别号:91320400197164700R 地　址、电　话:太湖东路66号 85498660 开户行及账号:建行常州新北区支行 2300098788	备注	

收款人:　　　　复核:　　　　开票人:沈科　　　　销货单位(章)

第一联记账联 销售方记账凭证

表2-59-1是销售单,应作为销售方的记账依据。该原始凭证注明,"购货单位"是常州龙城股份有限公司,销售产品A的含税"金额"是139 200.00元,这表明本公司实现了A的销售。

表2-59-2是江苏增值税专用发票的第一联记账联,此联应作为销售方的记账依据。该原始凭证注明,"销售方"是本公司,"购买方"是常州龙城股份有限公司,"货物或应税劳务、服务名称"是A,这表明本公司销售了A产品给常州龙城股份有限公司。销售产品是本公司的主营业务,因此,进行会计核算时,销售产品的"金额"120 000.00元应记入"主营业务收入——商品销售收入——A"科目的贷方,"税额"19 200.00元应记入"应交税费——应交增值税——销项税额"科目的贷方。而该笔业务没有相关收款的原始凭证,同时在此之前也没有发生相关的预收款业务,因此"价税合计"139 200.00元应记入"应收账款——常州龙城股

份有限公司"科目的借方。

因此,该笔业务应填制记账凭证,如表 2-59-3 所示。

表 2-59-3　　　　　　　　　　记　账　凭　证　　　　　　　　附件 2 张

2018 年 12 月 12 日　　　　　　　　　　　　　　　　第 3 号

摘要	会计科目		借方金额	贷方金额	记账
	总账科目	明细科目	百十万千百十元角分	百十万千百十元角分	
销售A,	应收账款	常州龙城股份有限公司	1 3 9 2 0 0 0 0		
款未收	主营业务收入	商品销售收入——A		1 2 0 0 0 0 0 0	
	应交税费	应交增值税——销项税额		1 9 2 0 0 0 0	
	合　计		¥ 1 3 9 2 0 0 0 0	¥ 1 3 9 2 0 0 0 0	

会计主管:　　　　　记账:　　　　　复核:　　　　　制单:沈科

【业务 2-60】（共 2 张原始凭证,于 12 月 13 日取得）

表 2-60-1　　　　　　　　　　工资发放明细表

2018 年 12 月 13 日　　　　　　　　　　　　　　　　单位:元

编号	姓名	职务	应付工资	代扣养老保险	代扣医疗保险	代扣失业保险	代扣住房公积金	代扣个人所得税	实发工资
1	杨家豪	总经理	6 200.00	496.00	129.00	31.00	620.00	42.87	4 881.13
2	张雅茹	办公室	5 600.00	448.00	117.00	28.00	560.00	28.56	4 418.44
3	王琦珊	办公室	4 800.00	384.00	101.00	24.00	480.00	9.48	3 801.52
4	王溯阳	财务部经理	6 200.00	496.00	129.00	31.00	620.00	42.87	4 881.13
5	沈科	财务部	5 600.00	448.00	117.00	28.00	560.00	28.56	4 418.44
6	潘星宇	财务部	3 400.00	272.00	73.00	17.00	340.00		2 698.00
7	朱明哲	采购部经理	5 800.00	464.00	121.00	29.00	580.00	33.33	4 572.67
8	周志亮	采购部	5 200.00	416.00	109.00	26.00	520.00	19.02	4 109.98
9	陆星艺	销售部经理	4 600.00	368.00	97.00	23.00	460.00	4.71	3 647.29
10	陈昊天	销售部	4 600.00	368.00	97.00	23.00	460.00	4.71	3 647.29
11	沈鑫亮	销售部	3 800.00	304.00	81.00	19.00	380.00		3 016.00
12	钱达成	车间主任	6 200.00	496.00	129.00	31.00	620.00	42.87	4 881.13
13	郑朋	车间副主任	5 800.00	464.00	121.00	29.00	580.00	33.33	4 572.67
14	王家诚	车间统计	3 650.00	292.00	78.00	18.25	365.00		2 896.75
15	张昊辰	A 生产工人	5 800.00	464.00	121.00	29.00	580.00	33.33	4 572.67
16	刘飞	A 生产工人	5 600.00	448.00	117.00	28.00	560.00	28.56	4 418.44

(续表)

编号	姓名	职务	应付工资	代扣养老保险	代扣医疗保险	代扣失业保险	代扣住房公积金	代扣个人所得税	实发工资
17	张琳琳	A生产工人	4 200.00	336.00	89.00	21.00	420.00		3 334.00
18	陈琰美	A生产工人	3 200.00	256.00	69.00	16.00	320.00		2 539.00
19	张平安	A生产工人	3 600.00	288.00	77.00	18.00	360.00		2 857.00
20	周晓晨	A生产工人	5 600.00	448.00	117.00	28.00	560.00	28.56	4 418.44
21	单小其	A生产工人	5 600.00	448.00	117.00	28.00	560.00	28.56	4 418.44
22	吕洋洋	A生产工人	4 600.00	368.00	97.00	23.00	460.00	4.71	3 647.29
23	张方明	A生产工人	3 100.00	248.00	67.00	15.50	310.00		2 459.50
24	张俊鹏	A生产工人	3 800.00	304.00	81.00	19.00	380.00		3 016.00
25	卢国华	A生产工人	6 000.00	480.00	125.00	30.00	600.00	38.10	4 726.90
26	纪文化	A生产工人	3 800.00	304.00	81.00	19.00	380.00		3 016.00
27	周立平	A生产工人	5 600.00	448.00	117.00	28.00	560.00	28.56	4 418.44
28	刘 钰	A生产工人	5 000.00	400.00	105.00	25.00	500.00	14.25	3 955.75
29	张明华	A生产工人	4 800.00	384.00	101.00	24.00	480.00	9.48	3 801.52
30	李 林	A生产工人	3 650.00	292.00	78.00	18.25	365.00		2 896.75
31	肖 刚	A生产工人	6 000.00	480.00	125.00	30.00	600.00	38.10	4 726.90
32	陈宏达	A生产工人	5 800.00	464.00	121.00	29.00	580.00	33.33	4 572.67
33	刘 凡	A生产工人	5 600.00	448.00	117.00	28.00	560.00	28.56	4 418.44
34	纪 波	A生产工人	3 000.00	240.00	65.00	15.00	300.00		2 380.00
	合计		165 800.00	13 264.00	3 486.00	829.00	16 580.00	604.41	131 036.59

编制:沈科　　　　　　　　　　　　　　　　　　　　　审核:王溯阳

表 2-60-2　**中国建设银行客户专用回单**

币别:人民币　　　　　　　2018 年 12 月 13 日　　　流水号 32066548796GPH5VA5M

付款人	全　称	常州宏达有限公司	收款人	全　称	个人/单位存款
	账　号	2300098788		账　号	DICN000012A033IPA01171127T06746
	开户行	建行常州新北区支行		开户行	

金　额	(大写)人民币壹拾叁万壹仟零叁拾陆元伍角玖分	(小写)¥131 036.59
凭证种类		凭证号码　025536047008
结算方式	转账	用途　代发工资

打印柜员:3206628836AJ6
打印机构:常州市新北区支行
打印卡号:6232511262255876

电子回单专用章

打印时间:2018-12-13　　15:08:28　　交易柜员:K00E0422　　交易机构:32062883

上述原始凭证中：

表 2-60-1 是工资发放明细表，此表应作为支付工资和扣取相关款项的记账依据。该原始凭证注明，"应付工资"是 165 800.00 元，"代扣养老保险"13 264.00 元、"代扣医疗保险"3 486.00 元、"代扣失业保险"829.00 元、"代扣住房公积金"是 16 580.00 元，"代扣个人所得税"是 604.41 元，这表明本公司已从个人工资总额中代扣了个人应承担的社会保险费、住房公积金和个人所得税等，因此，"实发工资"是 131 036.59 元。进行会计核算时，"应付工资"165 800.00 元应记入"应付职工薪酬——工资"科目的借方；同时，因为代扣的三险一金以及个人所得税将由公司代为上交给税务征收机关及住房公积金管理中心，所以"代扣养老保险"13 264.00 元应记入"其他应付款——设定提存计划——养老保险"科目的贷方，"代扣失业保险"829.00 元应记入"其他应付款——设定提存计划——失业保险"科目的贷方，"代扣医疗保险"3 486.00 元应记入"其他应付款——社会保险费——医疗保险"科目的贷方，"代扣个人所得税"604.41 元应记入"应交税费——应交个人所得税"科目的贷方。

表 2-60-2 是中国建设银行客户专用回单的第一联借方回单，此联应作为付款方支付款项的记账依据。该原始凭证注明，"付款人"是本公司，"付款人账号"为 2300098788，"收款人"是个人/单位存款，"用途"是代发工资，这表明本公司从账号为 2300098788 的基本户向公司职工通过网银转账方式支付了工资。进行会计核算时，"金额"131 036.59 元应记入"银行存款——中国建设银行常州市新北区支行——2300098788"科目的贷方。

因此，该笔业务应填制记账凭证，如表 2-60-3 和表 2-60-4 所示。

表 2-60-3　　　　　　　　　　　记 账 凭 证　　　　　　　　　　附件 2 张

2018 年 12 月 13 日　　　　　　　　　　第 4 1/2 号

摘要	会计科目		借方金额									贷方金额									记账
	总账科目	明细科目	百	十	万	千	百	十	元	角	分	百	十	万	千	百	十	元	角	分	
发工资	应付职工薪酬	工资		1	6	5	8	0	0	0	0										
扣三险一金	银行存款	中国建设银行常州市新北区支行——2300098788											1	3	1	0	3	6	5	9	
个人所得税	应交税费	应交个人所得税														6	0	4	4	1	
	其他应付款	设定提存计划——养老保险												1	3	2	6	4	0	0	
	其他应付款	设定提存计划——失业保险															8	2	9	0	0	
合　　计																					

会计主管：　　　　　记账：　　　　　复核：　　　　　制单：沈科

第二章 特殊经济业务记账凭证的编制

表 2-60-4

记 账 凭 证

2018 年 12 月 13 日

附件同记 4 1/2 张
第 4 2/2 号

摘要	会计科目		借方金额	贷方金额	记账
	总账科目	明细科目	百十万千百十元角分	百十万千百十元角分	
发工资	其他应付款	社会保险费——医疗保险		3 4 8 6 0 0	
扣三险一金	其他应付款	住房公积金		1 6 5 8 0 0 0 0	
个人所得税					
合 计			¥ 1 6 5 8 0 0 0 0	¥ 1 6 5 8 0 0 0 0	

会计主管：　　　　记账：　　　　复核：　　　　制单：沈科

【业务 2-61】（共 1 张原始凭证，于 12 月 14 日取得）

表 2-61-1　　**中国建设银行客户专用回单**

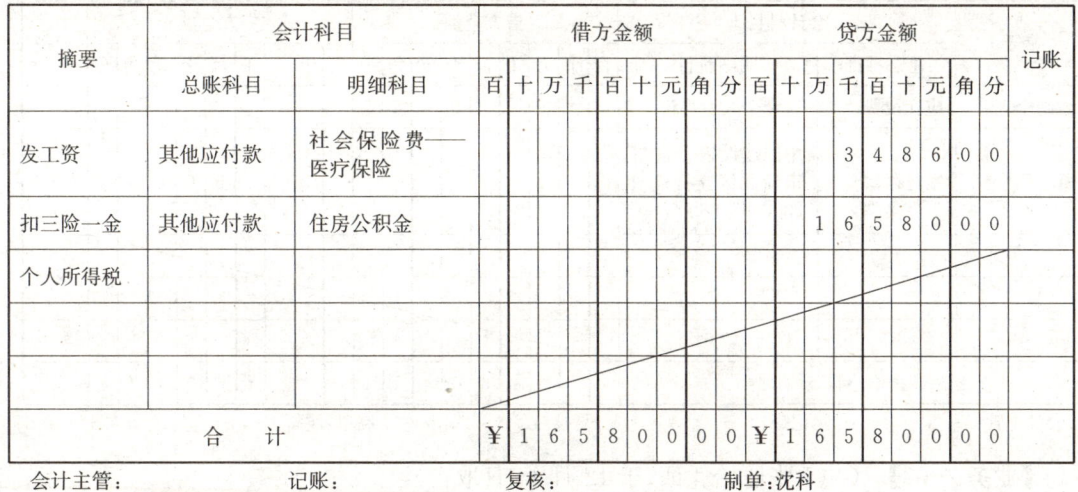

转账日期：2018 年 12 月 14 日　　　　　　凭证字号：2018120935138809

纳税人全称及纳税人识别号：常州宏达有限公司　91320400197164700R
付款人全称：常州宏达有限公司　　　　　咨询(投诉)电话：12366
付款人账号：2300098788　　　　　　　　征收机关名称：常州市新北区地方税务局
付款人开户银行：建设银行新北区支行　　收缴国库(银行)名称：国家金库常州市新北区支库
小写(合计)金额：¥604.41　　　　　　　缴款书交易流水号：2018120935125877
大写(合计)金额：人民币陆佰零肆元肆角壹分　　税票号码：13204814070931226

税(费)种名称	所属时期	实缴金额
个人所得税	20181101—20181130	¥604.41

（第一联借方〈回单〉）

上述原始凭证中：

表 2-61-1 是中国建设银行客户专用回单的第一联借方回单，此联应作为付款方支付款项的记账依据。该原始凭证注明，"付款人"是本公司，"付款人账号"是 2300098788，这表明本公司已通过账号为 2300098788 的基本户支付了款项，进行会计核算时，"金额" 604.41 元应记入"银行存款——中国建设银行常州市新北区支行——2300098788"科目的贷方；"征收机关名称"是常州市新北区地方税务局，"税(费)种名称"是个人所得税，"所属时期"为 20181101—20181130，同时，2018 年 11 月 30 日"应交税费——应交个人所得税"科目的贷方余额为 604.41 元，这表明本公司向常州市新北区地方税务局上交了上月未交的个人所得税，进行会计核算时，应记入"应交税费——应交个人所得税"科目的借方。

因此，该笔业务应填制记账凭证，如表 2-61-2 所示。

表 2-61-2　　　　　　　　　　　记 账 凭 证　　　　　　　　　　　附件1张
　　　　　　　　　　　　　　　2018 年 12 月 14 日　　　　　　　　　　第 5 号

会计主管：　　　　　记账：　　　　　复核：　　　　　制单：沈科

【业务 2-62】（共 1 张原始凭证,于 12 月 14 日取得）

表 2-62-1　**中国建设银行客户专用回单**

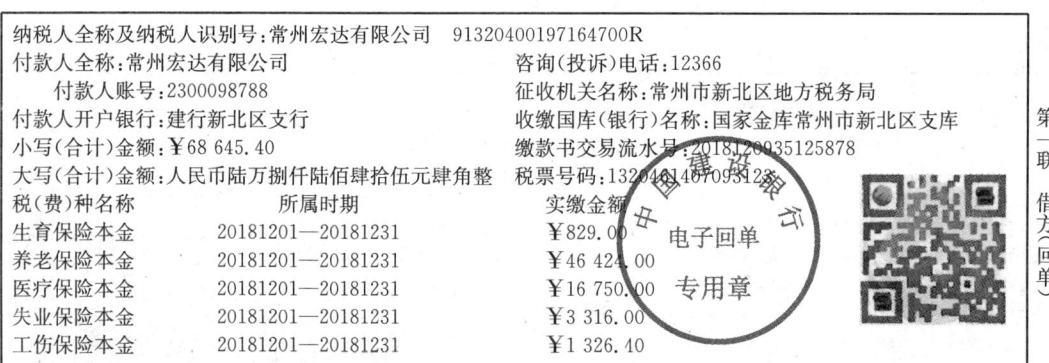

上述原始凭证中:

表 2-62-1 是中国建设银行客户专用回单的第一联借方回单,此联应作为付款方支付款项的记账依据。该原始凭证注明,"付款人"是本公司,"付款人账号"是 2300098788,表明本公司已通过账号为 2300098788 的基本户支付了款项,进行会计核算时,"金额"68 645.40 元应记入"银行存款——中国建设银行常州市新北区支行——2300098788"科目的贷方;"征收机关名称"是常州市新北区地方税务局,"税(费)种名称"是医疗保险本金、养老保险本金、失业保险本金、生育保险本金、工伤保险本金,"所属时期"均为 20181201—20181231,"实缴金额"分别为 16 750.00 元、46 424.00 元、3 316.00 元、829.00 元、1 326.40 元,同时 2018 年 11 月 30 日"应付职工薪酬——社会保险费——医疗保险""应付职工薪酬——设定提存计划——养老保险""应付职工薪酬——设定提存计划——失业保险""应付职工薪酬——社会保险费——生育保险""应付职工薪酬——社会保险费——工伤保险"科目的贷方余额分别为 13 264.00 元、33 160.00 元、2 487.00 元、829.00 元、1 326.40 元,这些由公司承担的社会

第二章 特殊经济业务记账凭证的编制

保险费连同本月[业务2-60]中发放工资时扣取个人应承担的医疗保险3 486.00元、养老保险13 264.00元、失业保险829.00元,合计为68 645.40元。该原始凭证表明本公司向常州市新北区地方税务局上交了本月应交的医疗保险、养老保险、失业保险、生育保险、工伤保险,进行会计核算时,应按期初余额分别记入"应付职工薪酬——社会保险费——医疗保险""应付职工薪酬——设定提存计划——养老保险""应付职工薪酬——设定提存计划——失业保险""应付职工薪酬——社会保险费——生育保险""应付职工薪酬——社会保险费——工伤保险"科目的借方,同时个人应承担的医疗保险3 486.00元、养老保险13 264.00元、失业保险829.00元应分别记入"其他应付款——社会保险费——医疗保险""其他应付款——设定提存计划——养老保险""其他应付款——设定提存计划——失业保险"科目的借方。

因此,该笔业务应填制记账凭证,如表2-62-2和表2-62-3所示。

表2-62-2　　　　　　　　　　　　**记 账 凭 证**　　　　　　　　　附件1张

2018年12月14日　　　　　　　　　　　第6 1/2号

摘要	会计科目		借方金额								贷方金额								记账
	总账科目	明细科目	百	十	万	千	百	十	元	角	分	百	十	万	千	百	十	元	角	分	
上缴社保基金	应付职工薪酬	设定提存计划——养老保险			3	3	1	6	0	0	0										
	应付职工薪酬	社会保险费——医疗保险			1	3	2	6	4	0	0										
	应付职工薪酬	设定提存计划——失业保险				2	4	8	7	0	0										
	应付职工薪酬	社会保险费——生育保险					8	2	9	0	0										
	应付职工薪酬	社会保险费——生育保险				1	3	2	6	4	0										
合　计																					

会计主管:　　　　记账:　　　　复核:　　　　制单:沈科

表2-62-3　　　　　　　　　　　　**记 账 凭 证**　　　　　　　　附件同记6 1/2张

2018年12月14日　　　　　　　　　　　第6 2/2号

摘要	会计科目		借方金额									贷方金额									记账
	总账科目	明细科目	百	十	万	千	百	十	元	角	分	百	十	万	千	百	十	元	角	分	
上缴社保基金	其他应付款	设定提存计划——养老保险			1	3	2	6	4	0	0										
	其他应付款	社会保险费——医疗保险				3	4	8	6	0	0										
	其他应付款	设定提存计划——失业保险					8	2	9	0	0										
	银行存款	中国建设银行常州市新北区支行——2300098788												6	8	6	4	5	4	0	
合　计			¥		6	8	6	4	5	4	0	¥		6	8	6	4	5	4	0	

会计主管:　　　　记账:　　　　复核:　　　　制单:沈科

【业务2-63】 （共1张原始凭证，于12月14日取得）

表2-63-1　　　　　　　　　**中国建设银行客户专用回单**

币别：人民币　　　　　　　　2018年12月14日　　　流水号 32062891423GPH5VA5M

付款人	全　称	常州宏达有限公司	收款人	全　称	常州市住房公积金管理中心
	账　号	2300098788		账　号	32001628536052501055
	开户行	建行新北区支行		开户行	同城实时借记业务
金　额		（大写）人民币叁万叁仟壹佰陆拾元整			（小写）¥33 160.00
凭证种类		其他凭证	凭证号码		000121230
结算方式		转账	用途		WFP公积金 000211255;20181214
		WFP公积金 000211255;20181214			打印柜员:320628736AJ1 打印机构:建行常州分行 打印卡号:9553301260105394

打印时间:2018-12-14　　14:08:22　　交易柜员:B01B0100 0001　　交易机构:320620027

（盖章：中国建设银行电子回单专用章）

第一联借方（回单）

上述原始凭证中：

表2-63-1是中国建设银行客户专用回单的第一联借方回单，此联应作为付款方支付款项的记账依据。该原始凭证注明，"付款人"是本公司，"付款人账号"是2300098788，表明本公司已通过账号为2300098788的基本户支付了款项，进行会计核算时，"金额"33 160.00元应记入"银行存款——中国建设银行常州市新北区支行——2300098788"科目的贷方；"收款人"是常州市住房公积金管理中心，"金额"为33 160.00元，同时2018年11月30日"应付职工薪酬——住房公积金"科目的贷方余额为16 580.00元，由公司承担的住房公积金连同本月[业务2-60]中发放工资时扣取个人应承担的住房公积金16 580.00元，合计为33 160.00元。该原始凭证表明本公司向常州市住房公积金管理中心上交了本月应交的住房公积金，进行会计核算时，应按期初余额16 580.00记入"应付职工薪酬——住房公积金"科目的借方，应按个人承担的住房公积金16 580.00元记入"其他应付款——住房公积金"科目的借方。

因此，该笔业务应填制记账凭证，如表2-63-2所示。

表2-63-2　　　　　　　　　**记　账　凭　证**　　　　　　　　　附件1张

2018年12月14日　　　　　　　　　　　　　　　　　　　　　　第7号

摘要	会计科目		借方金额								贷方金额								记账
	总账科目	明细科目	百	十	万	千	百	十	元	角	分	百	十	万	千	百	十	元	角	分	
缴纳住房	应付职工薪酬	住房公积金			1	6	5	8	0	0	0										
公积金	其他应付款	住房公积金			1	6	5	8	0	0	0										
	银行存款	中国建设银行常州市新北区支行——2300098788												3	3	1	6	0	0	0	
合　计			¥		3	3	1	6	0	0	0	¥		3	3	1	6	0	0	0	

会计主管：　　　　记账：　　　　复核：　　　　制单：沈科

第二章　特殊经济业务记账凭证的编制

【业务 2-64】（共 2 张原始凭证，于 12 月 20 日取得）

表 2-64-1

销 售 单

购货单位：无锡滨湖有限公司　　　　　　　　地址和电话：无锡锡山区锦安路 56 号 82402080
单据编号：0886　　　　　　　　　　　　　　纳税识别号：91320266784231920R
开户行及账号：建行无锡锡山区支行 2300554632　　　制单日期：2018.12.20

编码	产品名称	规格	单位	单价	数量	金额	备注
	A		千克	139.20	600	83 520.00	
合计	人民币(大写)捌万叁仟伍佰贰拾元整					83 520.00	

销售经理：陆星艺　　　经手人：陈昊天　　　会计：沈科　　　签收人：

（会计联）

表 2-64-2

3204098220

江苏增值税专用发票
此联不作报销和税凭证使用　　开票日期：2018 年 12 月 20 日

No.05231143

购货方	名　　称：无锡滨湖有限公司 纳税人识别号：91320266784231920R 地　址、电　话：无锡锡山区锦安路 56 号 82402080 开户行及账号：建行无锡锡山区支行 2300554632	密码区	2＜77/50/7912＜98＋1＊0198＜＜－0621/32101 16983/9826＊＞091651＜092－12810＜＜09121 87/29824/＊90－12/＊12＋08－0911－＊408134 54＋091/872－0916＋8226－/87261＋86282－0

货物及应税劳务、服务的名称	规格型号	单位	数量	单价	金　额	税率	税　额
＊塑料制品＊A		千克	600	120.00	72 000.00	16%	11 520.00
合　计					￥72 000.00		￥11 520.00
价税合计(大写)	捌万叁仟伍佰贰拾元整				(小写)￥83 520.00		

销货方	名　　称：常州宏达有限公司 纳税人识别号：91320400197164700R 地　址、电　话：太湖东路 66 号 85498660 开户行及账号：建行常州新北区支行 2300098788	备注	

收款人：　　　　复核：　　　　开票人：沈科　　　　销货单位：(章)

（第一联记账联　销售方记账凭证）

表 2-64-3

中国建设银行　进账单（收款通知）
2018 年 12 月 20 日

3

出票人	全　称	无锡滨湖有限公司	收款人	全　称	常州宏达有限公司
	账　号	2300554632		账　号	2300098788
	开户银行	建行无锡锡山区支行		开户银行	建行常州新北区支行

金额	人民币 (大写)	捌万叁仟伍佰贰拾元整	亿 仟 佰 拾 万 仟 佰 拾 元 角 分
			￥ 8 3 5 2 0 0 0

票据种类	转账支票	票据张数	1	办讫章 (01)
票据号码	1050214623486546			开户银行签章
复核		记账		

（此联是收款人开户银行给收款人的收账通知）

表 2-64-1 是销售单,应作为销售方的记账依据。该原始凭证注明,"购货单位"是无锡滨湖有限公司,销售产品 A 的含税"金额"是 83 520.00 元,这表明本公司实现了 A 的销售。

表 2-64-2 是江苏增值税专用发票的第一联记账联,此联应作为销售方的记账依据。该原始凭证注明,"销售方"是本公司,"购买方"是无锡滨湖有限公司,"货物或应税劳务、服务名称"是 A,这表明本公司销售了 A 产品给无锡滨湖有限公司。销售产品是本公司的主营业务,因此,进行会计核算时,销售产品的"金额"72 000.00 元应记入"主营业务收入——商品销售收入——A"科目的贷方,"税额"11 520.00 元应记入"应交税费——应交增值税——销项税额"科目的贷方。

表 2-64-3 是中国建设银行进账单第三联收款通知,是收款方收到款项的记账依据。该原始凭证注明,"出票人"是无锡滨湖有限公司,"收款人"是常州宏达有限公司,"收款人账号"是 2300098788,"金额"是 83 520.00,表明款项已经收到,因此"价税合计"83 520.00 元应记入"银行存款——中国建设银行常州市新北区支行——2300098788"科目的借方。

因此,该笔业务应填制记账凭证,如表 2-64-4 所示。

表 2-64-4

记 账 凭 证

2018 年 12 月 20 日　　　　　附件 3 张　　第 8 号

摘要	会计科目		借方金额								贷方金额								记账
	总账科目	明细科目	百	十	万	千	百	十	元	角	分	百	十	万	千	百	十	元	角	分	
销售产品 A	银行存款	中国建设银行常州市新北区支行——2300098788			8	3	5	2	0	0	0										
款已收	主营业务收入	商品销售收入——A												7	2	0	0	0	0	0	
	应交税费	应交增值税——销项税额													1	1	5	2	0	0	0	
合　　计			¥	8	3	5	2	0	0	0	¥	8	3	5	2	0	0	0	

会计主管:　　　　记账:　　　　复核:　　　　制单:沈科

【业务 2-65】（共 1 张原始凭证,于 12 月 31 日取得）

表 2-65-1

坏账准备计算表

2018 年 12 月 31 日　　　　　　　　　　　　　　　　单位:元

项目	应收款项期末余额	计提比例	坏账准备期初余额	本期确认坏账损失	已确认坏账本期收回	应补提金额	应冲减金额
应收账款	614 400.00	5%	19 760.00			10 960.00	
合　计						10 960.00	

编制:沈科　　　　　　　　　　　　　　　　　　　　审核:王溯阳

上述原始凭证中：

表 2-65-1 是坏账准备计算表，此表应作为期末计提坏账准备的记账依据。该原始凭证注明的内容表明，本公司本期应收账款坏账准备"应补提金额"是 10 960.00 元，公司计提的坏账准备应作为资产减值损失，进行会计核算时，"应补提金额"10 960.00 元应分别记入"资产减值损失——坏账损失"科目的借方以及"坏账准备——应收账款坏账准备"科目的贷方。

因此，该笔业务应填制记账凭证，如表 2-65-2 所示。

表 2-65-2　　　　　　　　　　　记　账　凭　证　　　　　　　　　附件 1 张

2018 年 12 月 31 日　　　　　　　　　　　　　　第 9 号

摘要	会计科目		借方金额								贷方金额								记账
	总账科目	明细科目	百	十	万	千	百	十	元	角	分	百	十	万	千	百	十	元	角	分	
计提坏账	资产减值损失	坏账损失			1	0	9	6	0	0	0										
准备	坏账准备	应收账款坏账准备												1	0	9	6	0	0	0	
合　计			¥	1	0	9	6	0	0	0	¥	1	0	9	6	0	0	0		

会计主管：　　　　　　记账：　　　　　　复核：　　　　　　制单：沈科

【业务 2-66】（共 2 张原始凭证，于 12 月 31 日取得）

表 2-66-1　　　　　　　　　　工　资　明　细　表

2018 年 12 月 31 日　　　　　　　　　　　　　　单位：元

姓　名	岗　位	工　资
杨家豪	总经理	6 200.00
张雅茹	办公室	5 600.00
王琦珊	办公室	4 800.00
王溯阳	财务部经理	6 200.00
沈　科	财务部	5 600.00
潘星宇	财务部	3 400.00
朱明哲	采购部经理	5 800.00
周志亮	采购部	5 200.00
陆星艺	销售部经理	4 600.00
陈昊天	销售部	4 600.00
沈鑫亮	销售部	3 800.00
钱达成	车间主任	6 200.00
郑　朋	车间副主任	5 800.00
王家诚	车间统计	3 650.00
刘美英	车间副主任	5 200.00

(续表)

姓 名	岗 位	工 资
张昊辰	A生产工人	5 800.00
刘 飞	A生产工人	5 600.00
张琳琳	A生产工人	4 200.00
陈琰美	A生产工人	3 200.00
张平安	A生产工人	3 600.00
周晓晨	A生产工人	5 600.00
单小其	A生产工人	5 600.00
吕洋洋	A生产工人	4 600.00
张方明	A生产工人	3 100.00
张俊鹏	A生产工人	3 800.00
卢国华	A生产工人	6 000.00
纪文化	A生产工人	3 800.00
范新友	A生产工人	2 800.00
蒋文彬	A生产工人	2 800.00
周立平	A生产工人	5 600.00
刘 钰	A生产工人	5 000.00
张明华	A生产工人	4 800.00
李 林	A生产工人	3 650.00
肖 刚	A生产工人	6 000.00
陈宏达	A生产工人	5 800.00
刘 凡	A生产工人	5 600.00
纪 波	A生产工人	3 000.00
合 计		176 600.00

编制：沈科　　　　　　　　　　　　　　　　　　　　　　　审核：王溯阳

表 2-66-2

工资费用分配表

2018 年 12 月 31 日

应借账户	直接计入	分配计入			合计
		生产工时(小时)	分配率	分配金额(元)	
生产成本——基本生产成本——A——直接人工	99 950.00				99 950.00
制造费用——工资	20 850.00				20 850.00
管理费用——工资	55 800.00				55 800.00
合 计	176 600.00				176 600.00

编制：沈科　　　　　　　　　　　　　　　　　　　　　　　审核：王溯阳

上述原始凭证中：

表 2-66-1 是工资明细表，此表应作为期末计算分配工资费用的记账依据。该原始凭证

注明的内容表明,本公司12月"应付工资"合计是176 600.00元。

表2-66-2是工资费用分配表,此表也应作为期末计算分配工资费用的记账依据。该原始凭证注明的内容表明,本月应支付给职工的工资总额是176 600.00元,进行会计核算时,应记入"应付职工薪酬——工资"科目的贷方;同时,生产A产品、生产车间、管理部门分别应承担工资费用99 950.00元、20 850.00元、55 800.00元,进行会计核算时,应分别记入"生产成本——基本生产成本——A——直接人工""制造费用——工资""管理费用——工资"科目的借方。

因此,该笔业务应填制记账凭证,如表2-66-3所示。

表2-66-3 记 账 凭 证 附件2张

2018年12月31日 第10号

摘要	会计科目		借方金额	贷方金额	记账
	总账科目	明细科目	百十万千百十元角分	百十万千百十元角分	
分配工资	生产成本	基本生产成本——A——直接人工	9 9 9 5 0 0 0		
	制造费用	工资	2 0 8 5 0 0 0		
	管理费用	工资	5 5 8 0 0 0 0		
	应付职工薪酬	工资		1 7 6 6 0 0 0 0	
	合 计		¥1 7 6 6 0 0 0 0	¥1 7 6 6 0 0 0 0	

会计主管: 记账: 复核: 制单:沈科

【业务2-67】 (共1张原始凭证,于12月31日取得)

表2-67-1 五险一金计算表

2018年12月31日 单位:元

应借账户	工资总额	养老保险(20%)	医疗保险(8%)	失业保险(1.5%)	工伤保险(0.8%)	生育保险(0.5%)	公积金(10%)	合计
生产成本——基本生产成本——A——直接人工	99 950.00	19 990.00	7 996.00	1 499.25	799.60	499.75	9 995.00	40 779.60
制造费用——五险一金	20 850.00	4 170.00	1 668.00	312.75	166.80	104.25	2 085.00	8 506.80
管理费用——五险一金	55 800.00	11 160.00	4 464.00	837.00	446.40	279.00	5 580.00	22 766.40
合 计	176 600.00	35 320.00	14 128.00	2 649.00	1 412.80	883.00	17 660.00	72 052.80

编制:沈科 审核:王溯阳

上述原始凭证中:

表2-67-1是五险一金计算表,此表应作为期末计算分配五险一金的记账依据。该原始凭证注明的内容表明,本月生产A产品、生产车间、管理部门分别应承担五险一金费用

40 779.60元、8 506.80元、22 766.40元,进行会计核算时,应分别记入"生产成本——基本生产成本——A——直接人工""制造费用——五险一金""管理费用——五险一金"科目的借方;此外,应上交的养老保险、医疗保险、失业保险、工伤保险、生育保险和住房公积金分别是35 320.00元、14 128.00元、2 649.00元、1 412.80元、883.00元、17 660.00元,应分别记入"应付职工薪酬——设定提存计划——养老保险""应付职工薪酬——社会保险费——医疗保险""应付职工薪酬——设定提存计划——失业保险""应付职工薪酬——社会保险费——工伤保险""应付职工薪酬——社会保险费——生育保险""应付职工薪酬——住房公积金"科目的贷方。

因此,该笔业务应填制记账凭证,如表2-67-2和表2-67-3所示。

表 2-67-2　　　　　　　　　记 账 凭 证　　　　　　　　　附件1张

2018年12月31日　　　　　　　　　　　　　　　　第11 1/2号

摘要	会计科目		借方金额								贷方金额								记账
	总账科目	明细科目	百	十	万	千	百	十	元	角	分	百	十	万	千	百	十	元	角	分	
计提五险一金	生产成本	基本生产成本——A——直接人工				4	0	7	7	9	6	0									
	制造费用	五险一金					8	5	0	6	8	0									
	管理费用	五险一金				2	2	7	6	6	4	0									
	应付职工薪酬	设定提存计划——养老保险													3	5	3	2	0	0	0	
	应付职工薪酬	社会保险费——医疗保险													1	4	1	2	8	0	0	
合　　计																						

会计主管:　　　　　记账:　　　　　复核:　　　　　制单:沈科

表 2-67-3　　　　　　　　　记 账 凭 证　　　　　　　　　附件同11 1/2张

2018年12月31日　　　　　　　　　　　　　　　　第11 2/2号

摘要	会计科目		借方金额									贷方金额									记账
	总账科目	明细科目	百	十	万	千	百	十	元	角	分	百	十	万	千	百	十	元	角	分	
计提五险一金	应付职工薪酬	设定提存计划——失业保险													2	6	4	9	0	0		
	应付职工薪酬	社会保险费——工伤保险													1	4	1	2	8	0		
	应付职工薪酬	社会保险费——生育保险														8	8	3	0	0		
	应付职工薪酬	住房公积金													1	7	6	6	0	0	0	
合　　计					¥	7	2	0	5	2	8	0		¥	7	2	0	5	2	8	0	

会计主管:　　　　　记账:　　　　　复核:　　　　　制单:沈科

【业务2-68】(共2张原始凭证,于12月31日取得)

表 2-68-1　　　　　　　　　发出材料单位成本计算单
　　　　　　　　　　　　　　2018 年 12 月 31 日　　　　　　　　　　　金额单位:元

材料名称	单位	期初		本期入库		发出材料单价
		数量	金额	数量	金额	
X01	千克	1 000	30 870.00	2 000	60 000.00	30.29
合　计						

编制:沈科　　　　　　　　　　　　　　　　　　　　　　　　　　　　审核:王溯阳

表 2-68-2　　　　　　　　　　原材料发出汇总表
　　　　　　　　　　　　　　2018 年 12 月 31 日

部门＼类别	X01 材料		合　计
	数量(千克)	金额(元)	
生产车间——A	2 800	84 812.00	
合计	2 800	84 812.00	

编制:沈科　　　　　　　　　　　　　　　　　　　　　　　　　　　　审核:王溯阳

上述原始凭证中:

表 2-68-1 是发出材料单位成本计算表,此表应作为期末材料单位成本的记账依据。该原始凭证的内容表明,原材料 X01 月末一次加权平均单位成本是 30.29 元。

表 2-68-2 是原材料发出汇总表,此表应作为期末计算分配材料费用的记账依据。该原始凭证的内容表明,本月发出 X01 材料的成本为 84 812.00 元,进行会计核算时,应记入"原材料——X01"科目的贷方;同时,生产 A 产品发生原材料费用为 84 812.00 元,进行会计核算时,应记入"生产成本——基本生产成本——A——直接材料"科目的借方。

因此,该笔业务应填制记账凭证,如表 2-68-3 所示。

表 2-68-3　　　　　　　　　　　记　账　凭　证　　　　　　　　　附件 2 张
　　　　　　　　　　　　　　　2018 年 12 月 31 日　　　　　　　　　　第 12 号

摘要	会计科目		借方金额									贷方金额									记账
	总账科目	明细科目	百	十	万	千	百	十	元	角	分	百	十	万	千	百	十	元	角	分	
计算并结转发出材料成本	生产成本	基本生产成本——A——直接材料			8	4	8	1	2	0	0										
	原材料	X01												8	4	8	1	2	0	0	
合　　计				¥	8	4	8	1	2	0	0		¥	8	4	8	1	2	0	0	

会计主管:　　　　　记账:　　　　　复核:　　　　　制单:沈科

【业务 2-69】（共 1 张原始凭证,于 12 月 31 日取得）

表 2-69-1　　　　　　　　　　**固定资产折旧计算表**

2018 年 12 月 31 日　　　　　　　　　　　　　　　　　金额单位:元

固定资产类别	使用部门	品名	单位	数量	原价	月折旧率	月折旧额
房屋建筑物	管理部门	办公楼	幢	1	1 500 000.00	0.004	6 000.00
	车间	厂房	幢	1	1 000 000.00	0.004	4 000.00
机器设备	车间	机器设备 W	台	1	30 000.00	0.008	240.00
		机器设备 V	台	10	600 000.00	0.008	4 800.00
		机器设备 M	台	5	150 000.00	0.008	1 200.00
		机器设备 N	台	1	250 000.00	0.008	2 000.00
运输工具	管理部门	丰田轿车	辆	1	200 000.00	0.02	4 000.00
电子设备	车间	空调 S	台	6	36 000.00	0.026 7	961.20
		电脑 HP	台	2	11 000.00	0.026 7	293.70
	管理部门	空调 H	台	5	30 000.00	0.026 7	801.00
		电脑 HP	台	8	44 000.00	0.026 7	1 174.80
合　计					3 851 000.00		25 470.70

编制:沈科　　　　　　　　　　　　　　　　　　　　　　审核:王溯阳

上述原始凭证中:

表 2-69-1 是固定资产折旧表,此表应作为期末计提固定资产折旧的记账依据。该原始凭证的内容表明,本公司计提了折旧,进行会计核算时,"月折旧额"25 470.70 元应记入"累计折旧"科目的贷方;同时,该原始凭证的内容还表明生产车间承担了折旧费用 13 494.90 元、管理部门承担了折旧费用 11 975.80 元,进行会计核算时,应分别记入"制造费用——折旧费""管理费用——折旧费"科目的借方。

因此,该笔业务应填制记账凭证,如表 2-69-2 所示。

表 2-69-2　　　　　　　　　**记 账 凭 证**　　　　　　　　　附件 1 张

2018 年 12 月 31 日　　　　　　　　　　　　　　　　　第 13 号

摘要	会计科目		借方金额								贷方金额								记账
	总账科目	明细科目	百	十	万	千	百	十	元	角	分	百	十	万	千	百	十	元	角	分	
计提本月固	制造费用	折旧费			1	3	4	9	4	9	0										
定资产折旧	管理费用	折旧费			1	1	9	7	5	8	0										
	累计折旧													2	5	4	7	0	7	0	
合　计			¥		2	5	4	7	0	7	0	¥		2	5	4	7	0	7	0	

会计主管:　　　　　　记账:　　　　　　复核:　　　　　　制单:沈科

【业务 2-70】（共 1 张原始凭证,于 12 月 31 日取得）

表 2-70-1   制造费用分配表

2018 年 12 月 31 日

产品名称	生产工时(小时)	分配率	分配金额(元)
A			42 851.70
合计			42 851.70

编制：沈科　　　　　　　　　　　　　　　　　　　审核：王溯阳

上述原始凭证中：

表 2-70-1 是制造费用分配表，此表应作为期末计算分配制造费用的记账依据。该原始凭证注明的内容表明，本月生产 A 产品应承担制造费用 42 851.70 元，记入"生产成本——基本生产成本——A——制造费用"科目的借方；此外，本月在"制造费用"科目借方归集的产品生产间接费用，应按照各明细科目的借方发生额分别记入"制造费用"各明细科目的贷方。

因此，该笔业务应填制记账凭证，如表 2-70-2 所示。

表 2-70-2   记 账 凭 证　　　　　　　　　附件 1 张

2018 年 12 月 31 日　　　　　　　　　　　　　　　第 14 号

摘要	会计科目		借方金额									贷方金额									记账
	总账科目	明细科目	百	十	万	千	百	十	元	角	分	百	十	万	千	百	十	元	角	分	
结转制造	生产成本	基本生产成本——A——制造费用			4	2	8	5	1	7	0										
费用	制造费用	工资												2	0	8	5	0	0	0	
		五险一金													8	5	0	6	8	0	
		折旧费												1	3	4	9	4	9	0	
合计			¥		4	2	8	5	1	7	0	¥		4	2	8	5	1	7	0	

会计主管：　　　　　记账：　　　　　复核：　　　　　制单：沈科

【业务 2-71】 （共 2 张原始凭证，于 12 月 31 日取得）

表 2-71-1   产品产量明细表

2018 年 12 月 31 日　　　　　　　　　　　　　　　　单位：千克

产品	月初在产品数量	本月投产产品数量	本月完工产品数量	本月产品入库数量	月末在产品数量	投料率	期末在产品完工率
A		4 200	4 000	4 000	200	100%	60%

编制：沈科　　　　　　　　　　　　　　　　　　　审核：王溯阳

表 2-71-2　　　　　　　　　　　　**产品成本计算单**

产品名称：A　　　　　　　　　　2018 年 12 月 31 日　　　　　　　　　　单位：元

摘要	直接材料	直接人工	制造费用	合计
期初在产品成本				
本月发生费用	84 812.00	140 729.60	42 851.70	268 393.30
生产费用合计	84 812.00	140 729.60	42 851.70	268 393.30
完工产品成本	80 760.00	136 640.00	41 600.00	259 000.00
月末在产品成本	4 052.00	4 089.60	1 251.70	9 393.30

编制：沈科　　　　　　　　　　　　　　　　　　　　　　　　　　审核：王溯阳

上述原始凭证中：

表 2-71-1 是产品产量明细表，此表应作为期末计算分配产品生产成本的记账依据。该原始凭证的内容表明了 A 的月初在产品数量、本月投产数量、本月完工入库数量、月末在产品数量及其完工比率，其中本月本公司有 4 000 千克 A 产品已经完工验收入库。

表 2-71-2 是产品成本计算单，此单应作为期末结转完工产品成本的记账依据。该原始凭证的内容表明，本月完工 A 产品的成本是 259 000.00 元。

根据表 2-71-1 和表 2-71-2 进行会计核算时，完工入库的 4 000 千克 A 产品应记入"库存商品——A"科目的借方；本月在"生产成本——基本生产成本"科目借方归集的产品生产费用中完工入库部分对应的直接材料、直接人工、制造费用，应按照各自的借方发生额分别记入"生产成本——基本生产成本"各明细科目的贷方。

因此，该笔业务应填制记账凭证，如表 2-71-3 所示。

表 2-71-3　　　　　　　　　　　　**记 账 凭 证**　　　　　　　　　　　　附件 2 张

2018 年 12 月 31 日　　　　　　　　　　　　　　　　　　　　　　　　　第 15 号

摘要	会计科目		借方金额								贷方金额								记账
	总账科目	明细科目	百	十	万	千	百	十	元	角	分	百	十	万	千	百	十	元	角	分	
结转完工产品成本	库存商品	A		2	5	9	0	0	0	0	0										
	生产成本	基本生产成本——A——直接材料												8	0	7	6	0	0	0	
		基本生产成本——A——直接人工											1	3	6	6	4	0	0	0	
		基本生产成本——A——制造费用												4	1	6	0	0	0	0	
合计			¥	2	5	9	0	0	0	0	0	¥	2	5	9	0	0	0	0	0	

会计主管：　　　　　记账：　　　　　复核：　　　　　制单：沈科

【业务 2-72】（共 2 张原始凭证，于 12 月 31 日取得）

表 2-72-1　　　　　　　　　　**单位产品成本计算单**　　　　　　　计量单位:千克

2018 年 12 月 31 日　　　　　　　　　　　　　金额单位:元

产品名称	期初结存		本期入库及销售退回		单位成本
	数量	金额	数量	金额	
A	1 200	80 160.00	4 000	259 000.00	65.22
合计	1 200	80 160.00	4 000	259 000.00	65.22

编制:沈科　　　　　　　　　　　　　　　　　　　　　　　　审核:王溯阳

表 2-72-2　　　　　　　　　　**销售产品成本结转表**　　　　　　　计量单位:千克

2018 年 12 月 31 日　　　　　　　　　　　　　金额单位:元

用途	产品名称 A			产品名称			合计
	数量	单位成本	总成本	数量	单位成本	总成本	
销售	1 600	65.22	104 352.00				104 352.00
合　计	1 600		104 352.00				104 352.00

编制:沈科　　　　　　　　　　　　　　　　　　　　　　　　审核:王溯阳

上述原始凭证中:

表 2-72-1 是单位产品成本计算单,此表作为期末计算产成品销售成本的记账依据。该原始凭证注明的内容表明,A 产品的单位成本为 65.22 元。

表 2-72-2 是销售产品成本结转算表,此表也作为期末计算产成品销售成本的记账依据。该原始凭证注明的内容表明,本公司本月销售 A 产品的总成本为 104 352.00 元,进行会计核算时,应分别记入"主营业务成本——商品销售成本——A"科目的借方以及"库存商品——A"科目的贷方。

因此,该笔业务应填制记账凭证,如表 2-72-3 所示。

表 2-72-3　　　　　　　　　　**记　账　凭　证**　　　　　　　　　附件 2 张

2018 年 12 月 31 日　　　　　　　　　　　　　第 16 号

摘要	会计科目		借方金额								贷方金额								记账
	总账科目	明细科目	百	十	万	千	百	十	元	角	分	百	十	万	千	百	十	元	角	分	
结转销售产	主营业务成本	商品销售成本——A			1	0	4	3	5	2	0	0									
品成本	库存商品	A												1	0	4	3	5	2	0	0	
	合　计		¥		1	0	4	3	5	2	0	0	¥		1	0	4	3	5	2	0	0	

会计主管:　　　　　记账:　　　　　复核:　　　　　制单:沈科

【业务 2-73】（共 1 张原始凭证，于 12 月 31 日取得）

表 2-73-1　　　　　　　　　　**应交增值税计算表**

2018 年 12 月 31 日

一、增值税	金　额（元）
销项税额	30 720.00
进项税额	23 200.00
上期留抵税额	4 560.00
进项税额转出	
应纳税额	2 960.00
期末留抵税额	
简易征收办法计算的应纳税额	
应纳税额减征额	
应纳税额合计	2 960.00

编制：沈科　　　　　　　　　　　　　　　　　　　　　　　审核：王溯阳

上述原始凭证中：

表 2-73-1 是应交增值税计算表，此表应作为企业期末计算增值税的记账依据。该原始凭证注明，本公司本月"销项税额"为 30 720.00 元，"进项税额"为 23 200.00 元，"上月留抵税额"为 4 560.00 元，从而计算出本月"应纳税额"为 2 960.00 元，"简易征收办法计算的应纳税额"与"应纳税额减征额"均为 0，因此"应纳税额合计"为 2 960.00 元。进行会计核算时，"应纳税额合计"金额 2 960.00 元应分别记入"应交税费——应交增值税（转出未交增值税）"科目的借方以及"应交税费——未交增值税"科目的贷方。

因此，该笔业务应填制记账凭证，如表 2-73-2 所示。

表 2-73-2　　　　　　　　　　**记 账 凭 证**　　　　　　　　　附件 1 张

2018 年 12 月 31 日　　　　　　　　　第 17 号

摘要	会计科目		借方金额								贷方金额								记账
	总账科目	明细科目	百	十万	千	百	十	元	角	分	百	十万	千	百	十	元	角	分	
计算应交	应交税费	应交增值税——转出未交增值税			2	9	6	0	0	0									
增值税	应交税费	未交增值税											2	9	6	0	0	0	
合　计				¥	2	9	6	0	0	0		¥	2	9	6	0	0	0	

会计主管：　　　　　记账：　　　　　复核：　　　　　制单：沈科

【业务 2-74】（共 1 张原始凭证，于 12 月 31 日取得）

表 2-74-1　城市维护建设税、教育费附加、地方教育费附加计算表

2018 年 12 月 31 日　　　　　　　　　　　　　　　　单位：元

税（费）种	增值税	税率（增收率）	本期应纳税费	本期已缴税费	本期应补（退）税费
城市维护建设税（市区）	2 960.00	7%	207.20		207.20
教育费附加	2 960.00	3%	88.80		88.80
地方教育费附加	2 960.00	2%	59.20		59.20
合　计			355.20		355.20

编制：沈科　　　　　　　　　　　　　　　　　　审核：王溯阳

上述原始凭证中：

表 2-74-1 是城市维护建设税、教育费附加、地方教育费附加计算表，此表应作为企业期末计算城市维护建设税及教育费附加的记账依据。该原始凭证注明，城市维护建设税、教育费附加、地方教育费附加的计缴依据是本月合计应交增值税的税额 2 960.00 元，"城市维护建设税"的"本期应纳税费"是 207.20 元，"教育费附加"的"本期应纳税费"是 88.80 元，"地方教育费附加"的"本期应纳税费"是 59.20 元，"本期已缴税费"金额均无余额，因此，城市维护建设税、教育费附加、地方教育费附加的"本期应补（退）税费"分别是 207.20 元、88.80 元、59.20 元，这表明本公司本月发生了税金及附加费用，进行会计核算时，"本期应补（退）税费"金额应分别记入"税金及附加——城市维护建设税""税金及附加——教育费附加""税金及附加——地方教育费附加"科目的借方以及"应交税费——应交城市维护建设税""应交税费——应交教育费附加"和"应交税费——应交地方教育费附加"科目的贷方。

因此，该笔业务应填制记账凭证，如表 2-74-2 和表 2-74-3 所示。

表 2-74-2　　　　　　　　记 账 凭 证　　　　　　　　附件 1 张

2018 年 12 月 31 日　　　　　　　　　　　　　　　第 18 1/2 号

摘要	会计科目		借方金额								贷方金额								记账
	总账科目	明细科目	百	十	万	千	百	十	元	角	分	百	十	万	千	百	十	元	角	分	
计算城市维护建设税	税金及附加	城市维护建设税					2	0	7	2	0										
教育费附加	税金及附加	教育费附加						8	8	8	0										
地方教育费附加	税金及附加	地方教育费附加						5	9	2	0										
	应交税费	应交城市维护建设税														2	0	7	2	0	
	应交税费	应交教育费附加															8	8	8	0	
合　计																					

会计主管：　　　　　记账：　　　　　复核：　　　　　制单：沈科

表2-74-3　　　　　　　　　　　　　记 账 凭 证　　　　　　　　附件同记18 1/2张
　　　　　　　　　　　　　　　　　2018年12月31日　　　　　　　　　第18 2/2号

摘要	会计科目		借方金额									贷方金额									记账
	总账科目	明细科目	百	十	万	千	百	十	元	角	分	百	十	万	千	百	十	元	角	分	
计算城市维护建设税	应交税费	应交地方教育费附加															5	9	2	0	
教育费附加																					
地方教育费附加																					
	合计					¥	3	5	5	2	0				¥	3	5	5	2	0	

会计主管：　　　　　记账：　　　　　复核：　　　　　制单：沈科

【业务2-75】（共1张原始凭证，于12月31日取得）

表2-75-1　　　　　　　　**预计产品质量保证损失计算表**
　　　　　　　　　　　　　2018年12月31日　　　　　　　　　　　单位：元

本月销售收入	计提比例	金额
192 000.00	0.3%	576.00

编制：沈科　　　　　　　　　　　　　　　　　　　　　　审核：王溯阳

上述原始凭证中：

表2-75-1是预计产品质量保证损失计算表，此表应作为企业期末计算产品质量保证费用的记账依据。该原始凭证注明，本月销售收入为192 000.00元，公司政策规定计提比例为0.3%，本期计提产品质量保证金额是576.00元。进行会计核算时，"金额"576.00元应记入"销售费用——预计商品质量保证损失"科目的借方以及"预计负债——产品质量保证"科目的贷方。

因此，该笔业务应填制记账凭证，如表2-75-2所示。

表2-75-2　　　　　　　　　　　　记 账 凭 证　　　　　　　　　　　附件1张
　　　　　　　　　　　　　　　　　2018年12月31日　　　　　　　　　第19号

摘要	会计科目		借方金额									贷方金额									记账
	总账科目	明细科目	百	十	万	千	百	十	元	角	分	百	十	万	千	百	十	元	角	分	
计算预计产品质量保证损失	销售费用	预计商品质量保证损失					5	7	6	0	0										
	预计负债	产品质量保证														5	7	6	0	0	
	合计					¥	5	7	6	0	0				¥	5	7	6	0	0	

会计主管：　　　　　记账：　　　　　复核：　　　　　制单：沈科

第二章 特殊经济业务记账凭证的编制

【业务 2-76】（共 1 张原始凭证，于 12 月 31 日取得）

表 2-76-1　　　　　　　　　递延所得税资产、负债计算表

2018 年 12 月 31 日　　　　　　　　　　　　　　　　单位：元

项　目	2018 年 12 月 31 日应有余额	2018 年 12 月 31 日账面余额	应确认金额	应转回金额
递延所得税资产——坏账准备	7 680.00	4 940.00	2 740.00	
递延所得税资产——预计负债——产品质量保证	3 544.00	2 310.00	1 234.00	
递延所得税负债——固定资产加速折旧	21 250.00		21 250.00	

编制：沈科　　　　　　　　　　　　　　　　　　审核：王溯阳

上述原始凭证中：

表 2-76-1 是递延所得税资产、负债计算表，此表应作为企业年末计算递延所得税资产和递延所得税负债的记账依据。该原始凭证注明，递延所得税资产——坏账准备 2018 年 12 月 31 日应有余额为 7 680.00 元，账面余额为 4 940.00 元，本期应确认递延所得税资产——坏账准备 2 740.00 元，进行会计核算时，"金额"2 740.00 元应分别记入"递延所得税资产——坏账准备"科目的借方以及"所得税费用——递延所得税费用"科目的贷方。递延所得税资产——预计负债——产品质量保证 2018 年 12 月 31 日应有余额为 3 544.00 元，账面余额为 2 310.00 元，本期应确认递延所得税资产——预计负债——产品质量保证 1 234.00元，进行会计核算时，"金额"1 234.00 元应分别记入"递延所得税资产——预计负债——产品质量保证"科目的借方以及"所得税费用——递延所得税费用"科目的贷方。递延所得税负债——固定资产加速折旧 2018 年 12 月 31 日应有余额为 21 250.00 元，账面无余额，本期应确认递延所得税负债——固定资产加速折旧 21 250.00 元，进行会计核算时，"金额"21 250.00 元应分别记入"所得税费用——递延所得税费用"科目的借方以及"递延所得税负债——固定资产加速折旧"科目的贷方。

因此，该笔业务应填制记账凭证，如表 2-76-2 和表 2-76-3 所示。

表 2-76-2　　　　　　　　　　　记 账 凭 证　　　　　　　　　　附件 1 张

2018 年 12 月 31 日　　　　　　　　　　　　　　　　第 20 1/2 号

摘要	会计科目		借方金额									贷方金额									记账
	总账科目	明细科目	百	十	万	千	百	十	元	角	分	百	十	万	千	百	十	元	角	分	
计算递延所得税	递延所得税资产	坏账准备				2	7	4	0	0	0										
	递延所得税资产	预计负债——产品质量保证				1	2	3	4	0	0										
	所得税费用	递延所得税费用													3	9	7	4	0	0	
合　计			¥			3	9	7	4	0	0	¥			3	9	7	4	0	0	

会计主管：　　　　记账：　　　　复核：　　　　制单：沈科

表 2-76-3　　　　　　　　　　　　　记 账 凭 证　　　　　附件同记 20 1/2 张
　　　　　　　　　　　　　　　　2018 年 12 月 31 日　　　　　　　　第 20 2/2 号

摘要	会计科目		借方金额	贷方金额	记账
	总账科目	明细科目	百十万千百十元角分	百十万千百十元角分	
计算递延所得税	所得税费用	递延所得税费用	2 1 2 5 0 0 0		
	递延所得税负债	固定资产加速折旧		2 1 2 5 0 0 0	
	合　　计		￥　2 1 2 5 0 0 0	￥　2 1 2 5 0 0 0	

会计主管：　　　　记账：　　　　复核：　　　　制单：沈科

【业务 2-77】（共 1 张原始凭证，于 12 月 31 日取得）

表 2-77-1　　　　　　　　　　**损益类账户发生额结转表**

　　　　　　　　　　　　　　2018 年 12 月 31 日　　　　　　　　　　　　　单位：元

账户名称	借方累计发生额	贷方累计发生额
主营业务收入		192 000.00
主营业务成本	104 352.00	
税金及附加	355.20	
管理费用	90 542.2	
销售费用	576.00	
资产减值损失	10 960.00	
所得税费用	17 276.00	
合　计	224 061.40	192 000.00

编制：沈科　　　　　　　　　　　　　　　　　　　　　　　　　　　审核：王溯阳

上述原始凭证中：

表 2-77-1 是损益类账户发生额结转表，此表应作为期末结转损益类科目的记账依据。该原始凭证注明的内容表明，本公司本月收入类科目发生额合计为 192 000.00 元，期末结转时，应从"主营业务收入"明细科目的借方转入"本年利润"科目的贷方。同时，本公司本月费用类科目发生额合计为 224 061.40 元，应分别从"主营业务成本""税金及附加""管理费用""销售费用""资产减值损失"及"所得税费用——递延所得税费用"各明细科目的贷方转入"本年利润"科目的借方。

因此，该笔业务应填制记账凭证，如表 2-77-2 至表 2-77-5 所示。

表 2-77-2

记 账 凭 证

2018 年 12 月 31 日

附件 1 张
第 21 1/4 号

摘要	会计科目		借方金额									贷方金额									记账
	总账科目	明细科目	百	十	万	千	百	十	元	角	分	百	十	万	千	百	十	元	角	分	
结转损益类	主营业务收入	商品销售收入——A		1	9	2	0	0	0	0	0										
科目	本年利润												1	9	2	0	0	0	0	0	
	合 计		¥	1	9	2	0	0	0	0	0	¥	1	9	2	0	0	0	0	0	

会计主管：　　　　记账：　　　　复核：　　　　制单：沈科

表 2-77-3

记 账 凭 证

2018 年 12 月 31 日

附件同记 21 1/4 张
第 21 2/4 号

摘要	会计科目		借方金额									贷方金额									记账
	总账科目	明细科目	百	十	万	千	百	十	元	角	分	百	十	万	千	百	十	元	角	分	
结转损益类	本年利润				2	2	4	0	6	1	4	0									
科目	所得税费用	递延所得税费用												1	7	2	7	6	0	0	
	主营业务成本	商品销售成本——A												1	0	4	3	5	2	0	0	
	税金及附加	城市维护建设税														2	0	7	2	0	
	税金及附加	教育费附加															8	8	8	0	
	合 计																				

会计主管：　　　　记账：　　　　复核：　　　　制单：沈科

表 2-77-4

记 账 凭 证

2018 年 12 月 31 日

附件同记 21 1/4 张
第 21 3/4 号

摘要	会计科目		借方金额									贷方金额									记账
	总账科目	明细科目	百	十	万	千	百	十	元	角	分	百	十	万	千	百	十	元	角	分	
结转损益类	税金及附加	地方教育费附加															5	9	2	0	
科目	管理费用	工资												5	5	8	0	0	0	0	
	管理费用	五险一金												2	2	7	6	6	4	0	
	管理费用	折旧费												1	1	9	7	5	8	0	
	销售费用	预计商品质量保证损失															5	7	6	0	0	
	合 计																				

会计主管：　　　　记账：　　　　复核：　　　　制单：沈科

表 2-77-5

记 账 凭 证

2018 年 12 月 31 日

附件同记 21 1/4 张
第 21 4/4 号

摘要	会计科目		借方金额									贷方金额									记账
	总账科目	明细科目	百	十	万	千	百	十	元	角	分	百	十	万	千	百	十	元	角	分	
结转损益类科目	资产减值损失	坏账损失												1	0	9	6	0	0	0	
	合 计		¥	2	2	4	0	6	1	4	0	¥	2	2	4	0	6	1	4	0	

会计主管： 记账： 复核： 制单：沈科

【业务 2-78】（共 1 张原始凭证，于 12 月 31 日取得）

表 2-78-1

递延所得税资产、负债计算表

2018 年 12 月 31 日

单位：元

项 目	2018 年 12 月 31 日应有余额	2017 年 12 月 31 日应有余额	应确认金额	应转回金额
递延所得税资产——可弥补亏损	74 211.85		74 211.85	

编制：沈科　　　　　　　　　　　　　　　　　　　　审核：王溯阳

上述原始凭证中：

表 2-78-1 是递延所得税资产、负债计算表，此表应作为企业年末计算递延所得税资产和递延所得税负债的记账依据。该原始凭证注明，递延所得税资产——可弥补亏损 2018 年年末余额为 74 211.85 元，2017 年年末无余额，本期应确认递延所得税资产——可弥补亏损 74 211.85 元。进行会计核算时，金额应分别记入"递延所得税资产——可弥补亏损"科目的借方以及"所得税费用——递延所得税费用"科目的贷方。

因此，该笔业务应填制记账凭证，如表 2-78-2 所示。

表 2-78-2

记 账 凭 证

2018 年 12 月 31 日

附件 1 张
第 22 号

摘要	会计科目		借方金额									贷方金额									记账
	总账科目	明细科目	百	十	万	千	百	十	元	角	分	百	十	万	千	百	十	元	角	分	
计算递延所得税	递延所得税资产	可弥补亏损				7	4	2	1	1	8	5									
	所得税费用	递延所得税费用													7	4	2	1	1	8	5	
	合 计					¥	7	4	2	1	1	8	5	¥	7	4	2	1	1	8	5	

会计主管： 记账： 复核： 制单：沈科

【业务2-79】（共1张原始凭证,于12月31日取得）

表2-79-1　　　　　　　　　　**损益类账户发生额结转表**

2018年12月31日　　　　　　　　　　　　　　　　　单位:元

账户名称	借方累计发生额	贷方累计发生额
所得税费用——递延所得税费用		74 211.85
合　计	74 211.85	74 211.85

编制:沈科　　　　　　　　　　　　　　　　　　　　审核:王溯阳

上述原始凭证中:

表2-79-1是损益类账户发生额结转表,此表应作为期末结转损益类科目的记账依据。该原始凭证注明的内容表明,本公司本月"所得税费用——递延所得税费用"科目的余额74 211.85元从借方转入"本年利润"科目的贷方。

因此,该笔业务应填制记账凭证,如表2-79-2所示。

表2-79-2　　　　　　　　　　　**记　账　凭　证**　　　　　　　　　附件1张

2018年12月31日　　　　　　　　　　　　　　　　　第23号

摘要	会计科目		借方金额									贷方金额									记账
	总账科目	明细科目	百	十	万	千	百	十	元	角	分	百	十	万	千	百	十	元	角	分	
结转递延所得税	所得税费用	递延所得税费用			7	4	2	1	1	8	5										
	本年利润													7	4	2	1	1	8	5	
合　计			¥		7	4	2	1	1	8	5	¥		7	4	2	1	1	8	5	

会计主管:　　　　　记账:　　　　　复核:　　　　　制单:沈科

【业务2-80】（共1张原始凭证,于12月31日取得）

表2-80-1　　　　　　　　　　**年度净利润计算及结转表**

2018年12月31日

项　目	金　额(元)
本年利润	−222 635.55

编制:沈科　　　　　　　　　　　　　　　　　　　　审核:王溯阳

上述原始凭证中:

表2-80-1是年度净利润计算及结转表,此表应作为结转本年利润的记账依据。该原始凭证注明的内容表明,本公司本年度的净利润为−222 635.555元,进行会计核算时,应分别

记入"利润分配——未分配利润"科目的借方以及"本年利润"科目的贷方。

因此,该笔业务应填制记账凭证,如表2-80-2所示。

表2-80-2

记 账 凭 证

附件1张

2018年12月31日　　　　第24号

摘要	会计科目		借方金额								贷方金额								记账
	总账科目	明细科目	百	十	万	千	百	十	元	角	分	百	十	万	千	百	十	元	角	分	
结转本年	利润分配	未分配利润			2	2	2	6	3	5	5	5										
利润	本年利润													2	2	2	6	3	5	5	5	
合　　计			¥		2	2	2	6	3	5	5	5	¥		2	2	2	6	3	5	5	5	

会计主管:　　　　　记账:　　　　　复核:　　　　　制单:沈科

第三章　特殊经济业务涉及的账簿设置

一、外币业务的账簿设置

(一) 外币兑换业务的账簿设置

外币兑换业务一般需要设置总账、日记账和明细账。

1. 总账

外币兑换业务涉及的总账主要包括"银行存款"和"财务费用"。总账最常用的格式为三栏式,设置借方、贷方和余额三个基本金额栏目,使用订本账。

2. 日记账

外币兑换业务日记账主要包括银行存款日记账。银行存款日记账包括记账本位币(通常为人民币)银行存款日记账和外币银行存款日记账。

银行存款日记账可按开户银行和其他金融机构、存款种类等设置。

银行存款日记账的格式一般采用三栏式,可设置收入、支出和结余三个基本金额栏目或借方、贷方和余额三个基本金额栏目。其中,外币银行存款日记账的格式采用复币三栏式,即在借方、贷方和余额三个基本金额栏目下按本币和外币分设专栏,或分别在本币和外币下设置借方、贷方和余额三个基本金额栏目。

银行存款收付业务较多的企业,也可以用采用多栏式银行存款日记账,在实际工作中一般企业主要采用三栏式银行存款日记账。

无论采用三栏式还是多栏式银行存款日记账,都必须使用订本账。

3. 明细账

外币兑换业务的明细账主要包括财务费用明细账。财务费用明细账常用的格式采用多栏式,使用活页式账簿。财务费用明细账可按费用项目,分别"汇兑差额""利息支出""利息收入""工本及手续费""现金折扣"等进行明细核算。

(二) 外币购销业务的账簿设置

外币购销业务一般需要设置总账、日记账和明细账。

1. 总账

外币购销业务涉及的总账主要包括"原材料""库存商品""固定资产""应收账款""应付

账款""应交税费""主营业务收入"和"银行存款"等总账。

2. 日记账

外币购销业务日记账主要包括银行存款日记账。

3. 明细账

外币购销业务涉及的总账都需设置明细账进行明细核算。其中：

"原材料""库存商品"明细账采用数量金额式，数量金额式明细分类账其借方（收入）、贷方（发出）和（结存）都分别设有数量、单价和金额三个专栏，使用活页式账簿。"原材料"明细账可按材料的保管地点（仓库）、材料的类别、品种和规格等进行明细核算；"库存商品"明细账可按库存商品的种类、品种和规格等进行明细核算。

"固定资产"明细账采用卡片账形式，"固定资产""累计折旧"明细账可按固定资产类别和项目一并在卡片账中进行明细核算。

"应收账款"明细账和"应付账款"明细账常用的格式采用三栏式，设置借方、贷方和余额三个基本金额栏目，使用活页式账簿。"应收账款"明细账和"应付账款"明细账按对方单位或个人进行明细核算。其中，外币"应收账款"明细账和"应付账款"明细账应采用复币三栏式。

"应交税费——应交增值税"明细账核算时采用借贷多栏式。应交增值税应分别"进项税额""已交税金""转出未交增值税""减免税款""销项税额""出口退税""进项税额转出""转出多交增值税"等设置专栏。

"主营业务收入"明细账常用的格式采用多栏式，使用活页式账簿。"主营业务收入"明细账可按主营业务的种类，分别"商品销售收入""提供劳务收入"等进行明细核算。

（三）外币借款业务的账簿设置

外币借款业务一般需要设置总账、日记账和明细账。

1. 总账

外币借款业务涉及的总账主要包括"银行存款""长期借款""短期借款""应付利息"和"财务费用"等总账。

2. 日记账

外币借款业务日记账主要包括银行存款日记账。

3. 明细账

外币借款业务涉及的总账都需设置明细账进行明细核算。

常用的格式采用三栏式，设置借方、贷方和余额三个基本金额栏目，使用活页式账簿。其中，外币"短期借款"明细账、"长期款借"明细账和"应付利息"明细账采用复币三栏式。

"短期借款"明细账可按借款种类、贷款人进行明细核算，"长期借款"明细账可按贷款单位和贷款种类，分别"本金""利息调整""应计利息"等进行明细核算。应付利息明细账可按存款人或债权人进行明细核算。

（四）收到投资者以外币投入的资本业务

收到投资者以外币投入的资本业务一般需要设置总账、日记账和明细账。

1. 总账

收到投资者以外币投入的资本业务涉及的总账主要包括"银行存款""实收资本(股本)"和"资本公积"总账。

2. 日记账

收到投资者以外币投入的资本业务日记账主要包括银行存款日记账。

3. 明细账

收到投资者以外币投入的资本业务涉及的总账都需设置明细账进行明细核算。

"实收资本(股本)"明细账和"资本公积"明细账常用的格式采用三栏式,设置借方、贷方和余额三个基本金额栏目,使用活页式账簿。如果企业注册资本的币种为非记账本位币,则"实收资本(股本)"明细账应采用复币三栏式。

"实收资本(股本)"明细账可按投资者进行明细核算,"资本公积"明细账应当分别"资本溢价(股本溢价)""其他资本公积"进行明细核算。

(五) 外币结算业务的账簿设置

外币结算业务一般需要设置总账、日记账和明细账。

1. 总账

外币结算业务涉及的总账主要包括"银行存款""应收账款""应付账款""财务费用"等总账。

2. 日记账

外币结算业务日记账主要包括银行存款日记账。

3. 明细账

外币结算业务涉及的总账都需设置明细账进行明细核算。

(六) 期末汇兑损益业务的账簿设置

期末汇兑损益业务一般需要设置总账、日记账和明细账。

1. 总账

期末汇兑损益业务的总账主要包括"银行存款""应收账款""应付账款""财务费用""短期借款""长期借款""应付利息"等总账。

2. 日记账

期末汇兑损益业务日记账主要包括银行存款日记账。

3. 明细账

期末汇兑损益业务涉及的总账都需设置明细账进行明细核算。

二、或有事项业务的账簿设置

或有事项业务一般需要设置总账、日记账和和明细账。

(一) 总账

或有事项业务涉及的总账主要包括"预计负债""营业外支出""销售费用""库存商品""原材料""银行存款""库存现金"等总账。

(二) 日记账

或有事项业务日记账主要包括银行存款日记账和现金日记账。

现金日记账的格式一般采用三栏式,可设置收入、支出和结余三个基本金额栏目或借方、贷方和余额三个基本金额栏目。现金收付业务较多的企业,也可以采用多栏式现金日记账。由于多栏式现金日记账是按照现金收付的每一对应科目设专栏进行的序时、分类登记,能较为全面、清晰地反映现金收付的来龙去脉,因此,月末可根据各对应科目的汇总发生额及收入和支出两部分的合计数直接登记总账。需要说明的是,在实际工作中一般企业主要采用三栏式现金日记账。

无论采用三栏式还是多栏式现金日记账,都必须使用订本账。

(三) 明细账

或有事项业务涉及的总账都需设置明细账进行明细核算。其中:

"预计负债"明细账常用的格式采用三栏式,设置借方、贷方和余额三个基本金额栏目,使用活页式账簿。"预计负债"明细账可按或有事项类别进行明细核算,分别"对外担保""未决诉讼""产品质量保证""重组义务""亏损合同"等进行明细核算。

"营业外支出"明细账和"销售费用"明细账常用的格式采用多栏式,使用活页式账簿。

"营业外支出"明细账可按支出项目,分别"捐赠支出""非常损失""盘亏损失""罚款支出""违约金支出""滞纳金""债务重组损失"等进行明细核算。

"销售费用"明细账可按费用项目,分别"包装费""广告宣传费""工资""职工福利费""社会保险费""住房公积金""工会经费""职工教育经费""办公费""差旅费""折旧费""运输装卸费""预计商品质量保证损失"等进行明细核算。

三、非货币性资产交换业务的账簿设置

非货币性资产交换业务一般需要设置总账、日记账和明细账。

(一) 总账

非货币性资产交换业务的总账主要包括"原材料""库存商品""存货跌价准备""固定资产""累计折旧""固定资产清理""无形资产""累计摊销""长期股权投资""主营业务收入""其他业务收入""主营业务成本""其他业务成本""投资收益""资产处置损益""应交税费""银行存款"等总账。

(二) 日记账

非货币性资产交换业务日记账主要包括银行存款日记账。

(三) 明细账

非货币性资产交换业务涉及的总账都需设置明细账进行明细核算。其中：

"存货跌价准备"明细账、"固定资产清理"明细账、"无形资产"明细账、"累计摊销"明细账和"长期股权投资"明细账常用的格式采用三栏式，设置借方、贷方和余额三个基本金额栏目，使用活页式账簿。涉及的收入与利得类、费用与损失类明细账常用的格式采用多栏式，使用活页式账簿。

"存货跌价准备"明细账可按存货项目或类别进行明细核算。

"固定资产清理"明细账可按被清理的固定资产项目进行明细核算。

"无形资产""累计摊销"明细账均可按无形资产项目进行明细核算。

"长期股权投资"明细账可按被投资单位进行明细核算。长期股权投资采用权益法核算的，还应当分别"投资成本""损益调整""其他综合收益变动""其他权益变动"进行明细核算。

"其他业务收入"明细账可按其他业务的种类，分别"出租固定资产收入""出租无形资产收入""出租包装物和商品收入""材料销售收入""包装物销售收入""没收押金收入"等进行明细核算。

"主营业务成本"明细账可按主营业务的种类，分别"商品销售成本""提供劳务成本"等进行明细核算。

"其他业务成本"明细账可按其他业务成本的种类，分别"出租固定资产折旧额""出租无形资产摊销额""出租包装物和商品成本""材料销售成本""包装物销售成本"等进行明细核算。

"投资收益"明细账可按投资项目，分别"交易手续费""股利收入""利息收入""出售金融资产收益""出售长期股权投资收益""被投资单位损益调整"等进行明细核算。

"资产处置损益明细账"可按"非货币性资产交换利得""非货币性资产交换损失""非流动资产处置利得""非流动资产处置损失""债务重组利得""债务重组损失"等明细进行核算。

四、债务重组业务的账簿设置

(一) 债权人的账簿设置

债权人一般需要设置总账、日记账和明细账。

1. 总账

债权人涉及的总账主要包括"银行存款""原材料""库存商品""固定资产""应交税费""长期股权投资""应收账款""营业外支出""坏账准备""资产减值损失""资产处置损益"等总账。

2. 日记账

债权人的日记账主要包括银行存款日记账。

3. 明细账

债权人涉及的总账都需设置明细账进行明细核算。其中：

"坏账准备"明细账常用的格式采用三栏式，设置借方、贷方和余额三个基本金额栏目，使用活页式账簿。"坏账准备"明细账可按债务人进行明细核算。

"资产减值损失"明细账常用的格式采用多栏式，使用活页式账簿。资产减值损失明细账可按资产减值损失的项目，分别"坏账损失""存货跌价损失"等进行明细核算。

(二) 债务人的账簿设置

债务人一般需要设置总账、日记账和明细账。

1. 总账

债务人涉及的总账主要包括"应付账款""银行存款""原材料""库存商品""固定资产""累计折旧""固定资产清理""应交税费""长期股权投资""主营业务收入""其他业务收入""投资收益""实收资本（股本）""资本公积""营业外收入""资产处置损益"等总账。

2. 日记账

债务人的日记账主要包括银行存款日记账。

3. 明细账

债务人涉及的总账都需设置明细账进行明细核算。其中：

"营业外收入"明细账常用的格式采用多栏式，使用活页式账簿。可按营业外收入项目，分别"债务重组利得""盘盈利得""捐赠利得""违约金收入""罚款收入""无法偿付的应付款项""其他"等进行明细核算。

五、所得税业务的账簿设置

所得税业务一般需要设置总账、日记账和明细账。

(一) 总账

所得税业务涉及的总账主要包括"所得税费用""应交税费""银行存款""递延所得税资产""递延所得税负债""其他综合收益"等总账。

(二) 日记账

所得税业务日记账主要包括银行存款日记账。

(三) 明细账

所得税业务涉及的总账都需设置明细账进行明细核算。所得税业务的明细账常用的格式采用三栏式，设置借方、贷方和余额三个基本金额栏目，使用活页式账簿。

所得税费用明细账可按"当期所得税费用""递延所得税费用"进行明细核算。

应交税费明细账可按税费种类进行明细核算。

递延所得税资产明细账可按可抵扣暂时性差异项目进行明细核算。

递延所得税负债明细账可按应纳税暂时性差异的项目进行明细核算。

其他综合收益明细账可按"可供出售金融资产公允价值变动""被投资单位其他综合收益变动""投资性房地产转换收益"进行明细核算。

六、会计政策、会计估计变更和差错更正业务的账簿设置

会计政策、会计估计变更和差错业务一般需要设置总账和明细账。

(一) 总账

会计政策、会计估计变更和差错业务涉及的总账主要包括"以前年度损益调整""应交税费""利润分配""盈余公积"等总账。

(二) 明细账

会计政策、会计估计变更和差错业务涉及的总账都需设置明细账进行明细核算。会计政策、会计估计变更和差错业务的明细账常用的格式采用三栏式,设置借方、贷方和余额三个基本金额栏目,使用活页式账簿。

以前年度损益调整明细账可按涉及的损益类会计科目进行明细核算。

盈余公积明细账可按"法定盈余公积""任意盈余公积"进行明细核算。

利润分配明细账可按"提取法定盈余公积""提取任意盈余公积""应付现金股利或利润""转作股本的股利""盈余公积补亏"和"未分配利润"等进行明细核算。

七、资产负债表日后事项业务的账簿设置

资产负债表日后事项业务一般需要设置总账和明细账。

(一) 总账

资产负债表日后事项业务涉及的总账主要包括"以前年度损益调整""应交税费""利润分配""盈余公积"等总账。

(二) 明细账

资产负债表日后事项业务涉及的总账都需设置明细账进行明细核算。资产负债表日后事项业务的明细账常用的格式采用三栏式,设置借方、贷方和余额三个基本金额栏目,使用活页式账簿。

以前年度损益调整明细账可按涉及的损益类科目进行明细核算。

盈余公积明细账可按"法定盈余公积""任意盈余公积"进行明细核算。

利润分配明细账可按"提取法定盈余公积""提取任意盈余公积""应付现金股利或利润""转作股本的股利""盈余公积补亏"和"未分配利润"等进行明细核算。

第四章 财务报表的编制

本章仍以母公司常州龙城股份有限公司和子公司常州宏达有限公司组成的企业集团为例,编制 2018 年度母、子公司的个别财务报表和母、子公司组成的企业集团的合并财务报表。

一、个别财务报表的编制

(一) 母公司个别财务报表的编制

母公司编制完成的 2018 年度个别财务报表,如表 4-1 至表 4-4 所示。

表 4-1   **资产负债表**   会企 01 表
编制单位:常州龙城股份有限公司   2018 年 12 月 31 日   单位:元

资产	期末余额	年初余额	负债及所有者权益 (或股东权益)	期末余额	年初余额
流动资产:			流动负债:		
货币资金	3 834 196.98	2 263 965.42	短期借款		
以公允价值计量且其变动计入当期损益的金融资产	210 000.00		以公允价值计量且其变动计入当期损益的金融负债		
衍生金融资产			衍生金融负债		
应收票据	595 000.00	2 156 000.00	应付票据		
应收账款	863 170.00	570 000.00	应付账款	885 000.00	2 440 200.00
预付款项			预收款项	200 000.00	340 000.00
应收利息			应付职工薪酬	234 854.40	226 969.60
应收股利			应交税费	87 424.50	214 589.55
其他应收款			应付利息	4 400.00	
存货	849 741.90	1 190 705.32	应付股利		
持有待售资产			其他应付款	153 900.00	
一年内到期的非流动资产			持有待售负债		

(续表)

资　产	期末余额	年初余额	负债及所有者权益（或股东权益）	期末余额	年初余额
其他流动资产			一年内到期的非流动负债		
流动资产合计	6 352 108.88	6 180 670.74	其他流动负债		
非流动资产：			流动负债合计	1 565 578.90	3 221 759.15
可供出售的金融资产	85 000.00		非流动负债：		
持有至到期投资			长期借款	2 500 000.00	
长期应收款			应付债券		
长期股权投资	3 500 000.00	3 500 000.00	其中：优先股		
投资性房地产			永续债		
固定资产	9 013 748.93	9 341 056.30	长期应付款		
在建工程	2 602 880.00		专项应付款		
工程物资			预计负债	37 604.82	15 348.65
固定资产清理			递延收益		
生产性生物资产			递延所得税负债	57 485.66	
油气资产			其他非流动负债		
无形资产	59 500.00		非流动负债合计	2 595 090.48	15 348.65
开发支出			负债合计	4 160 669.38	3 237 107.80
商誉			所有者权益（或股东权益）：		
长期待摊费用			实收资本（或股本）	12 000 000.00	12 000 000.00
递延所得税资产	24 513.43	11 337.16	其他权益工具		
其他非流动资产			其中：优先股		
非流动资产合计	15 285 642.36	12 852 393.46	永续债		
			资本公积	280 000.00	280 000.00
			减：库存股		
			其他综合收益	−11 264.15	
			盈余公积	1 027 045.96	857 807.00
			未分配利润	4 181 300.05	2 658 149.40
			所有者权益（或股东权益）合计	17 477 081.86	15 795 956.40
资产总计	21 637 751.24	19 033 064.20	负债及所有者权益（或股东权益）总计	21 637 751.24	19 033 064.20

公司法定代表人：周进京　　　　主管会计工作负责人：侯越宇　　　　会计机构负责人：沈丹

表 4-2

利 润 表

2018 年度

编制单位:常州龙城股份有限公司

会企02表
单位:元

项 目	本期金额	上年同期金额
一、营业收入	18 897 626.32	略
减:营业成本	12 175 563.78	
税金及附加	157 735.06	
销售费用	1 463 679.52	
管理费用	2 778 297.95	
财务费用	34 127.84	
资产减值损失	21 280.00	
加:公允价值变动收益(损失以"－"号填列)	10 000.00	
投资收益(损失以"－"号填列)	－37.74	
其中:对联营企业和合营企业的投资收益		
资产处置收益(损失以"－"号填列)	44 080.00	
其他收益		
二、营业利润(亏损以"－"号填列)	2 320 984.43	
加:营业外收入		
减:营业外支出	72 650.00	
其中:非流动资产处置损失		
三、利润总额(亏损总额以"－"号填列)	2 248 334.43	
减:所得税费用	555 944.82	
四、净利润(净亏损以"－"号填列)	1 692 389.61	
(一) 持续经营净利润(净亏损以"－"号填列)	1 692 389.61	
(二) 终止经营净利润(净亏损以"－"号填列)		
五、其他综合收益税后净额	－11 264.15	
(一)以后不能重分类进损益的其他综合收益		
1. 重新计量设定收益计划净负债或净资产的变动		
2. 权益法下在被投资单位不能重分类进损益的其他综合收益中享有的份额		
……		
(二)以后将重分类进损益的其他综合收益		
1. 权益法下在被投资单位以后将重分类进损益的其他综合收益中享有的份额		
2. 可供出售金融资产公允价值变动损益	－11 264.15	
3. 持有至到期投资重分类为可供出售金融资产损益		
4. 现金流量套期损益的有效部分		
5. 外币财务报表折算差额		
……		
六、综合收益总额	1 681 125.46	
七、每股收益:		
(一) 基本每股收益		
(二) 稀释每股收益		

公司法定代表人:周进京　　　　主管会计工作负责人:侯越宇　　　　会计机构负责人:沈丹

表 4-3

现金流量表

编制单位:常州龙城股份有限公司　　　2018 年度　　　会企 03 表　单位:元

项　目	本期数	上年同期数
一、经营活动产生的现金流量:		略
销售商品、提供劳务收到的现金	23 013 673.84	
收到的税费返还		
收到的其他与经营活动有关的现金	127 177.96	
现金流入小计	23 140 851.80	
购买商品、接受劳务支付的现金	12 411 535.82	
支付给职工以及为职工支付的现金	3 088 956.20	
支付的各项税费	2 347 336.79	
支付的其他与经营活动有关的现金	2 994 177.34	
现金流出小计	20 842 006.15	
经营活动产生的现金流量净额	2 298 845.65	
二、投资活动产生的现金流量:		
收回投资所收到的现金		
取得投资收益所收到的现金		
处置固定资产、无形资产和其他长期资产所收回的现金净额	11 800.00	
处置子公司及其他营业单位收到的现金净额		
收到的其他与投资活动有关的现金		
现金流入小计	11 800.00	
购建固定资产、无形资产和其他长期资产所支付的现金	2 810 865.95	
投资所支付的现金	3 00 060.00	
取得子公司及其他营业单位支付的现金净额		
支付的其他与投资活动有关的现金		
现金流出小计	3 110 925.95	
投资活动产生的现金流量净额	−3 099 125.95	
三、筹资活动产生的现金流量:		
吸收投资所收到的现金		
借款所收到的现金	2 500 000.00	
收到的其他与筹资活动有关的现金		
现金流入小计	2 500 000.00	
偿还债务所支付的现金		
分配股利、利润或偿付利息所支付的现金	130 000.00	
支付的其他与筹资活动有关的现金		
现金流出小计	130 000.00	
筹资活动产生的现金流量净额	2 370 000.00	
四、汇率变动对现金的影响	511.86	
五、现金及现金等价物净增加额	1 570 231.56	
加:期初现金及现金等价物余额	2 263 965.42	
六、期末现金及现金等价物余额	3 834 196.98	

公司法定代表人:周进京　　　主管会计工作负责人:侯越宇　　　会计机构负责人:沈丹

表 4-4

编制单位：鑫鑫股份有限公司

所有者权益变动表

2018 年度

会企 04 表
单位：元

项目	本期数							上年同期数					
	实收资本（或股本）	资本公积	减：库存股	其他综合收益	盈余公积	未分配利润	所有者权益合计	实收资本（或股本）	资本公积	减：库存股	其他综合收益	盈余公积	未分配利润	所有者权益合计
一、上年期末余额	12 000 000.00	280 000.00			868 367.00	2 753 189.40	15 901 556.40	略	略	略	略	略	略	略
加：会计政策变更														
前期差错更正					−10 560.00	−95 040.00	−105 600.00							
其他														
二、本年期初余额	12 000 000.00	280 000.00			857 807.00	2 658 149.40	15 795 956.40							
三、本期增减变动金额（减少以"−"号填列）														
（一）综合收益总额				−11 264.15		1 692 389.61	1 681 125.46							
（二）所有者投入和减少资本														
1. 所有者投入资本														
2. 股份支付计入所有者权益的金额														
3. 其他														
（三）利润分配														
1. 提取盈余公积					169 238.96	−169 238.96								
2. 对所有者（或股东）的分配														
3. 其他														
（四）所有者权益内部结转														
1. 资本公积转增资本（或股本）														
2. 盈余公积转增资本（或股本）														
3. 盈余公积弥补亏损														
4. 其他														
四、本期期末余额	12 000 000.00	280 000.00		−11 264.15	1 027 045.96	4 181 300.05	17 477 081.86							

公司法定代表人：周进京　　主管会计工作负责人：侯趁宇　　会计机构负责人：沈丹

(二) 子公司个别财务报表的编制

子公司编制完成的 2018 年度个别财务报表,如表 4-5 至表 4-8 所示。

表 4-5　　　　　　　　　　　　　**资 产 负 债 表**　　　　　　　　　　会企 01 表

编制单位:常州宏达有限公司　　　　　2018 年 12 月 31 日　　　　　　　　单位:元

资产	期末余额	年初余额	负债及所有者权益 (或股东权益)	期末余额	年初余额
流动资产:			流动负债:		
货币资金	1 733 104.27	1 935 226.61	短期借款		
以公允价值计量且其变动计入当期损益的金融资产			以公允价值计量且其变动计入当期损益的金融负债		
衍生金融资产			衍生金融负债		
应收票据	1 500 000.00	1 656 500.00	应付票据		
应收账款	583 680.00	375 440.00	应付账款	177 480.00	78 880.00
预付款项			预收款项		
应收利息			应付职工薪酬	248 652.80	233 446.40
应收股利			应交税费	3 919.61	98 442.05
其他应收款			应付利息		
存货	250 259.30	134 580.00	应付股利		
持有待售资产			其他应付款		
一年内到期的非流动资产			持有待售负债		
其他流动资产			一年内到期的非流动负债		
流动资产合计	4 067 043.57	4 101 746.61	其他流动负债		
非流动资产:			流动负债合计	430 052.41	410 768.45
可供出售的金融资产			非流动负债:		
持有至到期投资			长期借款		
长期应收款			应付债券		
长期股权投资			其中:优先股		
投资性房地产			永续债		
固定资产	2 675 314.70	2 895 963.10	长期应付款		
在建工程			专项应付款		
工程物资			预计负债	14 176.00	9 240.00
固定资产清理			递延收益		
生产性生物资产			递延所得税负债	21 250.00	
油气资产			其他非流动负债		

(续表)

资　产	期末余额	年初余额	负债及所有者权益（或股东权益）	期末余额	年初余额
无形资产			非流动负债合计	35 426.00	9 240.00
开发支出			负债合计	465 478.41	42 0 008.45
商誉			所有者权益（或股东权益）：		
长期待摊费用			实收资本（或股本）	5 000 000.00	5 000 000.00
递延所得税资产	85 435.85	7 250.00	其他权益工具		
其他非流动资产			其中:优先股		
非流动资产合计	2 760 750.55	2 903 213.10	永续债		
			资本公积		
			减:库存股		
			其他综合收益		
			盈余公积	300 642.67	300 642.67
			未分配利润	1 061 673.04	1 284 308.59
			所有者权益（或股东权益合计）	6 362 315.71	6 584 951.26
资产总计	6 827 794.12	7 004 959.71	负债及所有者权益（或股东权益）总计	6 827 794.12	7 004 959.71

公司法定代表人:刘明　　　　主管会计工作负责人:杨家豪　　　　会计机构负责人:王溯阳

表4-6　　　　　　　　　　　　　　利　润　表　　　　　　　　　　　　　会企02表

编制单位:常州宏达有限公司　　　　　　2018年度　　　　　　　　　　　　　单位:元

项　目	本期金额	上年同期金额
一、营业收入	2 712 000.00	略
减:营业成本	1 474 602.00	
税金及附加	23 187.20	
销售费用	157 715.60	
管理费用	1 279 474.60	
财务费用	45 632.00	
资产减值损失	10 960.00	
加:公允价值变动收益(损失以"－"号填列)		
投资收益(损失以"－"号填列)		
其中:对联营企业和合营企业的投资收益		
资产处置收益(损失以"－"号填列)		
其他收益		

(续表)

项　　目	本期金额	上年同期金额
二、营业利润(亏损以"－"号填列)	－279 571.40	
加:营业外收入		
减:营业外支出		
其中:非流动资产处置损失		
三、利润总额(亏损总额以"－"号填列)	－279 571.40	
减:所得税费用	－56 935.85	
四、净利润(净亏损以"－"号填列)	－222 635.55	
(一)持续经营净利润(净亏损以"－"号填列)	－222 635.55	
(二)终止经营净利润(净亏损以"－"号填列)		
五、其他综合收益税后净额		
(一)以后不能重分类进损益的其他综合收益		
1. 重新计量设定收益计划净负债或净资产的变动		
2. 权益法下在被投资单位不能重分类进损益的其他综合收益中享有的份额		
……		
(二)以后将重分类进损益的其他综合收益		
1. 权益法下在被投资单位以后将重分类进损益的其他综合收益中享有的份额		
2. 可供出售金融资产公允价值变动损益		
3. 持有至到期投资重分类为可供出售金融资产损益		
4. 现金流量套期损益的有效部分		
5. 外币财务报表折算差额		
……		
六、综合收益总额	－222 635.55	
七、每股收益:		
(一)基本每股收益		
(二)稀释每股收益		

公司法定代表人:刘明　　　主管会计工作负责人:杨家豪　　　会计机构负责人:王溯阳

表4-7　　　　　　　　　　　**现金流量表**　　　　　　　　　　会企03表

编制单位:常州宏达有限公司　　　2018年度　　　　　　　　　　单位:元

项　　目	本期数	上年同期数
一、经营活动产生的现金流量:		略
销售商品、提供劳务收到的现金	3 239 518.63	
收到的税费返还		

(续表)

项　　目	本期数	上年同期数
收到的其他与经营活动有关的现金	1 416 409.80	
现金流入小计	4 655 928.43	
购买商品、接受劳务支付的现金	1 465 172.10	
支付给职工以及为职工支付的现金	3 368 895.20	
支付的各项税费	17 790.08	
支付的其他与经营活动有关的现金	6 193.39	
现金流出小计	4 858 050.77	
经营活动产生的现金流量净额	−202 122.34	
二、投资活动产生的现金流量：		
收回投资所收到的现金		
取得投资收益所收到的现金		
处置固定资产、无形资产和其他长期资产所收回的现金净额		
处置子公司及其他营业单位收到的现金净额		
收到的其他与投资活动有关的现金		
现金流入小计		
购建固定资产、无形资产和其他长期资产所支付的现金		
投资所支付的现金		
取得子公司及其他营业单位支付的现金净额		
支付的其他与投资活动有关的现金		
现金流出小计		
投资活动产生的现金流量净额		
三、筹资活动产生的现金流量：		
吸收投资所收到的现金		
借款所收到的现金		
收到的其他与筹资活动有关的现金		
现金流入小计		
偿还债务所支付的现金		
分配股利、利润或偿付利息所支付的现金		
支付的其他与筹资活动有关的现金		
现金流出小计		
筹资活动产生的现金流量净额		
四、汇率变动对现金的影响		
五、现金及现金等价物净增加额	−202 122.34	
加：期初现金及现金等价物余额	1 935 226.61	
六、期末现金及现金等价物余额	1 733 104.27	

公司法定代表人：刘明　　　主管会计工作负责人：杨家豪　　　会计机构负责人：王溯阳

所有者权益变动表

表 4-8
编制单位:常州宏达有限公司　　　　　2018 年度　　　　　会企 04 表　单位:元

项目	本期数							上年同期数					
	实收资本(或股本)	资本公积	减:库存股	其他综合收益	盈余公积	未分配利润	所有者权益合计	实收资本(或股本)	资本公积	减:库存股	其他综合收益	盈余公积	未分配利润	所有者权益合计
一、上年期末余额	5 000 000.00				300 642.67	1 284 308.59	6 584 951.26	略	略	略	略	略	略	略
加:会计政策变更														
前期差错更正														
其他														
二、本年期初余额	5 000 000.00				300 642.67	1 284 308.59	6 584 951.26							
三、本期增减变动金额(减少以"-"号填列)						−222 635.55	−222 635.55							
(一) 综合收益总额														
(二) 所有者投入和减少资本														
1. 所有者投入资本														
2. 股份支付计人所有者权益的金额														
3. 其他														
(三) 利润分配														
1. 提取盈余公积														
2. 对所有者(或股东)的分配														
3. 其他														
(四) 所有者权益内部结转														
1. 资本公积转增资本(或股本)														
2. 盈余公积转增资本(或股本)														
3. 盈余公积弥补亏损														
4. 其他														
四、本期期末余额	5 000 000.00				300 642.67	1 061 673.04	6 362 315.71							

公司法定代表人:刘明　　　主管会计工作负责人:杨家豪　　　会计机构负责人:王溯阳

二、合并财务报表的编制

（一）调整分录的编制

【业务 4-1】 按权益法调整对子公司的长期股权投资

表 4-9　　　　　　　　常州宏达有限公司利润及利润分配情况表　　　　　　　单位：元

截至 2017 年累计净利润	截至 2017 年累计向股东分配利润	2018 年净损益
3 006 426.65	1 421 475.39	−222 635.55

表 4-9 是子公司常州宏达有限公司利润及利润分配情况表，此表应作为编制合并工作底稿时将母公司常州龙城股份有限公司长期股权投资从成本法调整为权益法的依据。该表注明截至 2017 年累计净利润 3 006 426.65 元，其中，母公司常州龙城股份有限公司应享有的份额为 2 104 498.66 元（3 006 426.65×70%），应编制调整分录为：借记"长期股权投资"项目 2 104 498.66 元，贷记"未分配利润——年初"项目 2 104 498.66 元。在编制合并工作底稿时，借方"长期股权投资"项目 2 104 498.66 元应计入资产负债表项目中"长期股权投资"项目调整分录栏的借方；贷方"未分配利润——年初"项目 2 104 498.66 元应计入资产负债表项目中"未分配利润"项目调整分录栏的贷方，同时还应将其计入所有者权益变动表项目中"上年期末余额项目归属于母公司所有者权益未分配利润"调整分录栏的贷方。

截至 2017 年累计向股东分配利润 1 421 475.39 元，表明常州宏达有限公司因向股东分配股利而导致所有者权益减少 1 421 475.39 元，其中，母公司常州龙城股份有限公司应分得的股利为 995 032.77 元（1 421 475.39×70%），应编制调整分录为：借记"未分配利润——年初"项目 995 032.77 元，贷记"长期股权投资"项目 995 032.77 元。在编制合并工作底稿时，借方"未分配利润——年初"项目 995 032.77 元应计入资产负债表项目中"未分配利润"项目调整分录栏的借方，同时还应计入所有者权益变动表项目中"上年期末余额项目归属于母公司所有者权益未分配利润"调整分录栏的借方；贷方"长期股权投资"项目 995 032.77 元应计入资产负债表项目中"长期股权投资"项目调整分录栏的贷方。

2018 年度净亏损 222 635.55 元，其中母公司常州龙城股份有限公司应承担的份额为 155 844.89 元（222 635.55×70%），应编制调整分录为：借记"投资收益"项目 155 844.89 元，贷记"长期股权投资"项目 155 844.89 元。在编制合并工作底稿时，借方"投资收益"项目 155 844.89 元应计入资产负债表项目中"未分配利润"项目调整分录栏的借方、利润表项目中"投资收益"项目调整分录栏的借方和所有者权益变动表项目中"综合收益总额项目归属于母公司所有者权益未分配利润"调整分录栏的借方；贷方"长期股权投资"项目 155 844.89 元应计入资产负债表项目中"长期股权投资"项目调整分录栏的贷方。

经过上述调整，常州龙城股份有限公司对常州宏达有限公司的长期股权投资经调整后的 2018 年 12 月 31 日金额为 4 453 621.00 元［投资成本 3 500 000.00＋权益法调整增加的长期股权投资 2 104 498.66－权益法调整减少的长期股权投资(995 032.77＋155 844.89)]。

(二) 抵销分录的编制

【业务 4-2】 母公司对子公司长期股权投资和子公司所有者权益项目的抵销

根据表 4-5 所示,常州宏达有限公司 2018 年年末所有者权益为:实收资本 5 000 000.00元,盈余公积 300 642.67 元,未分配利润 1 061 673.04 元,合计为 6 362 315.71 元。常州宏达有限公司所有者权益中 30%的部分,即 1 908 694.71 元属于少数股东权益,在抵销处理时应作为少数股东权益处理。应编制抵销分录为:借记"实收资本"项目 5 000 000.00 元,"盈余公积"项目 300 642.67 元,"未分配利润——年末"项目 1 061 673.04 元;贷记"长期股权投资"项目 4 453 621.00 元,"少数股东权益"项目 1 908 694.71 元。在编制合并工作底稿时,借方"实收资本"项目 5 000 000.00 元应计入资产负债表项目中"实收资本"项目抵销分录栏的借方,还应计入所有者权益变动表项目中"上年期末余额项目归属于母公司所有者权益实收资本(或股本)"抵销分录栏的借方;借方"盈余公积"项目 300 642.67 元应计入资产负债表项目中"盈余公积"项目抵销分录栏的借方,还应计入所有者权益变动表项目中"上年期末余额项目归属于母公司所有者权益盈余公积"抵销分录栏的借方;借方"未分配利润——年末"项目 1 061 673.04 元应计入资产负债表项目中"未分配利润"项目抵销分录栏的借方,还应计入所有者权益变动表项目中"综合收益项目归属于母公司所有者权益未分配利润"抵销分录栏的借方;贷方"长期股权投资"项目 4 453 621.00 元应计入资产负债表项目中"长期股权投资"项目抵销分录栏的贷方;贷方"少数股东权益"项目 1 908 694.71 元应计入资产负债表项目中"少数股东权益"项目抵销分录栏的贷方,还应计入所有者权益变动表项目中"本期期末余额项目少数股东权益"栏。

【业务 4-3】 母公司持有子公司长期股权投资的投资收益的抵销

根据表 4-8 所示,2018 年度常州宏达有限公司的未分配利润的年初数为 1 284 308.59 元,本年综合收益总额为－222 635.55 元,常州龙城股份有限公司承担的份额为－155 844.89 元(－222 635.55×70%),少数股东损益为－66 790.66 元(－222 635.55×30%),为此,对常州宏达有限公司 2018 年利润分配进行抵销处理时,应编制抵销分录为:借记"投资收益"项目－155 844.89 元,"少数股东损益"项目－66 790.66 元,"未分配利润——年初"项目 1 284 308.59 元;贷记"未分配利润——年末"项目 1 061 673.04 元。在编制合并工作底稿时,借方"投资收益"项目－155 844.89 元应计入资产负债表项目中"未分配利润"项目抵销分录栏的借方、利润表项目中"投资收益"项目抵销分录栏的借方和所有者权益变动表项目中"综合收益总项目归属于母公司所有者权益未分配利润"抵销分录栏的借方;借方"少数股东损益"项目－66 790.66 元应计入资产负债表项目中"未分配利润"项目抵销分录栏的借方、利润表项目中"少数股东损益"项目抵销分录栏的借方和所有者权益变动表项目中"综合收益总额项目归属于母公司所有者权益未分配利润"抵销分录栏的借方;借方"未分配利润——年初"项目 1 284 308.59 元应计入资产负债表项目中"未分配利润"项目抵销分录栏的借方,还应计入所有者权益变动表项目中"上年期末余额项目归属于母公司所有者权益未分配利润"抵销分录栏的借方;贷方"未分配利润——年末"项目1 061 673.04元应计入资产负债表项目中"未分配利润"项目抵销分录栏的贷方,还应计入所有者权益变动表项目中"综合收益项目归属于母公司所有者权益未分配利润"抵销分录栏的贷方。

【业务4-4】 内部存货交易的抵销

表4-10　　　　　　　　2018年度内部存货交易统计表　　　　　　　单位:元

交易对象	业务性质	本期发生金额（不含税）	期末未销售的库存金额	毛利率	期末未实现利润	上年期末未实现利润
常州宏达有限公司	内部存货交易	2 160 000.00	60 000.00	45.65%	27 390.00	123 942.00

表4-10是内部存货交易统计表,此表应作为编制合并工作底稿时内部存货交易抵销处理的依据。

该表注明"上年期末未实现利润"为123 942.00元,应编制抵销分录为:借记"未分配利润——年初"项目123 942.00元,贷记"营业成本"项目123 942.00元;同时,抵销递延所得税影响30 985.50元(123 942.00×25%):借记"递延所得税资产"项目30 985.50元,贷记"未分配利润——年初"项目30 985.50元。在编制合并工作底稿时,借方"未分配利润——年初"项目123 942.00元应计入资产负债表项目中"未分配利润"项目抵销分录栏的借方,同时还应将其计入所有者权益变动表项目中"上年期末余额项目归属于母公司所有者权益未分配利润"抵销分录栏的借方;贷方"营业成本"项目123 942.00元应计入资产负债表项目中"未分配利润"项目抵销分录栏的贷方、利润表项目中"营业成本"项目抵销分录栏的贷方和所有者权益变动表项目中"综合收益总额项目归属于母公司所有者权益未分配利润"抵销分录栏的贷方。借方"递延所得税资产"项目30 985.50元应计入资产负债表项目中"递延所得税资产"项目抵销分录栏的借方。贷方"未分配利润——年初"项目30 985.50元应计入资产负债表项目中"未分配利润"项目抵销分录栏的贷方,同时还应将其计入所有者权益变动表项目中"上年期末余额项目归属于母公司所有者权益未分配利润"抵销分录栏的贷方。

该表还注明"期末未销售的库存金额"为60 000.00元,"期末未实现利润"为27 390.00元,应编制抵销分录为:借记"营业收入"项目60 000.00元,贷记"营业成本"项目60 000.00元;借记"营业成本"项目27 390.00元,贷记"存货"项目27 390.00元;同时转回递延所得税资产24 138.00元(27 390×25%－30 985.50):借记"所得税费用——递延所得税费用"项目24 138.00元,贷记"递延所得税资产"项目24 138.00元。在编制合并工作底稿时,借方"营业收入"项目60 000.00元应计入资产负债表项目中"未分配利润"项目抵销分录栏的借方、利润表项目中"营业收入"项目抵销分录栏的借方和所有者权益变动表项目中"综合收益总额项目归属于母公司所有者权益未分配利润"抵销分录栏的借方;贷方"营业成本"项目60 000.00元应计入资产负债表项目中"未分配利润"项目抵销分录栏的贷方、利润表项目中"营业成本"项目抵销分录栏的贷方和所有者权益变动表项目中"综合收益总额项目归属于母公司所有者权益未分配利润"抵销分录栏的贷方。借方"营业成本"项目27 390.00元应计入资产负债表项目中"未分配利润"项目抵销分录栏的借方、利润表项目中"营业成本"项目抵销分录栏的借方和所有者权益变动表项目中"综合收益总额项目归属于母公司所有者权益未分配利润"抵销分录栏的借方;贷方"存货"项目27 390.00元应计入资产负债表项目中"存货"项目抵销分录栏的借方。借方"所得税费用——递延所得税费用"项目24 138.00元,应计入资产负债表项目中"未分配利润"项目抵销分录栏的借方、利润表项目中"所得税费用"项目抵销分录栏的借方和所有者权益变动表项目中"综合收益总额项目归属于母公司所有者权益未分配利润"抵销分录栏的借方;贷方"递延所得税资产"项目24 138.00元应计入资产负债表项目中"递延所得税资产"项目抵销分录栏的贷方。

【业务4-5】 内部固定资产交易的抵销

表4-11 2018年度内部固定资产交易统计表 单位:元

交易对象	业务性质	销售金额	账面价值	期末未实现利润
常州宏达有限公司	内部固定资产交易	85 000.00	63 200.00	21 800.00

表4-11是内部固定资产交易统计表,此表应作为编制合并工作底稿时内部固定资产交易抵销处理的依据。

该表注明"期末未实现利润"为21 800.00元,应编制抵销分录为:借记"资产处置收益"项目21 800.00元,贷记"固定资产——原价"项目21 800.00元;同时确认递延所得税影响5 450.00元(21 800.00×25%):借记"递延所得税资产"项目5 450.00元,贷记"所得税费用"项目5 450.00元;常州宏达有限公司因从龙城股份有限公司购买固定资产已确认了与固定资产加速折旧相关的递延所得税负债21 250.00元(85 000×25%),以及与可弥补亏损相关的递延所得税资产5 312.50元(21 250.00×25%),因此,还应编制抵销分录:借记"递延所得税负债——固定资产加速折旧"项目21 250.00元,贷记"所得税费用——递延所得税费用"项目21 250.00元;借记"所得税费用——递延所得税费用"项目5 312.50元,贷记"递延所得税资产——可弥补亏损"项目5 312.50元。在编制合并工作底稿时,借方"资产处置收益"项目21 800.00元应计入资产负债表项目中"未分配利润"项目抵销分录栏的借方、利润表项目中"资产处置收益"项目抵销分录栏的借方和所有者权益变动表项目中"综合收益总额项目归属于母公司所有者权益未分配利润"抵销分录栏的借方;贷方"固定资产——原价"项目21 800.00元应计入资产负债表项目中"固定资产"项目抵销分录栏的贷方。借方"递延所得税资产"项目5 450.00元应计入资产负债表项目中"递延所得税资产"项目抵销分录栏的借方;贷方"所得税费用"项目5 450.00元应计入资产负债表项目中"未分配利润"项目抵销分录栏的贷方、利润表项目中"所得税费用"项目抵销分录栏的贷方和所有者权益变动表项目中"综合收益总额项目归属于母公司所有者权益未分配利润"抵销分录栏的贷方。借方"递延所得税负债——固定资产加速折旧"项目21 250.00元应计入资产负债表项目中"递延所得税负债"项目抵销分录栏的借方;贷方"所得税费用——递延所得税费用"项目21 250.00元应计入资产负债表项目中"未分配利润"项目抵销分录栏的贷方、利润表项目中"所得税费用"项目抵销分录栏的贷方和所有者权益变动表项目中"综合收益总额项目归属于母公司所有者权益未分配利润"抵销分录栏的贷方。借方"所得税费用——递延所得税费用"项目5 312.50元应计入资产负债表项目中"未分配利润"项目抵销分录栏的借方、利润表项目中"所得税费用"项目抵销分录栏的借方和所有者权益变动表项目中"综合收益总额项目归属于母公司所有者权益未分配利润"抵销分录栏的借方;贷方"递延所得税资产——可弥补亏损"项目5 312.50元应计入资产负债表项目中"递延所得税资产"项目抵销分录栏的贷方。

【业务4-6】 内部债权债务项目的抵销

表4-12　　　　　　　　　2018年年末关联方往来核对表　　　　　　　　单位:元

主对单位 ——债权人	对方单位 ——债务人	科目	金额	主对单位 ——债务人	对方单位 ——债权人	科目	金额
常州龙城股份有限公司	常州宏达有限公司	应收账款	98 600.00	常州龙城股份有限公司	常州宏达有限公司	应付账款	286 000.00

表4-12是关联方往来核对表,此表应作为编制合并工作底稿时内部债权债务项目抵销处理的依据。

该表注明"主对单位——债权人"是常州龙城股份有限公司,"对方单位——债务人"是常州宏达有限公司,"科目"是应收账款,"金额"是98 600.00元。应编制抵销分录为:借记"应付账款"项目98 600.00元,贷记"应收账款"项目98 600.00元。同时,常州龙城股份有限公司已计提4 930.00元(98 600.00×5%)的坏账准备和确认了与坏账准备相关的递延所得税资产1 232.50元(4 930.00×25%)。因此,还应编制抵销分录:借记"应收账款——坏账准备"项目4 930.00元,贷记"资产减值损失"项目4 930.00元;借记"所得税费用——递延所得税费用"项目1 232.50元,贷记"递延所得税资产——坏账准备递延所得税资产"项目1 232.50元。

在编制合并工作底稿时,借方"应付账款"项目98 600.00元应计入资产负债表项目中"应付账款"项目抵销分录栏的借方;贷方"应收账款"项目98 600.00元应计入资产负债表项目中"应收账款"项目抵销分录栏的贷方。借方"应收账款——坏账准备"项目4 930.00元应计入资产负债表项目中"应收账款"项目抵销分录栏的借方;贷方"资产减值损失"项目4 930.00元应计入资产负债表项目中"未分配利润"项目抵销分录栏的贷方、利润表项目中"资产减值损失"项目抵销分录栏的贷方和所有者权益变动表项目中"综合收益总额项目归属于母公司所有者权益未分配利润"抵销分录栏的贷方。借方"所得税费用——递延所得税费用"项目1 232.50元应计入资产负债表项目中"未分配利润"项目抵销分录栏的借方、利润表项目中"所得税费用"项目抵销分录栏的借方和所有者权益变动表项目中"综合收益总额项目归属于母公司所有者权益未分配利润"抵销分录栏的借方;贷方"递延所得税资产——坏账准备递延所得税资产"项目1 232.50元应计入资产负债表项目中"递延所得税资产"项目抵销分录栏的贷方。

同时,该表注明"主对单位——债务人"是常州龙城股份有限公司,"对方单位——债权人"是常州宏达有限公司,"科目"是应付账款,"金额"是286 000.00元。应编制抵销分录为:借记"应付账款"项目286 000.00元,贷记"应收账款"项目286 000.00元。同时,常州宏达有限公司已计提14 300.00元(286 000.00×5%)的坏账准备和确认了与坏账准备相关的递延所得税资产3 575.00元(14 300.00×25%)。因此,还应编制抵销分录:借记"应收账款——坏账准备"项目14 300.00元,贷记"资产减值损失"项目14 300.00元;借记"所得税费用——递延所得税费用"项目3 575.00元,贷记"递延所得税资产——坏账准备递延所得税资产"项目3 575.00元。在编制合并工作底稿时,借方"应付账款"项目286 000.00元应计入资产负债表项目中"应付账款"项目抵销分录栏的借方;贷方"应收账款"项目286 000.00元应计入资产负债表项目中"应收账款"项目抵销分录栏的贷方。借方"应收账款——坏账准备"项目14 300.00元应计入资产负债表项目中"应收账款"项目抵销分录栏的借方;贷方"资产减值损失"项目14 300.00元应计入资产负债表项目中"未分配利润"项目抵销分录栏的贷方、利润表项目中"资产减值损失"项目抵销分录栏的贷方和所有者权益变动表项目中"综合收益总额项目归属于母公司所有者权益未分配利润"抵销分录栏的贷方。借方"所得税费用——递延所得税费用"项目3 575.00元应计入资产负债表项目中"未分配利润"项目抵销分录栏的借方、利润表项目中"所得税费用"项目抵销分录栏的借方和所有者权益变动表项目中"综合收益总额项目归属于母公司所有者权益未分配利润"抵销分录栏的借方;贷方"递延所得税资产——坏账准备递延所得税资产"项目3 575.00元应计入资产负债表项目中"递延所得税资产"项目抵销分录栏的贷方。

【业务4-7】 集团内部当期购销业务所产生的现金流量的抵销

表4-13 2018年度关联交易销售收现情况表 单位:元

销售方	应收账款期初余额	全年销售价税合计	应收账款期末余额	已收现
常州宏达有限公司		2 505 600.00	286 000.00	2 219 600.00
常州龙城股份有限公司		98 600.00	98 600.00	

表4-13是母、子公司2018年度关联交易销售收现情况表,此表应作为编制合并工作底稿时抵销母公司常州龙城股份有限公司和子公司常州宏达有限公司现金流量的依据。该表注明:子公司常州宏达有限公司对母公司常州龙城股份有限公司应收账款期初余额为0,全年销售价税合计为2 505 600.00元,应收账款期末余额为286 000.00元,全年已收现2 219 600.00元(2 505 600.00－286 000.00)。母公司常州龙城股份有限公司对子公司常州宏达有限公司应收账款期初余额为0,全年销售价税合计为98 600.00元,应收账款期末余额98 600.00元,全年未收现。应编制抵销分录为:借记"购买商品、接受劳务支付的现金"项目2 219 600.00元;贷记"销售商品、提供劳务收到的现金"项目2 219 600.00元。在编制合并工作底稿时,借方"购买商品、接受劳务支付的现金"项目2 219 600.00元应计入现金流量表相应项目抵销分录栏的借方;贷方"销售商品、提供劳务收到的现金"项目2 219 600.00元应计入现金流量表相应项目抵销分录栏的贷方。

(三)合并工作底稿的编制

1. 合并工作底稿(资产负债表部分)的编制

表 4-14 合并工作底稿(资产负债表部分) 2018 年度

编制单位:常州龙城股份有限公司　　　　　　　　　　　　　　　　　　　　　　　　单位:元

项　目	母公司	子公司	合计数期末数	调整分录 借方	调整分录 贷方	抵销分录 借方	抵销分录 贷方	合并金额期末数
流动资产:								
货币资金	3 834 196.98	1 733 104.27	5 567 301.25					5 567 301.25
以公允价值计量且其变动计入当期损益的金融资产	210 000.00		210 000.00					210 000.00
衍生金融资产			—					—
应收票据	595 000.00	1 500 000.00	2 095 000.00					2 095 000.00
应收账款	863 170.00	583 680.00	1 446 850.00				384 600.00	1 081 480.00
预付款项			—					—
应收利息			—					—
其他应收款			—					—
存货	849 741.90	250 259.30	1 100 001.20				27 390.00	1 072 611.20
划分为持有待售的资产			—					—
一年内到期的非流动资产			—					—
其他流动资产			—					—
流动资产合计	6 352 108.88	4 067 043.57	10 419 152.45			19 230.00	411 990.00	10 026 392.45
非流动资产:								
可供出售金融资产	85 000.00		85 000.00					85 000.00

(续表)

项 目	母公司	子公司	合计数 期末数	调整分录 借方	调整分录 贷方	抵销分录 借方	抵销分录 贷方	合并金额 期末数
持有至到期投资			—					—
长期应收款			—					—
长期股权投资	3 500 000.00		3 500 000.00		4 453 621.00			—
投资性房地产								
固定资产	9 013 748.93	2 675 314.70	11 689 063.63	2 104 498.66			21 800.00	11 667 263.63
在建工程	2 602 880.00		2 602 880.00		1 150 877.66			2 602 880.00
工程物资								
固定资产清理								
生产性生物资产								
油气资产								
无形资产	59 500.00		59 500.00					59 500.00
开发支出								
商誉			—					—
长期待摊费用								
递延所得税资产	24 513.43	85 435.85	109 949.28			36 435.50	34 258.00	112 126.78
其他非流动资产								
非流动资产合计	15 285 642.36	2 760 750.55	18 046 392.91	2 104 498.66	1 150 877.66	36 435.50	4 509 679.00	14 526 770.41
资产总计	21 637 751.24	6 827 794.12	28 465 545.36	2 104 498.66	1 150 877.66	55 665.50	4 921 669.00	24 553 162.86
流动负债:								—
短期借款								

(续表)

项 目	母公司	子公司	合计数 期末数	调整分录 借方	调整分录 贷方	抵销分录 借方	抵销分录 贷方	合并金额 期末数
以公允价值计量且其变动计入当期损益的金融负债								
衍生金融负债								
应付票据								
应付账款	885 000.00	177 480.00	1 062 480.00			384 600.00		677 880.00
预收款项	200 000.00		200 000.00					200 000.00
应付职工薪酬	234 854.40	248 652.80	483 507.20					483 507.20
应交税费	87 424.50	3 919.61	91 344.11					91 344.11
应付利息	4 400.00		4 400.00					4 400.00
应付股利			—					—
其他应付款	153 900.00		153 900.00					153 900.00
划分为持有待售的负债			—					—
一年内到期的非流动负债			—					—
其他流动负债			—					—
流动负债合计	1 565 578.90	430 052.41	1 995 631.31			384 600.00		1 611 031.31
非流动负债:								
长期借款	2 500 000.00		2 500 000.00					2 500 000.00
应付债券			—					—
其中:优先股								
永续债								
长期应付款			—					—
专项应付款			—					—
预计负债	37 604.82	14 176.00	51 780.82					51 780.82

(续表)

项目	母公司	子公司	合计数 期末数	调整分录 借方	调整分录 贷方	抵销分录 借方	抵销分录 贷方	合并金额 期末数
递延所得税负债	57 485.66	21 250.00	78 735.66			21 250.00		57 485.66
其他非流动负债			—					—
非流动负债合计	2 595 090.48	35 426.00	2 630 516.48			21 250.00		2 609 266.48
负债合计	4 160 669.38	465 478.41	4 626 147.79			405 850.00		4 220 297.79
所有者权益(或股东权益):								
实收资本(或股本)	12 000 000.00	5 000 000.00	17 000 000.00			5 000 000.00		12 000 000.00
其他权益工具			—					
其中:优先股								
永续债								
资本公积	280 000.00		280 000.00					280 000.00
减:库存股								
其他综合收益	−11 264.15		−11 264.15					−11 264.15
专项储备								
盈余公积	1 027 045.96	300 642.67	1 327 688.63			300 642.67		1 027 045.96
未分配利润	4 181 300.05	1 061 673.04	5 242 973.09	1 150 877.66	2 104 498.66	2 390 736.08	1 322 530.54	5 128 388.55
归属于母公司所有者权益	17 477 081.86	6 362 315.71	23 839 397.57	1 150 877.66	2 104 498.66	7 691 378.75	1 908 694.71	18 424 170.36
少数股东权益							1 908 694.71	1 908 694.71
所有者权益合计	21 637 751.24	6 827 794.12	28 465 545.36	1 150 877.66	2 104 498.66	8 097 228.75	3 231 225.25	20 332 865.07
负债和所有者权益总计							3 231 225.25	24 553 162.86

2. 合并工作底稿（利润表部分）的编制

表 4-15　合并工作底稿（利润表部分）

编制单位：常州龙城股份有限公司　　2018 年度　　　　　　　单位：元

项　目	行次	母公司 本期数	子公司 本期数	合计数 本期数	调整分录 借方 本期数	调整分录 贷方 本期数	抵销分录 借方 本期数	抵销分录 贷方 本期数	合并金额 本期数
一、营业收入		18 897 626.32	2 712 000.00	21 609 626.32			60 000.00		21 549 626.32
减：营业成本		12 175 563.78	1 474 602.00	13 650 165.78			27 390.00	183 942.00	13 493 613.78
税金及附加		157 735.06	23 187.20	180 922.26					180 922.26
销售费用		1 463 679.52	157 715.60	1 621 395.12					1 621 395.12
管理费用		2 778 297.95	1 279 474.60	4 057 772.55					4 057 772.55
财务费用		34 127.84	45 632.00	79 759.84					79 759.84
资产减值损失		21 280.00	10 960.00	32 240.00				19 230.00	13 010.00
加：公允价值变动收益（损失以"一"号填列）		10 000.00		10 000.00					10 000.00
投资收益（损失以"一"号填列）		−37.74		−37.74	155 844.89		−155 844.89		−37.74
其中：对联营企业和合营企业的投资收益									—
资产处置收益（损失以"一"号填列）		44 080.00		44 080.00			21 800.00		22 280.00
其他收益									—
二、营业利润（亏损以"一"号填列）		2 320 984.43	−279 571.40	2 041 413.03	155 844.89		−46 654.89	203 172.00	2 135 395.03
加：营业外收入		72 650.00		72 650.00					72 650.00
减：营业外支出									

(续表)

项目	行次	母公司 本期数	子公司 本期数	合计数 本期数	调整分录 本期数 借方	调整分录 本期数 贷方	抵销分录 本期数 借方	抵销分录 本期数 贷方	合并金额 本期数
三、利润总额（亏损总额以"-"号填列）		2 248 334.43	-279 571.40	1 968 763.03					2 062 745.03
减：所得税费用		555 944.82	-56 935.85	499 008.97			34 258.00	26 700.00	506 566.97
四、净利润（净亏损以"-"号填列）		1 692 389.61	-222 635.55	1 469 754.06	155 844.89		-12 396.89	229 872.00	1 556 178.06
（一）持续经营净利润（净亏损以"-"号填列）		1 692 389.61	-222 635.55	1 449 754.06	155 844.89		-12 396.89	229 872.00	1 556 178.06
（二）终止经营净利润（净亏损以"-"号填列）									
归属于母公司所有者的净利润									1 622 968.72
少数股东损益							-66 790.66		-66 790.66
五、其他综合收益的税后净额		-11 264.15		-11 264.15					-11 264.15
归属于母公司所有者的其他综合收益的税后净额									-11 264.15
（一）以后不能重分类进损益的其他综合收益									
1. 重新计量设定受益计划净负债或净资产的变动									
2. 权益法下在被投资单位不能重分类进损益的其他综合收益中享有的份额									
3. 其他									
（二）以后将重分类进损益的其他综合收益		-11 264.15		-11 264.15					-11 264.15

(续表)

项目	行次	母公司 本期数	子公司 本期数	合计数 本期数	调整分录 本期数 借方	调整分录 本期数 贷方	抵销分录 本期数 借方	抵销分录 本期数 贷方	合并金额 本期数
1. 权益法下在被投资单位以后将重分类进损益的其他综合收益中享有的份额									
2. 可供出售金融资产公允价值变动损益		−11 264.15		−11 264.15					−11 264.15
3. 持有至到期投资重分类为可供出售金融资产损益									
4. 现金流量套期损益的有效部分									
5. 外部财务报表折算差额									
6. 其他									
归属于少数股东的其他综合收益的税后净额									
六、综合收益总额		1 681 125.46	−222 635.55	1 458 489.91	155 844.89		−12 396.89	229 872.00	1 544 913.91
归属于母公司所有者的综合收益总额									1 611 704.57
归属于少数股东的综合收益总额				—					−66 790.66
七、每股收益:									
(一) 基本每股收益									
(二) 稀释每股收益									

3. 合并工作底稿(现金流量表部分)的编制

表 4-16 合并工作底稿(现金流量表部分)

编制单位:常州龙城股份有限公司　　2018年1~12月　　　　会企03表　　单位:元

项目	母公司	子公司	合计数	抵销分录 借方	抵销分录 贷方	合并金额
一、经营活动产生的现金流量:						
销售商品、提供劳务收到的现金	23 013 673.84	3 239 518.63	26 253 192.47		2 219 600.00	24 033 592.47
收到的税费返还	127 177.96	1 416 409.80	1 543 587.76			1 543 587.76
收到的其他与经营活动有关的现金	23 140 851.80	4 655 928.43	27 796 780.23		2 219 600.00	25 577 180.23
现金流入小计	12 411 535.82	1 465 172.10	13 876 707.92	2 219 600.00		11 657 107.92
购买商品、接受劳务支付的现金	3 088 956.20	3 368 895.20	6 457 851.40			6 457 851.4
支付给职工以及为职工支付的现金	2 347 336.79	17 790.08	2 365 126.87			2 365 126.87
支付的各项税费	2 994 177.34	6 193.39	3 000 370.73			3 000 370.73
支付的其他与经营活动有关的现金	20 842 006.15	4 858 050.77	25 700 056.92	2 219 600.00		23 480 456.92
现金流出小计	2 298 845.65	−202 122.34	2 096 723.31			2 096 723.31
经营活动产生的现金流量净额						
二、投资活动产生的现金流量:						
收回投资所收到的现金						
取得投资收益所收到的现金						
处置固定资产、无形资产和其他长期资产所收回的现金净额	11 800.00		11 800.00			11 800.00
处置子公司及其他营业单位收到的现金净额						
收到的其他与投资活动有关的现金	11 800.00	0.00	11 800.00			11 800.00
现金流入小计	2 810 865.95		2 810 865.95			2 810 865.95
购建固定资产、无形资产和其他长期资产所支付的现金						

(续表)

项 目	母公司	子公司	合计数	抵销分录		合并金额
				借方	贷方	
投资所支付的现金	300 060.00		300 060.00			300 060.00
取得子公司及其他营业单位支付的现金净额						
支付的其他与投资活动有关的现金						
现金流出小计	3 110 925.95	0.00	3 110 925.95			3 110 925.95
投资活动产生的现金流量净额	-3 099 125.95	0.00	-3 099 125.95			-3 099 125.95
三、筹资活动产生的现金流量:						
吸收投资所收到的现金						
其中:子公司吸收少数股东投资收到的现金						
借款所收到的现金	2 500 000.00		2 500 000.00			2 500 000.00
收到的其他与筹资活动有关的现金						
现金流入小计	2 500 000.00	0.00	2 500 000.00			2 500 000.00
偿还债务所支付的现金	130 000.00		130 000.00			130 000.00
分配股利、利润或偿付利息所支付的现金						
其中:子公司支付给少数股东的股利、利润						
支付的其他与筹资活动有关的现金						
现金流出小计	130 000.00	0.00	130 000.00			130 000.00
筹资活动产生的现金流量净额	2 370 000.00	0.00	2 370 000.00			2 370 000.00
四、汇率变动对现金的影响	511.86		511.86			511.86
五、现金及现金等价物净增加额	1 570 231.56	-202 122.34	1 368 109.22			1 368 109.22
加:期初现金及现金等价物余额	2 263 965.42	1 935 226.61	4 199 192.03			4 199 192.03
六、期末现金及现金等价物余额	3 834 196.98	1 733 104.27	5 567 301.25			5 567 301.25

公司法定代表人:　　　　　主管会计工作负责人:　　　　　会计机构负责人:

(四) 合并财务报表的编制

母公司编制完成的 2018 年度合并财务报表,如表 4-18 至表 4-21 所示。

表 4-18　　　　　　　　　　合并资产负债表　　　　　　　　　会合 01 表

编制单位:常州龙城股份有限公司　　　　2018 年 12 月 31 日　　　　　　　　单位:元

资产	期末余额	年初余额	负债及所有者权益 (或股东权益)	期末余额	年初余额
流动资产:		略	流动负债:		略
货币资金	5 567 301.25		短期借款		
以公允价值计量且其变动计入当期损益的金融资产	210 000.00		以公允价值计量且其变动计入当期损益的金融负债		
衍生金融资产			衍生金融负债		
应收票据	2 095 000.00		应付票据		
应收账款	1 081 480.00		应付账款	677 880.00	
预付款项			预收款项	200 000.00	
应收利息			应付职工薪酬	483 507.20	
应收股利			应交税费	91 344.11	
其他应收款			应付利息	4 400.00	
存货	1 072 611.20		应付股利		
持有待售资产			其他应付款	153 900.00	
一年内到期的非流动资产			持有待售负债		
其他流动资产			一年内到期的非流动负债		
流动资产合计	10 026 392.45		其他流动负债		
非流动资产:			流动负债合计	1 611 031.31	
可供出售的金融资产	85 000.00		非流动负债:		
持有至到期投资			长期借款	2 500 000.00	
长期应收款			应付债券		
长期股权投资			其中:优先股		
投资性房地产			永续债		
固定资产	11 667 263.63		长期应付款		
在建工程	2 602 880.00		专项应付款		
工程物资			预计负债	51 780.82	
固定资产清理			递延收益		
生产性生物资产			递延所得税负债	57 485.66	
油气资产			其他非流动负债		

(续表)

资 产	期末余额	年初余额	负债及所有者权益 (或股东权益)	期末余额	年初余额
无形资产	59 500.00		非流动负债合计	2 609 266.48	
开发支出			负债合计	4 220 297.79	
商誉			所有者权益(或股东权益):		
长期待摊费用			实收资本(或股本)	12 000 000.00	
递延所得税资产	112 126.78		其他权益工具		
其他非流动资产			其中:优先股		
非流动资产合计	14 526 770.41		永续债		
			资本公积	280 000.00	
			减:库存股		
			其他综合收益	−11 264.15	
			盈余公积	1 027 045.96	
			未分配利润	5 128 388.55	
			归属于母公司所有者权益合计	18 424 170.36	
			少数股东权益	1 908 694.71	
			所有者权益(或股东权益)合计	20 332 865.07	
资产总计	24 553 162.86		负债及所有者权益(或股东权益)总计	24 553 162.86	

公司法定代表人:周进京　　　主管会计工作负责人:侯越宇　　　会计机构负责人:沈丹

表 4-19

合并利润表

会合 02 表

编制单位:常州龙城股份有限公司　　2018 年度　　单位:元

项 目	本期金额	上年同期金额
一、营业收入	21 549 626.32	略
减:营业成本	13 493 613.78	
税金及附加	180 922.26	
销售费用	1 621 395.12	
管理费用	4 057 772.55	
财务费用	79 759.84	
资产减值损失	13 010.00	
加:公允价值变动收益(损失以"−"号填列)	10 000.00	
投资收益(损失以"−"号填列)	−37.74	

(续表)

项　　目	本期金额	上年同期金额
其中:对联营企业和合营企业的投资收益	—	
资产处置收益(损失以"－"号填列)	22 280.00	
其他收益	—	
二、营业利润(亏损以"－"号填列)	2 135 395.03	
加:营业外收入		
减:营业外支出	72 650.00	
三、利润总额(亏损总额以"－"号填列)	2 062 745.03	
减:所得税费用	506 566.97	
四、净利润(净亏损以"－"号填列)	1 556 178.06	
(一)持续经营净利润(净亏损以"－"号填列)	1 556 178.06	
(二)终止经营净利润(净亏损以"－"号填列)		
归属于母公司所有者的净利润	1 622 968.72	
少数股东损益	－66 790.66	
五、其他综合收益税后净额	－11 264.15	
归属母公司所有者的其他综合收益的税后净额	－11 264.15	
(一)以后不能重分类进损益的其他综合收益		
1.重新计量设定受益计划净负债或净资产的变动		
2.权益法下在被投资单位不能重分类进损益的其他综合收益中享有的份额		
(二)以后将重分类进损益的其他综合收益	－11 264.15	
1.权益法下在被投资单位以后将重分类进损益的其他综合收益中享有的份额		
2.可供出售金融资产公允价值变动损益	－11 264.15	
3.持有至到期投资重分类为可供出售金融资产损益		
4.现金流量套期损益的有效部分		
5.外币财务报表折算差额		
6.其他		
归属于少数股东的其他综合收益的税后净额		
六、综合收益总额	1 544 913.91	
归属于母公司所有者的综合收益总额	1 611 704.57	
归属于少数股东的综合收益总额	－66 790.66	
七、每股收益:		
(一)基本每股收益		
(二)稀释每股收益		

公司法定代表人:周进京　　　　主管会计工作负责人:侯越宇　　　　会计机构负责人:沈丹

表 4-20　　　　　　　　　　　　　　合并现金流量表　　　　　　　　　　　会合 03 表

编制单位：常州龙城股份有限公司　　　　　　　　2018 年度　　　　　　　　　　　　单位：元

项　目	本年金额	上年金额
一、经营活动产生的现金流量：		略
销售商品、提供劳务收到的现金	24 033 592.47	
收到的税费返还		
收到其他与经营活动有关的现金	1 543 587.76	
经营活动现金流入小计	25 577 180.23	
购买商品、接受劳务支付的现金	11 657 107.92	
支付给职工以及为职工支付的现金	6 457 851.4	
支付的各项税费	2 365 126.87	
支付其他与经营活动有关的现金	3 000 370.73	
经营活动现金流出小计	23 480 456.92	
经营活动产生的现金流量净额	2 096 723.31	
二、投资活动产生的现金流量：		
收回投资收到的现金		
取得投资收益收到的现金		
处置固定资产、无形资产和其他长期资产收回的现金净额	11 800.00	
处置子公司及其他营业单位收到的现金净额		
收到其他与投资活动有关的现金		
投资活动现金流入小计	11 800.00	
购建固定资产、无形资产和其他长期资产支付的现金	2 810 865.95	
投资支付的现金	300 060.00	
取得子公司及其他营业单位支付的现金净额		
支付其他与投资活动有关的现金		
投资活动现金流出小计	3 110 925.95	
投资活动产生的现金流量净额	－3 099 125.95	
三、筹资活动产生的现金流量：		
吸收投资收到的现金		
其中：子公司吸收少数股东投资收到的现金		
取得借款收到的现金	2 500 000.00	
发行债券收到的现金		
收到其他与筹资活动有关的现金		
筹资活动现金流入小计	2 500 000.00	
偿还债务支付的现金		
分配股利、利润或偿付利息支付的现金	130 000.00	
其中：子公司支付给少数股东的股利、利润		
支付其他与筹资活动有关的现金		
筹资活动现金流出小计	130 000.00	
筹资活动产生的现金流量净额	2 370 000.00	
四、汇率变动对现金及现金等价物的影响	511.86	
五、现金及现金等价物净增加额	1 368 109.22	
加：期初现金及现金等价物余额	4 199 192.03	
六、期末现金及现金等价物余额	5 567 301.25	

公司法定代表人：周进京　　　　主管会计工作负责人：侯越宇　　　　会计机构负责人：沈丹

表 4-2 合并所有者权益变动表

编制单位:滨州龙城股份有限公司　　2018 年度　　　　合合 04 表　　单位:元

项目	本年金额									上年金额
	归属于母公司所有者权益							少数股东权益	所有者权益合计	
	实收资本(或股本)	其他权益工具		资本公积	减:库存股	其他综合收益	盈余公积	未分配利润			
		优先股 永续债	其他								
一、上年期末余额	12 000 000.00			280 000.00			868 367.00	3 769 698.79	1 975 485.37	18 893 551.16	略
加:会计政策变更							−10 560.00	−95 040.00		−105 600.00	
前期差错更正											
同一控制下企业合并											
其他											
二、本年期初余额	12 000 000.00			280 000.00			857 807.00	3 674 658.79	1 975 485.37	18 787 951.16	
三、本期增减变动金额(减少以"−"号填列)						−11 264.15		1 622 968.72	−66 790.66	1 544 913.91	
(一)综合收益总额						−11 264.15					
(二)所有者投入和减少资本											
1.所有者投入的普通股											
2.其他权益工具持有者投入资本											
3.股份支付计入所有者权益的金额											
4.其他											
(三)利润分配							169 238.96	−169 238.96		0.00	
1.提取盈余公积							169 238.96	−169 238.96		0.00	
2.对所有者(或股东)的分配											
3.其他											
(四)所有者权益内部结转											
1.资本公积转增资本(或股本)											
2.盈余公积转增资本(或股本)											
3.盈余公积弥补亏损											
4.其他											
四、本期期末余额	12 000 000.00			280 000.00		−11 264.15	1 027 045.96	5 128 388.55	1 908 694.71	20 332 865.07	

公司法定代表人:周进京　　主管会计工作负责人:侯越宇　　会计机构负责人:沈丹